Ok! Click 시리즈 ㉟

COPYRIGHT

Ok Click 한글 2018로 문서 꾸미기

2019년 7월 10일 초판 1쇄 발행
2024년 2월 20일 초판 5쇄 인쇄
2024년 2월 28일 초판 5쇄 발행

저　자 | 장미희
기　획 | 정보산업부
디자인 | 정보산업부
펴낸이 | 양진오
펴낸곳 | (주)교학사
주　소 | (공장)서울특별시 금천구 가산디지털1로 42 (가산동)
(사무소)서울특별시 마포구 마포대로14길 4 (공덕동)
전　화 | 02-707-5314(문의), 02-707-5147(영업)
팩　스 | 02-839-2728(영업)
등　록 | 1962년 6월 26일 〈18-7〉
홈페이지 | http://www.kyohak.co.kr

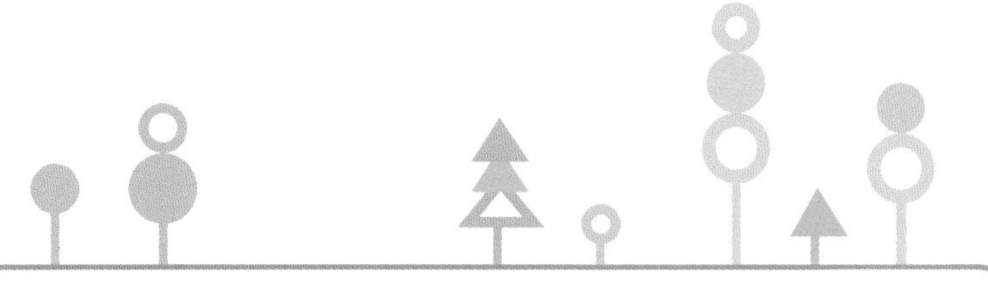

PREFACE

Ok! Click 시리즈는 컴퓨터의 OA 기반을 다질 수 있도록 야심차게 준비한 교재입니다.

인터넷이 일반화되고 컴퓨터가 기본이 되버린 현실에서 컴퓨터를 보다 쉽고 재미있게 배울 수 있도록 어렵지 않은 예문과 큰 글자체, 큰 화면 그림으로 여러 독자층이 누구나 부담없이 책을 펼쳐 배울 수 있도록 만들었습니다.

내용면에서는 초보자가 컴퓨터를 이해하고, 쉽게 활용할 수 있도록 쉬운 예제와 타이핑이 빠르지 않은 독자를 위해 많은 분량의 타이핑 예문은 배제하였습니다.

편집면에서는 깔끔하고 시원스러운 편집으로 눈에 부담을 줄이도록 구성하였습니다.

교재는 다음과 같이 구성되었습니다.

1 | [배울 내용 미리보기]를 통해 학습할 내용이 무엇인지 이해시키고 학습동기를 유발하도록 구성하였습니다.

2 | 교재 전체 구성은 전체 22강으로 구성하고 한 강안에 소제목을 두어 수업의 지루함을 없애고, 단계별로 수업 및 공부할 수 있도록 구성하였습니다.

3 | [참고하세요]를 이용하여 교재의 따라하기 설명이외에 보충 설명하여 고급 기능 및 유사 기능을 학습할 수 있도록 구성하였습니다.

4 | [혼자 풀어 보세요]는 한 강을 학습한 후 혼자 예제를 풀어보면서 학습 내용을 얼마나 이해했는지 알아볼 수 있도록 구성하였습니다.

5 | [힌트]를 통해 좀 더 쉽게 예문을 풀 수 있도록 구성하였습니다.

6 | [혼자 풀어 보세요]의 예문에 대한 문의는 교학사 홈페이지(www.kyohak.co.kr)의 게시판에 남겨주시면 답변해 드립니다.

이 교재를 사용하는 독자분들이 컴퓨터를 쉽게 접하고 배워 컴퓨터와 친구가 되고 컴퓨터가 생활의 일부가 되어 더 높은 컴퓨터 기술을 습득할수 있는 발판이 되었으면 합니다.

편집진 일동

예제파일 다운로드 방법

1. 인터넷 익스플로러의 주소입력 창에 “itbook.kyohak.co.kr/han2018/”을 입력한 후 Enter 를 누릅니다.

2. [OK Click 한글 2018 예제파일 다운로드하기] 홈페이지가 나타납니다. [다운로드 클릭]의 이미지를 클릭합니다.

3. 홈페이지 하단에 다운로드 안내창이 나타납니다. [저장]의 목록 단추를 클릭하여 [다른이름으로 저장]을 클릭합니다.

4 [다른 이름으로 저장] 대화상자가 나타나면 저장할 위치를 '바탕 화면'으로 선택한 후 [저장]을 클릭합니다.

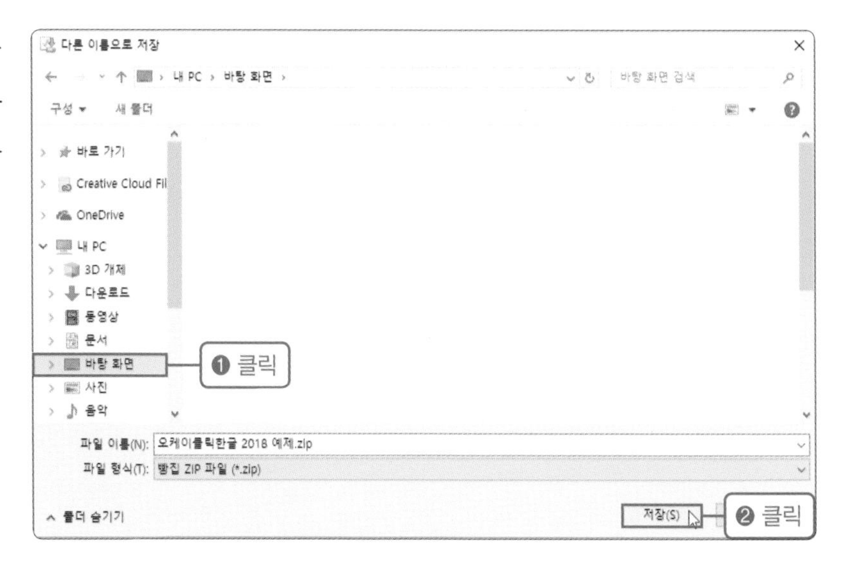

5 바탕 화면에 예제파일이 다운로드 되었습니다. 압축 프로그램을 실행하여 다운받은 예제파일의 압축을 풀어줍니다(여기서는 "빵집"이라는 프로그램을 사용하였습니다.).

압축 프로그램이 설치되어있지 않다면 압축 프로그램을 설치해야 합니다. 압축 프로그램은 인터넷 익스플로러에서 '압축 프로그램'으로 검색하여 설치할 수 있습니다.
(대표 프로그램 : 알집, 빵집)

6 바탕화면에 예제파일의 압축이 풀렸습니다. 이제 한글 2018을 실행하고 해당 폴더의 파일을 불러와 사용하면 됩니다.

예제파일의 본문에 사용되는 글꼴은 개인 컴퓨터에 설치되어 있는 임의의 글꼴을 사용해도 됩니다.

CONTENTS

CONTENTS

한글 2018 기본 다지기

한글 2018은 PC와 모바일 그리고 클라우드의 활용으로 사용자의 맞춤 서비스가 가능해졌습니다. 스마트해진 새로운 기능들로 자유롭고 다양한 콘텐츠를 내려받아 문서 편집을 할 수 있습니다.

- 한글 2018을 시작하고 종료해 봅니다.
- 화면구성에 대해 알아봅니다.
- 새 문서를 작성하고 저장해 봅니다.
- 파일명을 변경하여 저장하고 암호를 설정/해제해 봅니다.

배울 내용 미리보기

▲ 파일명 : 별자리이야기.hwp

01 한글 시작하고 끝내기

1 바탕화면에 있는 (한글 2018)을 더블클릭하여 실행하면 '문서 시작 도우미'가 표시됩니다. '새 문서 서식'의 '새 문서'를 더블클릭합니다.

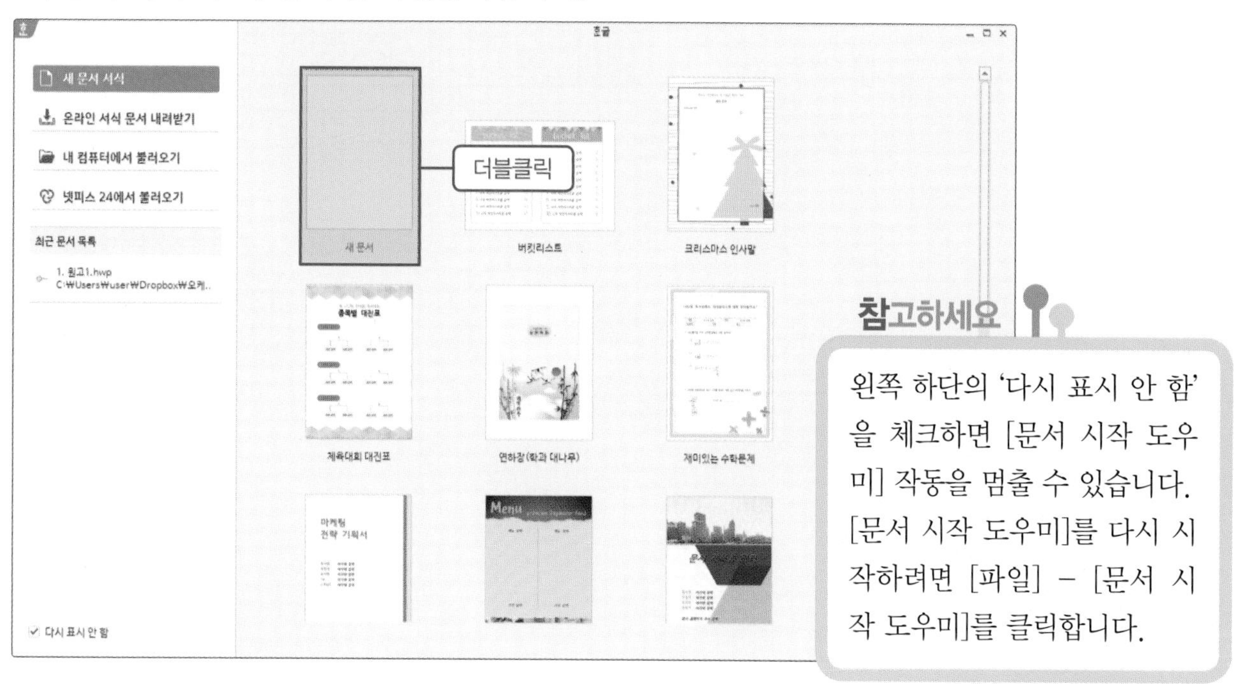

참고하세요

왼쪽 하단의 '다시 표시 안 함'을 체크하면 [문서 시작 도우미] 작동을 멈출 수 있습니다. [문서 시작 도우미]를 다시 시작하려면 [파일] – [문서 시작 도우미]를 클릭합니다.

2 새 문서가 실행됩니다. 한글 2018을 종료하려면 ❶ [파일] 메뉴에서 ❷ [끝]을 클릭합니다.

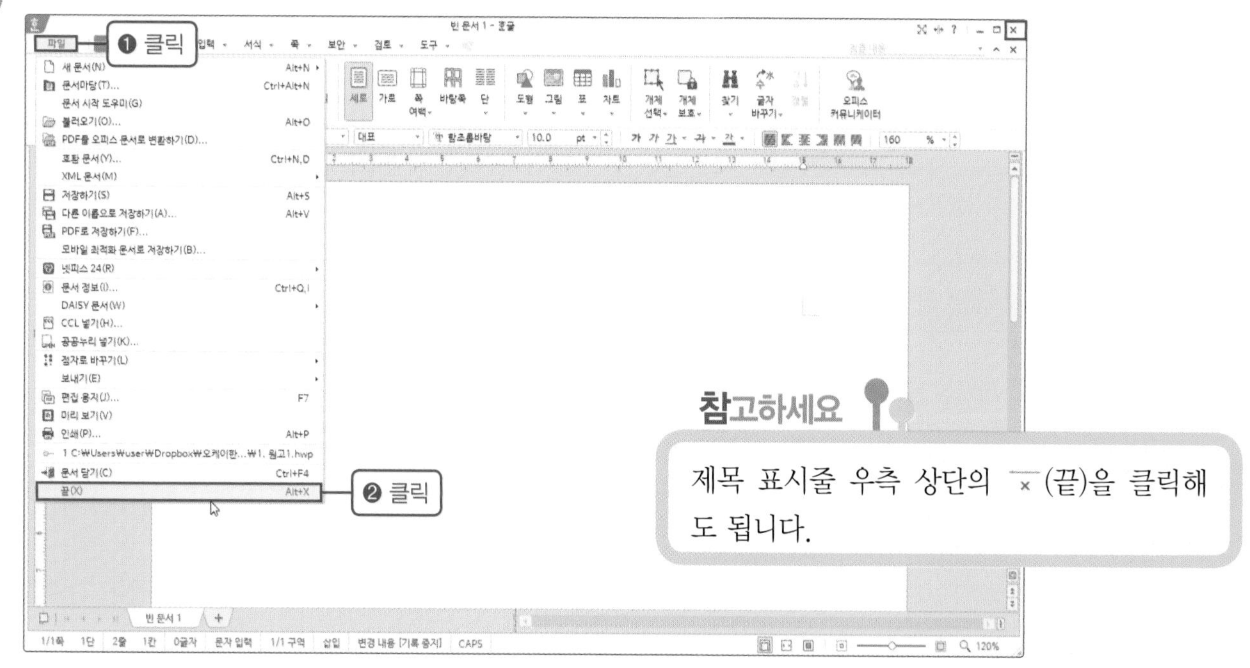

참고하세요

제목 표시줄 우측 상단의 (끝)을 클릭해도 됩니다.

02 한글 2018 화면 구성 살펴보기

1

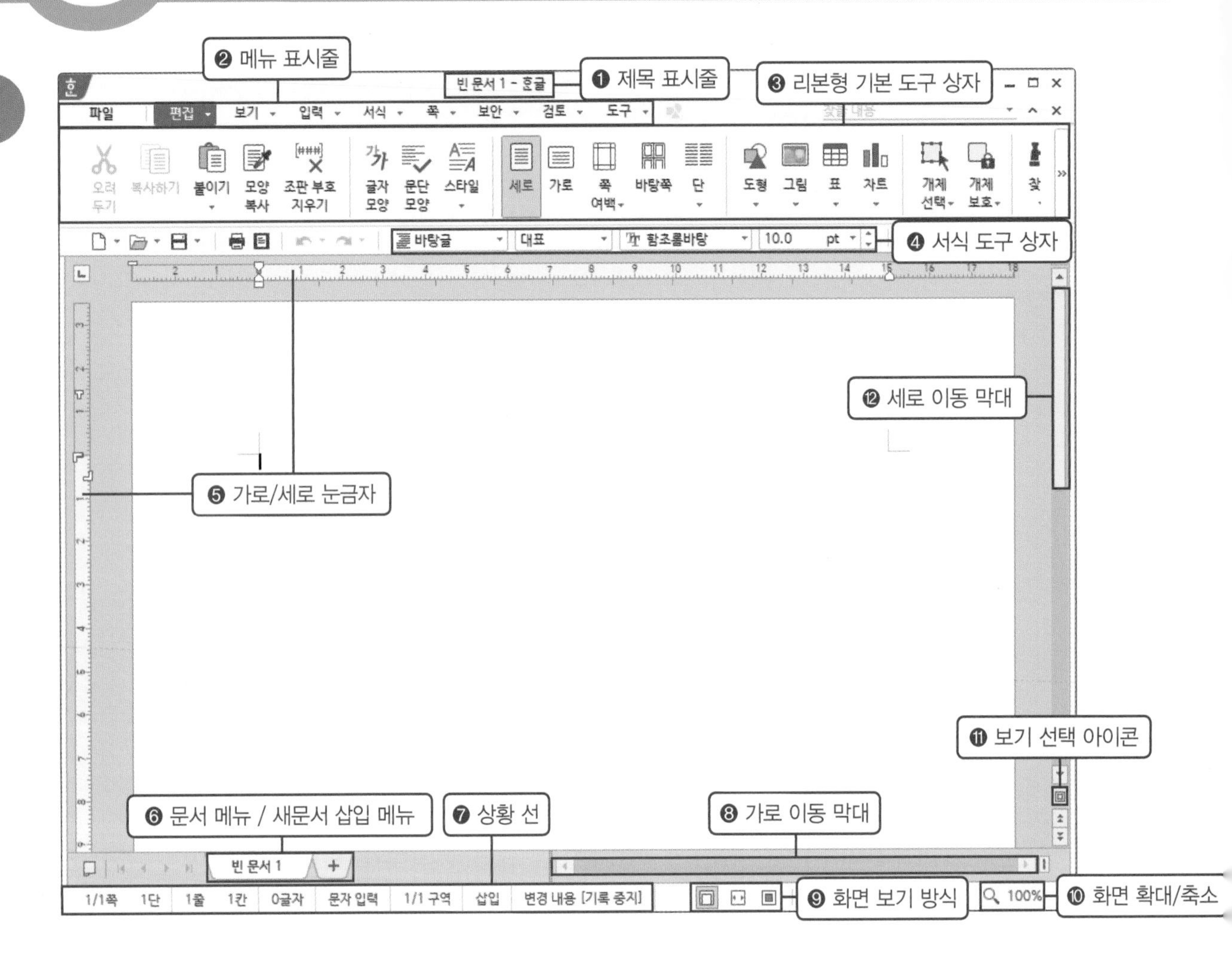

❶ [제목 표시줄] : 현재 작업 중인 문서의 경로와 파일이름이 표시됩니다.

❷ [메뉴 표시줄] : 메뉴 방식의 메뉴가 표시됩니다.

❸ [리본형 기본 도구 상자] : [메뉴] 탭을 누르면 각 해당 탭에 자주 사용되는 명령들이 그룹별로 묶어져 표시됩니다.

❹ [서식 도구 상자] : 문서 작성 시 자주 사용하는 기능을 모아 표시합니다.

❺ [가로/세로 눈금자] : 문서의 상하좌우 여백과 문단 여백, 표나 도형의 위치와 크기 등을 표시합니다.

❻ [문서 메뉴 / 새문서 삽입 메뉴] : 현재 문서의 파일명과 새 메뉴를 삽입할 수 있습니다.

❼ [상황 선] : 현재 문서의 페이지 수, 커서의 위치. 삽입/수정 상태, 변경 내용 기록 등이 표시 됩니다.

❽ [가로 이동 막대] : 문서 내용을 좌우로 이동합니다.

❾ [화면 보기 방식] : 쪽 윤곽, 폭 맞춤, 쪽 맞춤 등 화면 보기 방식을 변경할 수 있습니다.

❿ [화면 확대/축소] : 화면을 확대하거나 축소할 수 있습니다.

⓫ [보기 선택 아이콘] : 쪽 윤곽, 문단부호 표시/숨기기, 조판부호 보이기/숨기기, 투명선 보이기/숨기기, 격자, 찾기, 구역과 줄 찾아가기, 스타일과 조판부호/책갈피/개체 찾아가기 등 보기메뉴와 관련된 기능을 선택합니다.

⓬ [세로 이동 막대] : 문서 내용을 상하로 이동합니다.

03 새 문서 작성하고 저장하기

1 한글 2018을 실행한 후 다음과 같이 입력합니다. 문장을 강제로 다음 줄로 이동할 때는 Enter 를 누릅니다.

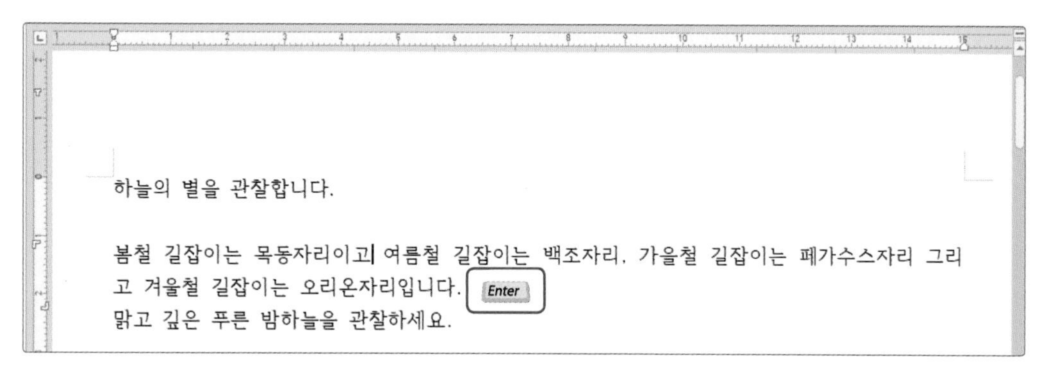

2 문서를 저장하기 위해 서식 도구 상자의 저장하기(💾)를 클릭합니다.

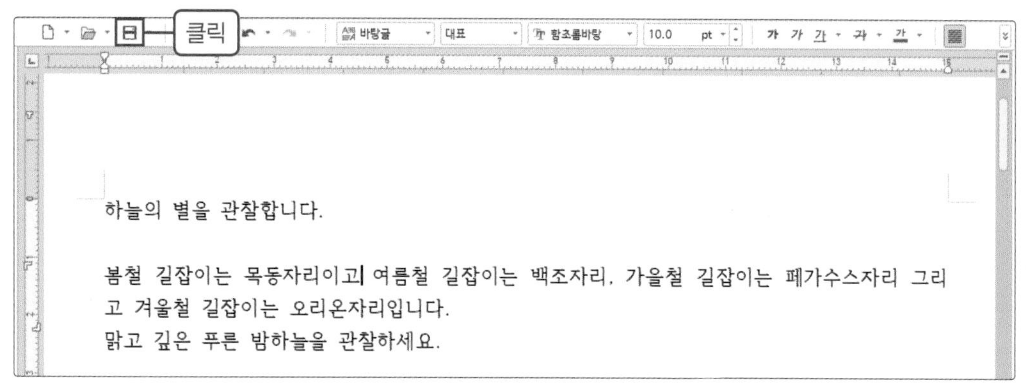

3 [다른 이름으로 저장하기] 대화상자가 나타나면 ❶ '저장 위치'는 '문서' 폴더를 선택하고, ❷ '파일 이름'은 '별자리'를 입력한 후 ❸ [저장]을 클릭합니다.

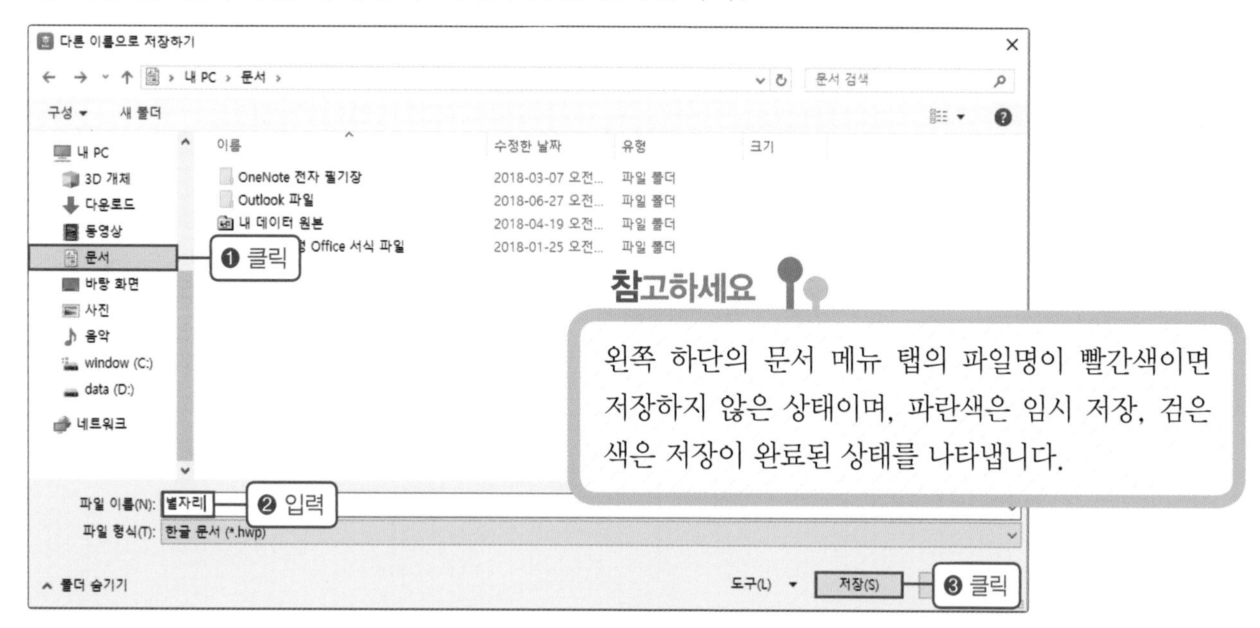

참고하세요

왼쪽 하단의 문서 메뉴 탭의 파일명이 빨간색이면 저장하지 않은 상태이며, 파란색은 임시 저장, 검은색은 저장이 완료된 상태를 나타냅니다.

04 다른 이름으로 저장하기와 암호 설정

1 현재 문서를 다른 파일 이름으로 변경하여 저장하려면 ❶ [파일] 메뉴의 ❷ [다른 이름으로 저장하기]를 클릭합니다.

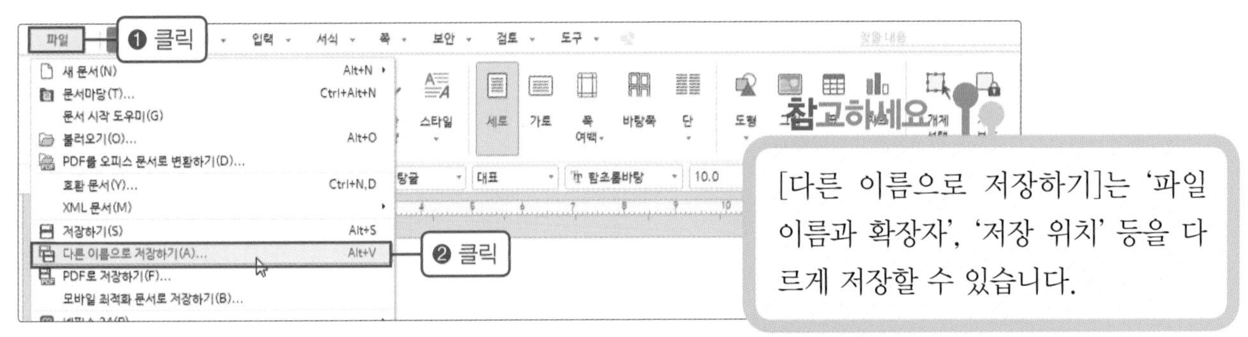

참고하세요

[다른 이름으로 저장하기]는 '파일 이름과 확장자', '저장 위치' 등을 다르게 저장할 수 있습니다.

2 [다른 이름으로 저장하기] 대화상자에서 저장할 폴더는 ❶ '문서'를 클릭한 후 ❷ '파일 이름'은 '별자리이야기'를 입력합니다. 문서를 저장하면서 암호를 넣기 위해 ❸ [도구]의 목록 단추를 클릭한 후 [문서 암호]를 선택합니다.

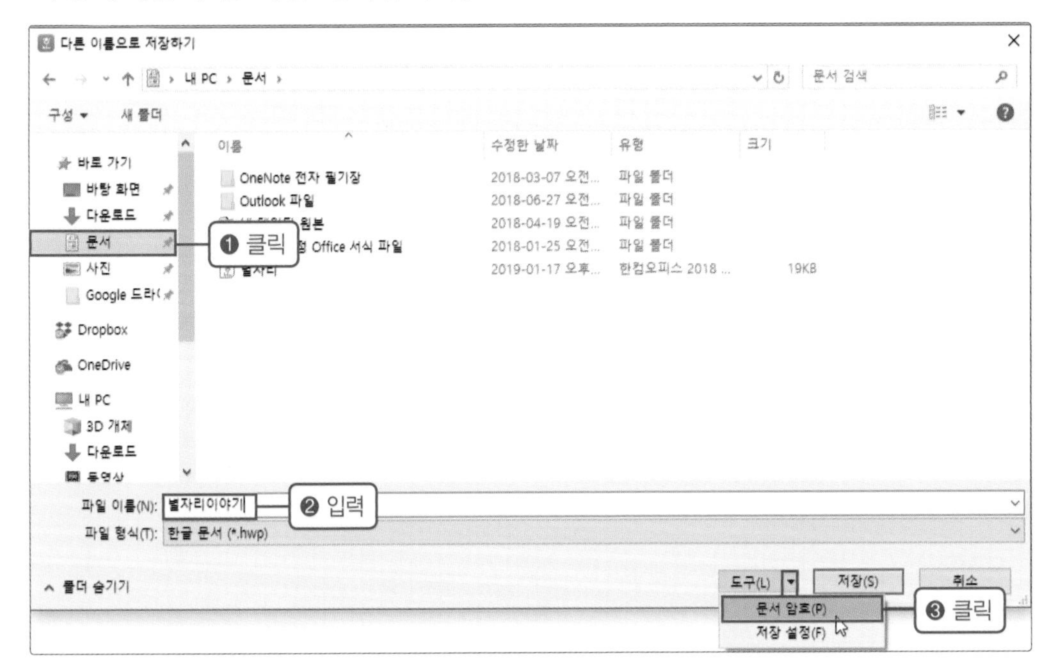

3 [문서 암호 설정] 대화상자에서 ❶ '문서 암호'와 '암호 확인'에 각각 입력한 후 ❷ [설정]을 클릭합니다. [다른 이름으로 저장하기] 대화상자로 돌아오면 [저장]을 클릭합니다.

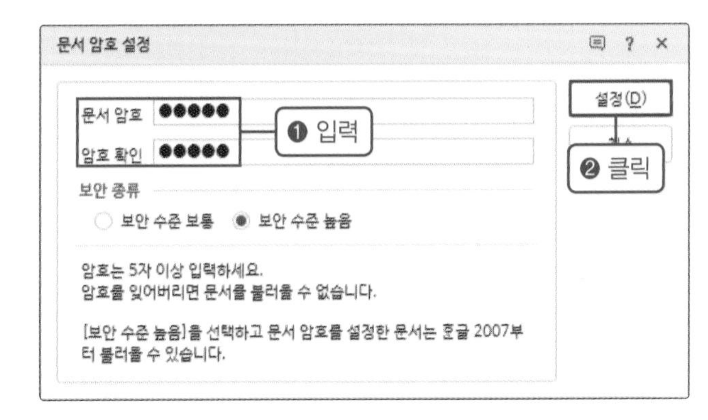

4 현재 문서만 닫기 위해 우측 상단의 문서 닫기(×)를 클릭합니다.

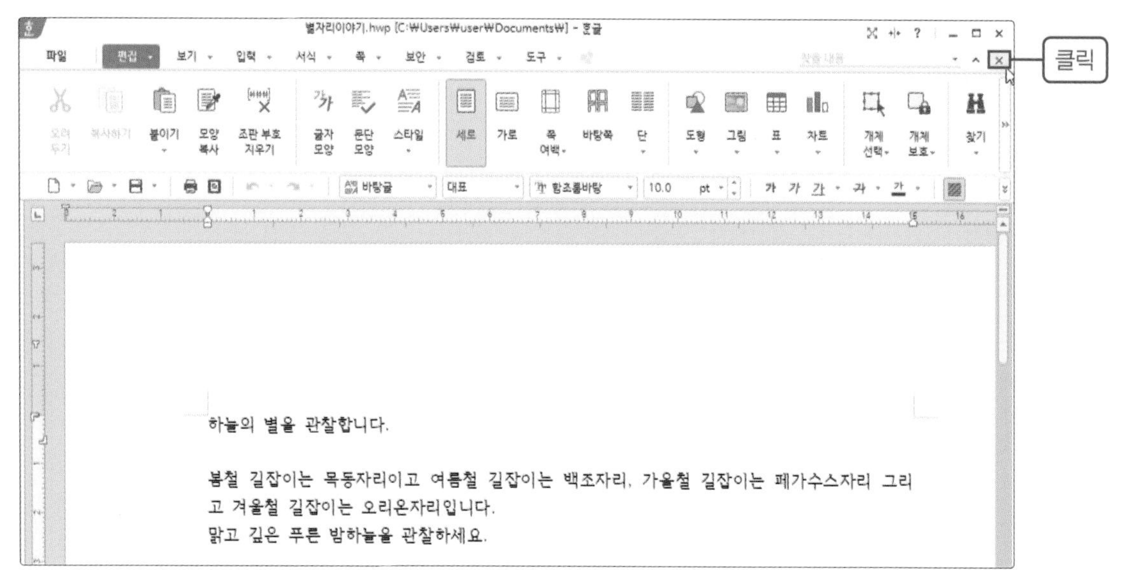

5 암호 문서를 불러 옵니다. [서식 도구 모음줄]의 ❶ [불러오기]를 클릭한 후 ❷ [문서] 폴더의 ❸ '별자리이야기' 파일을 선택한 후 ❹ [열기]를 클릭합니다.

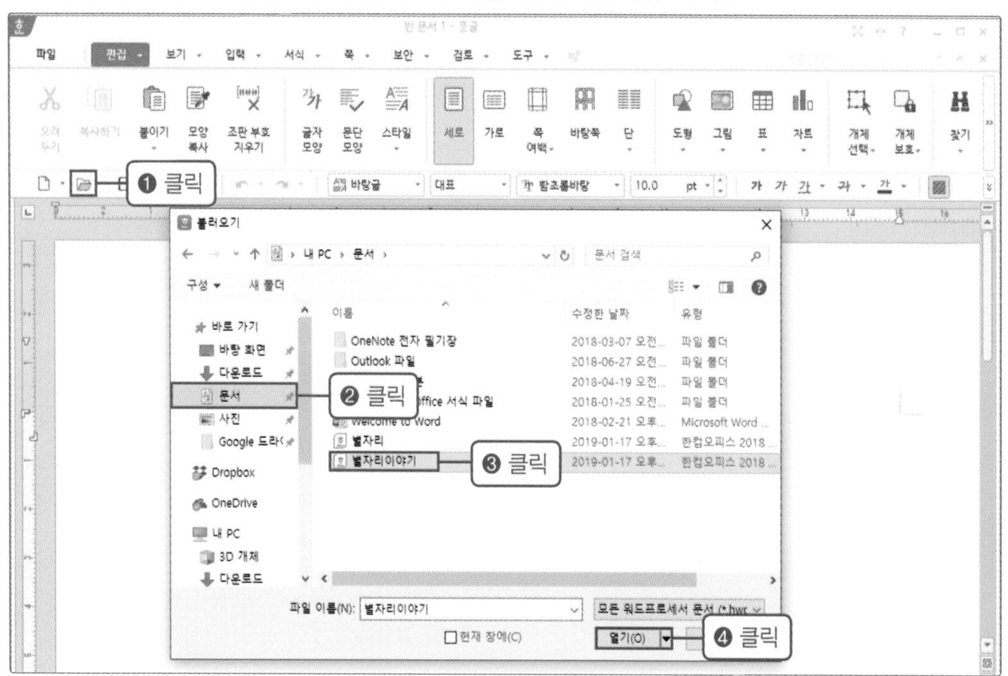

6 ❶ 암호를 입력하고 ❷ [확인]을 클릭합니다.

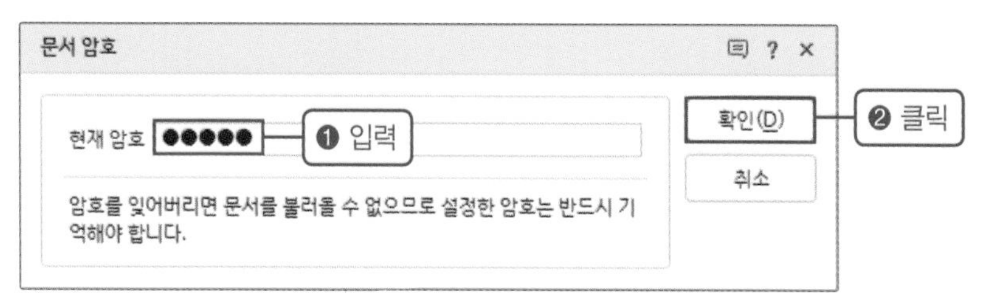

7 암호를 해제하려면 ❶ [보안] 메뉴의 ❷ [문서 암호 변경/해제]를 클릭합니다.

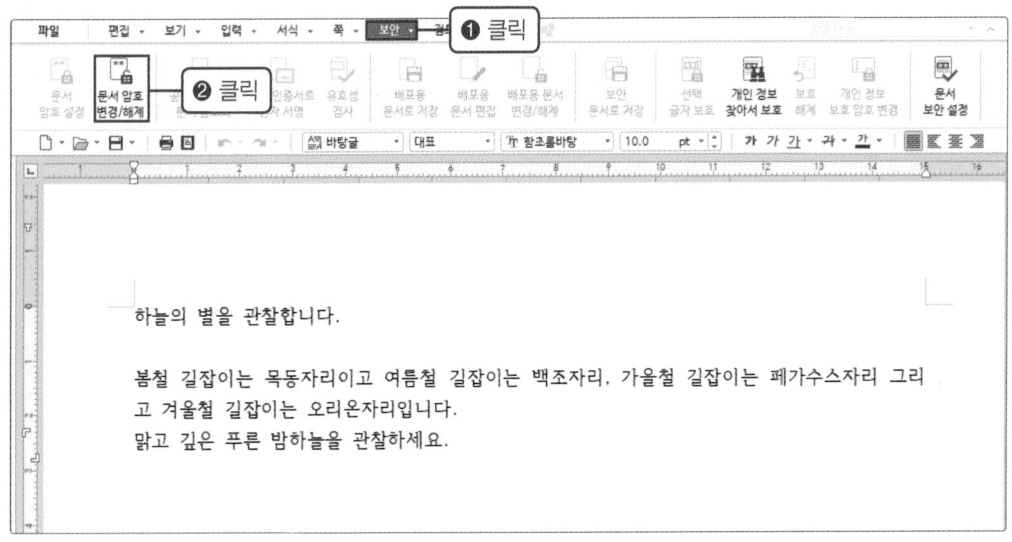

8 ❶ [암호 변경/해제] 대화상자에 암호를 입력한 후 ❷ [해제]를 클릭하고 [[서식 도구 모음줄]]의 '저장하기( )'를 클릭합니다.

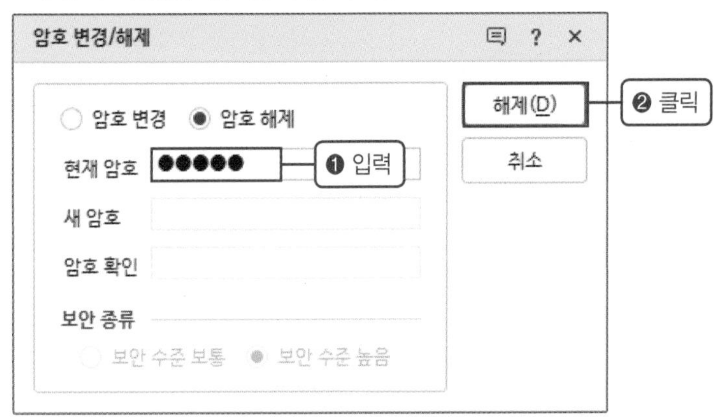

참고하세요

암호만 따로 설정하거나 변경/해제는 [보안] 메뉴의 [문서 암호 설정]에서 할 수 있습니다.

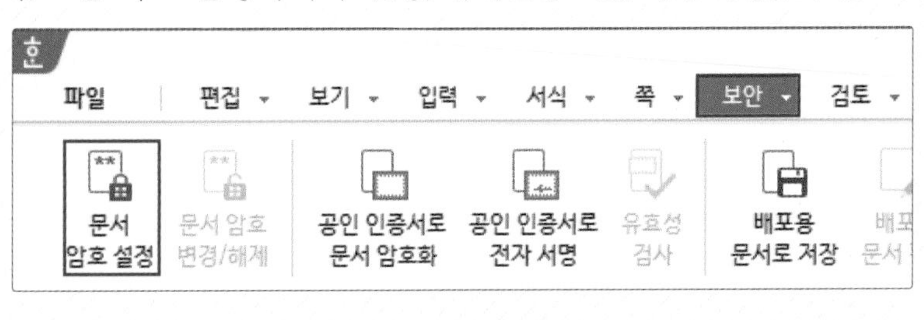

참고하세요

쪽 윤곽 보기와 본문 영역보기

[보기]-[쪽 윤곽]을 해제하면 편집 용지의 여백을 제외한 본문 영역만 표시됩니다.

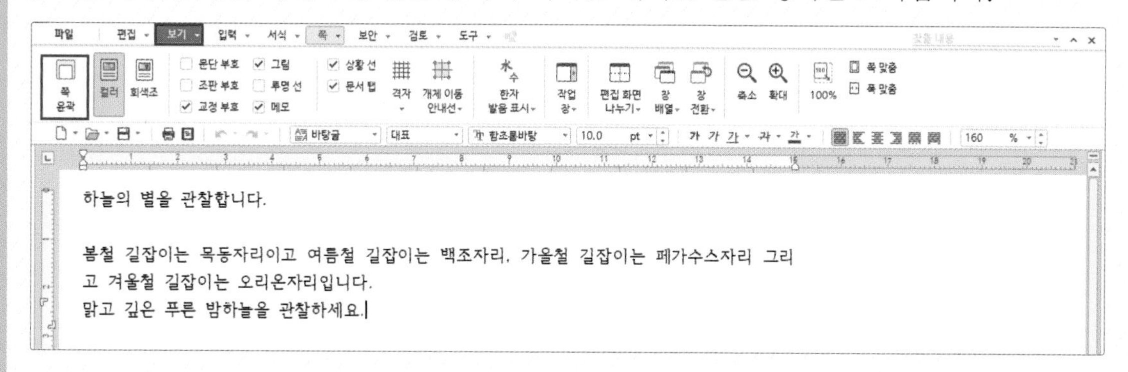

[보기]-[쪽 윤곽]을 클릭하여 설정하면 편집 용지와 여백과 함께 전체 문서가 표시됩니다.

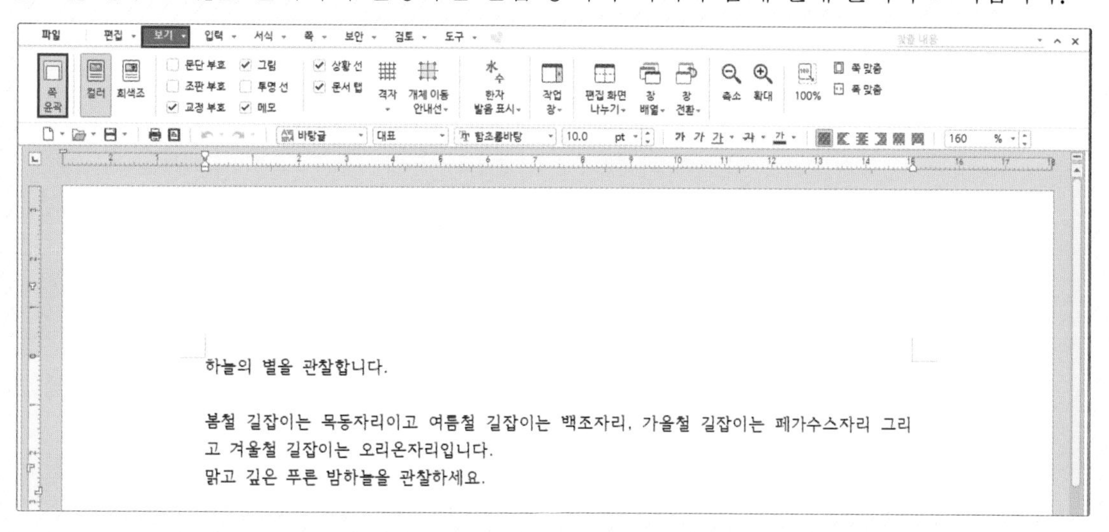

문단 부호와 조판 부호

문단 부호는 줄 바꿈만 표시되며, 조판 부호는 줄 바꿈, 띄어쓰기, 그림이나 표 등을 삽입하면 삽입된 위치에 부호로 표시됩니다.

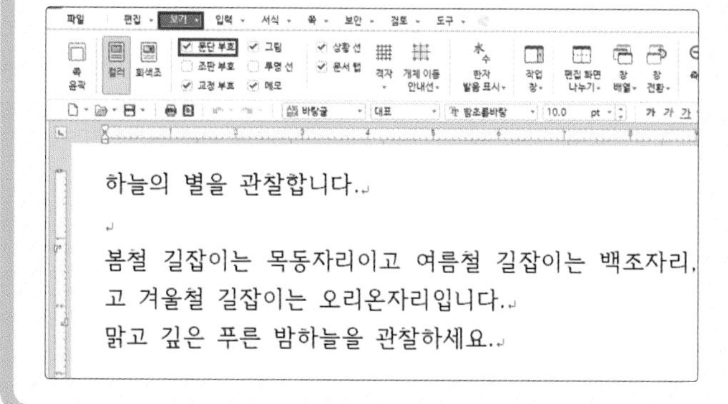

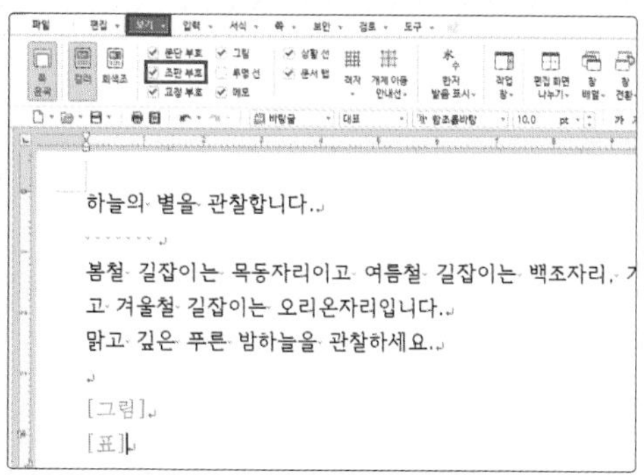

"혼자 풀어 보세요"

1 다음과 같이 작성하고 "공기정화식물.hwp"로 저장해 보세요.

공기 정화 식물

요즘 미세먼지 심각해지고 있습니다. 우리 가족의 호흡기 건강을 위해 집안에서 쉽게 키울 수 있는 공기 정화 식물을 소개합니다.
대표적인 식물로 야레카야자로 야자나무과의 식물로 마다가스카르가 원산지입니다. 나사가 정한 일등 공기정화식물이라고 합니다.
또한 스킨답서스, 산호수, 관음죽, 팔손이 나무, 선인장, 로즈마리등 있습니다.

2 다음과 같이 작성하고 "IT트렌드.hwp"로 저장해 보세요.

IT 트렌드을 알아봅시다.

1) 인공지능(Artificial Intelligence)
2) 5세대 이동통신 기술(5th Generation Mobile Telecommunication)
3) 자율 사물(Autonomous Things)
4) 증강 분석(Augmented Analytics)
5) 몰입 경험(Immersive Experience)
6) 양자 컴퓨팅(Quantum Computing)

"혼자 풀어 보세요"

3 다음과 같이 작성하고 "고양이언어.hwp"로 저장해 보세요.

함께 배워요. 고양이 언어!

고양이가 꾹꾹 양발을 번갈아 가며 누르는 행동은 엄마 젖을 먹을 때 발로 꾹꾹 누르던 습관으로 애정표현을 의미합니다.
고양이가 누워 배를 보이는 행동은 집사를 신뢰한다는 의미입니다.
고양이가 꼬리를 흔들면 기분이 좋지 않다고 합니다.

4 3번 문서에 이어 다음과 같이 내용을 추가 작성하고 파일 이름은 "고양이와 대화하기.hwp", 암호는 'cat123'으로 저장해 보세요.

함께 배워요. 고양이 언어!

고양이가 꾹꾹 양발을 번갈아 가며 누르는 행동은 엄마 젖을 먹을 때 발로 꾹꾹 누르던 습관으로 애정표현을 의미합니다.
고양이가 누워 배를 보이는 행동은 집사를 신뢰한다는 의미입니다.
고양이가 꼬리를 흔들면 기분이 좋지 않다고 합니다.
고양이 키스로 불리는 행동으로 고양이가 집사를 쳐다보며 천천히 눈을 깜빡이는 행동은 신뢰와 애정을 표현하는 동작입니다.

특수 문자와 한자 변환하기

문자표를 이용하여 다양한 특수 문자를 입력하고, 한글을 한자로 변환할 수 있습니다. 또한 문자 위에 덧말을 입력하거나 원하는 특수 문자와 문자를 겹쳐 쓸 수가 있습니다.

- 문자표 기능을 이용해 특수 문자를 입력해 봅니다.
- 한글을 한자로 변환해 봅니다.
- 덧말 넣기와 글자 겹치기 기능을 알아봅니다.

배울 내용 미리보기

▲ 파일명 : 날씨정보-완성.hwp

01 특수 문자 입력하기

1 '날씨정보.hwp' 파일을 불러옵니다. 특수 문자를 입력할 단어의 ❶ '전'자 앞에 커서를 놓고 ❷ [입력] 메뉴의 기본 도구 상자에서 ❸ [문자표]의 ❹ [문자표]를 클릭합니다.

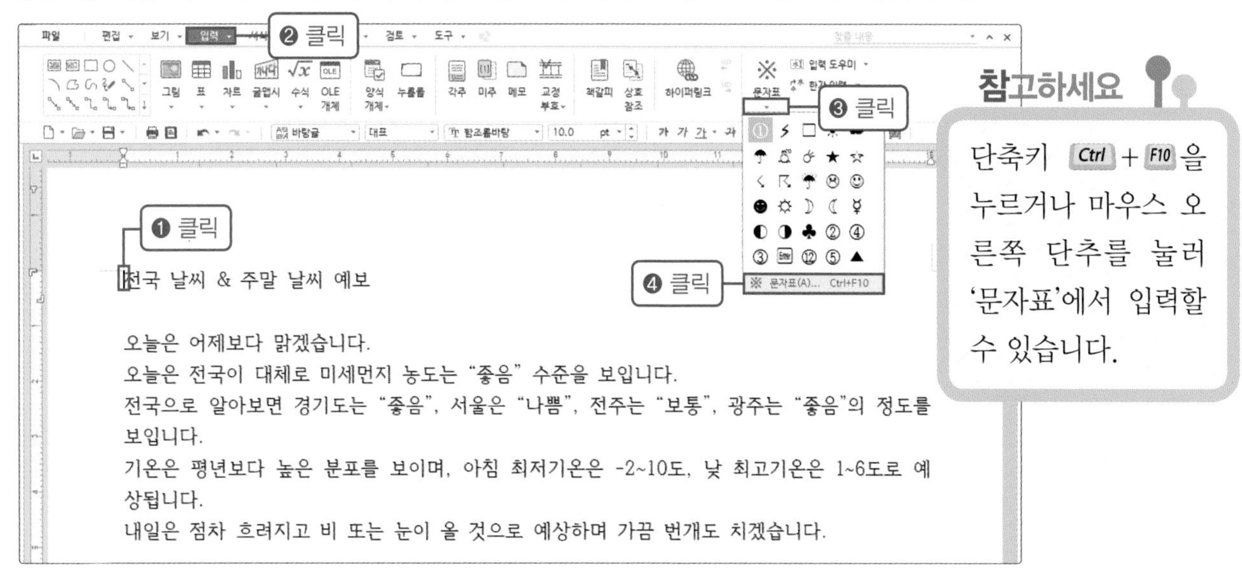

참고하세요

단축키 Ctrl + F10 을 누르거나 마우스 오른쪽 단추를 눌러 '문자표'에서 입력할 수 있습니다.

2 [문자표] 대화상자의 ❶ [훈글(HNC) 문자표]에서 ❷ '전각기호(일반)'을 클릭한 후 특수 문자 ❸ '◐'을 선택하고 ❹ [넣기]를 클릭합니다.

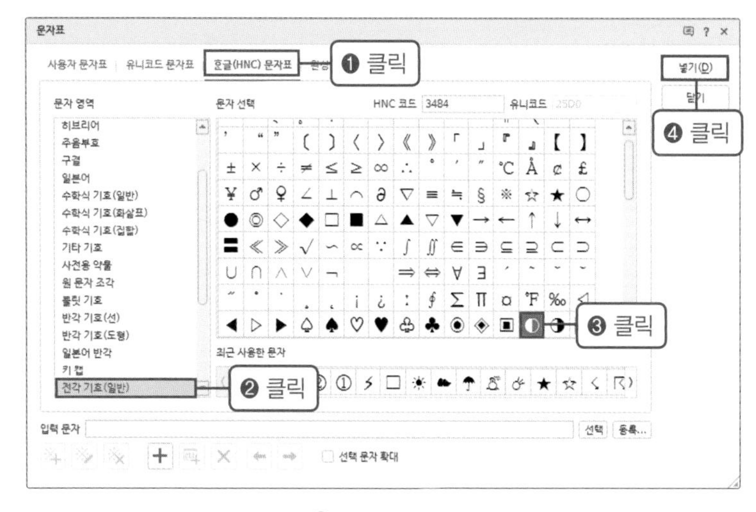

3 다음과 같이 다른 특수 문자도 입력합니다.

참고하세요

- 스마일 도형 : 유니코드 문자표 – '여러 가지 기호'
- 날씨 도형 : 훈글 문자표(HNC) – '기타기호'

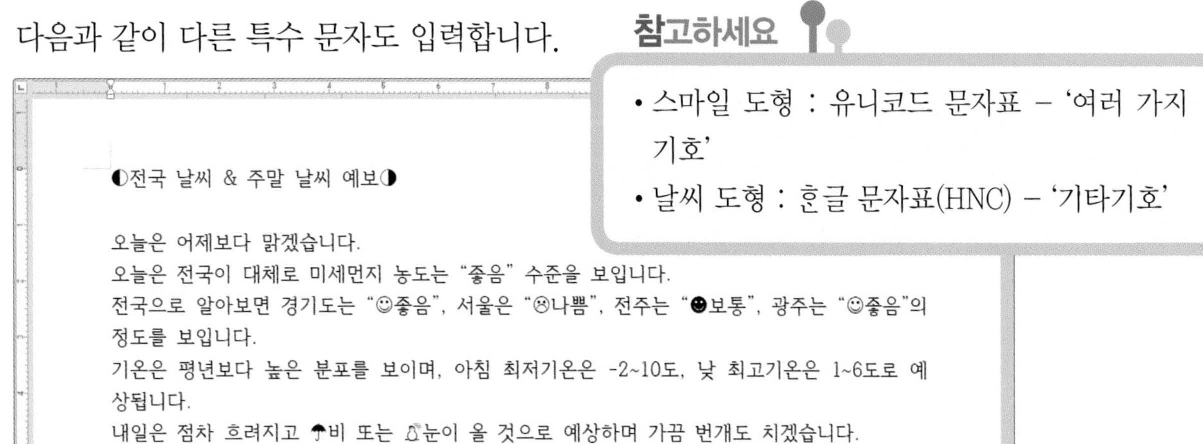

02 한자 변환하기

1 한자로 변환할 단어 ❶ '전국' 뒤에 커서를 놓고 ❷ [입력] 메뉴의 기본 도구 상자에서 ❸ [한자 입력]의 목록 단추를 눌러 ❹ [한자로 바꾸기]를 클릭합니다.

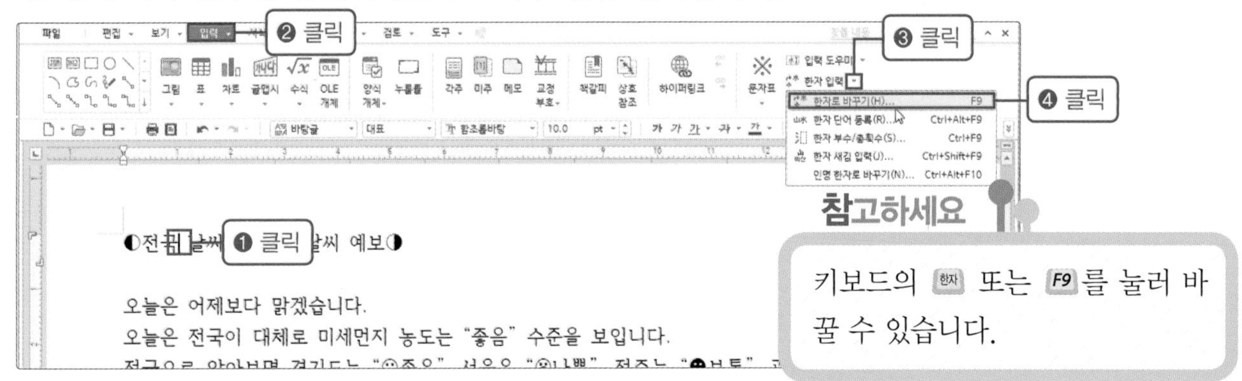

참고하세요

키보드의 [한자] 또는 [F9]를 눌러 바꿀 수 있습니다.

2 [한자로 바꾸기] 대화상자에서 해당하는 ❶ 한자를 선택한 후 ❷ '입력 형식'에서 '漢字'를 선택한 후 ❸ [바꾸기]를 클릭합니다.

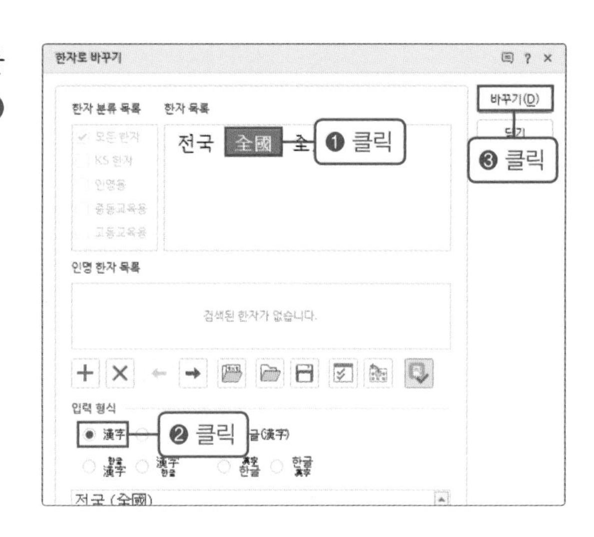

3 다음과 같이 한글을 한자로 변환합니다.

◐全國 날씨 & 주말 날씨 예보◑

오늘은 어제보다 맑겠습니다.
오늘은 전국이 대체로 미세먼지 농도는 "좋음" 수준을 보입니다.
전국으로 알아보면 경기도는 "☺좋음", 서울은 "☹나쁨", 전주는 "☻보통", ...
정도를 보입니다.
기온(氣溫)은 평년보다 높은 분포를 보이며, 아침 최저기온은 -2~10도, 낮 최고기온은 1~6도
로 豫想(예상)됩니다.
내일은 점차 흐려지고 ☂비 또는 ☃눈이 올 것으로 예상하며 가끔 번개도 치겠습니다.

참고하세요

豫想(예상)은 입력 형식에서 선택하여 바꿀 수 있습니다.

입력 형식
○ 漢字 ○ 漢字(한글) ○ 한글(漢字)
◉ 漢字(한글 위) ○ 漢字(한글 아래) ○ 한글(漢字 위) ○ 한글(漢字 아래)

03 덧말 넣기와 글자 겹치기

1 문장의 위 또는 아래에 단어나 문장을 추가하는 기능으로 덧말을 추가할 수 있습니다. ❶ '주말 날씨' 부분을 드래그하여 영역을 설정한 후 ❷ [입력] 메뉴의 목록 단추를 클릭한 후 ❸ [덧말 넣기]를 클릭합니다.

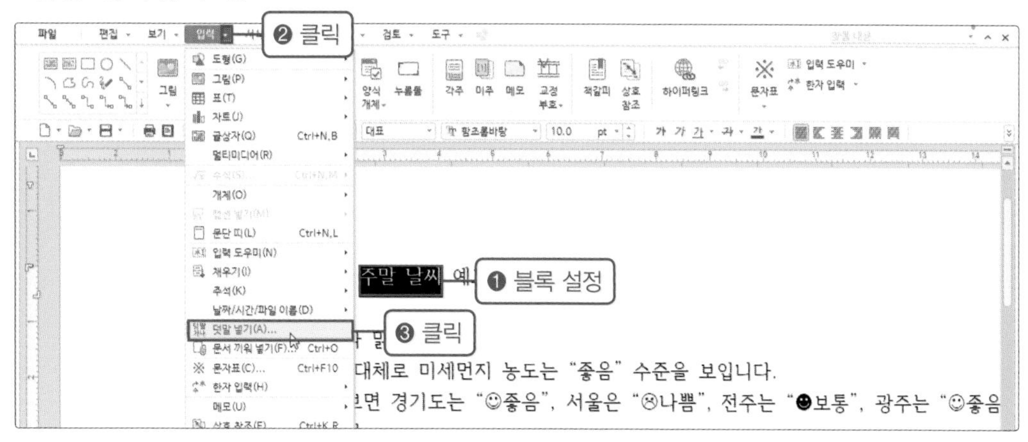

2 [덧말 넣기] 대화상자에서 ❶ '덧말'에 '날씨정보'를 입력한 후 ❷ '덧말 위치'는 '위'를 선택하고 ❸ [넣기]를 클릭합니다. 같은 방법으로 '예상'도 덧말 넣기를 합니다.

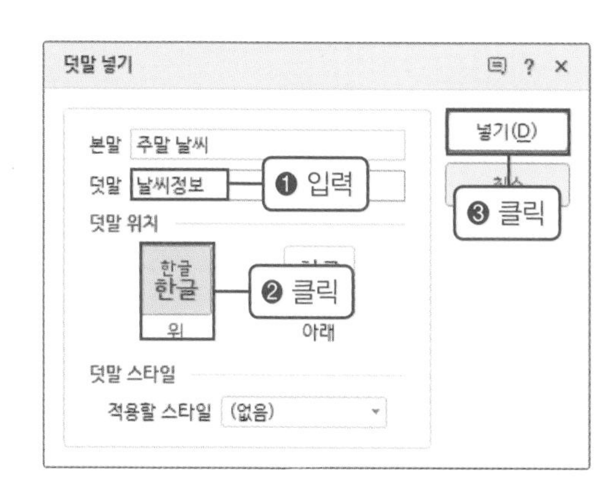

참고하세요

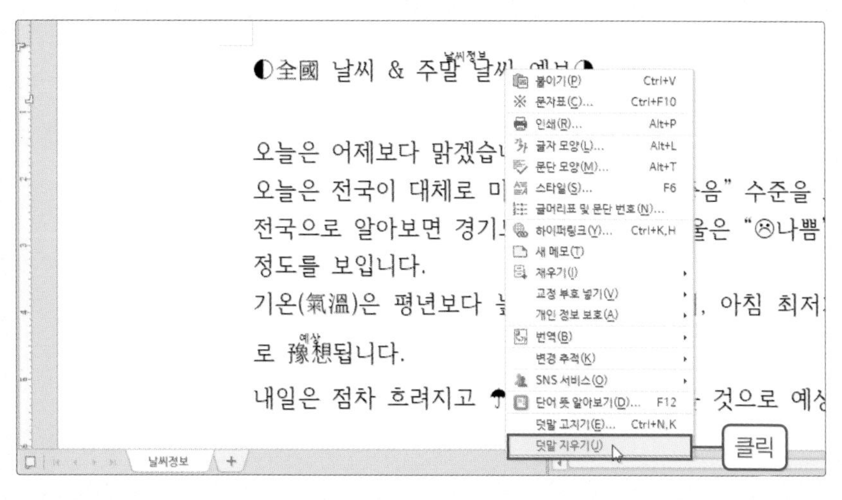

덧말을 지우거나 고치려면 덧말을 넣은 단어 뒤를 클릭한 후 마우스 오른쪽 단추를 눌러 '덧말 지우기'를 클릭합니다.

3 특수 문자와 글자를 겹칠 수 있습니다. 글자가 삽입될 위치를 클릭합니다. 본문에서는 ❶ '번개도' 단어 앞에 커서를 놓고 ❷ [입력] 메뉴의 기본 도구 상자에서 ❸ [입력 도우미]를 클릭한 후 ❹ '글자 겹치기'를 선택합니다.

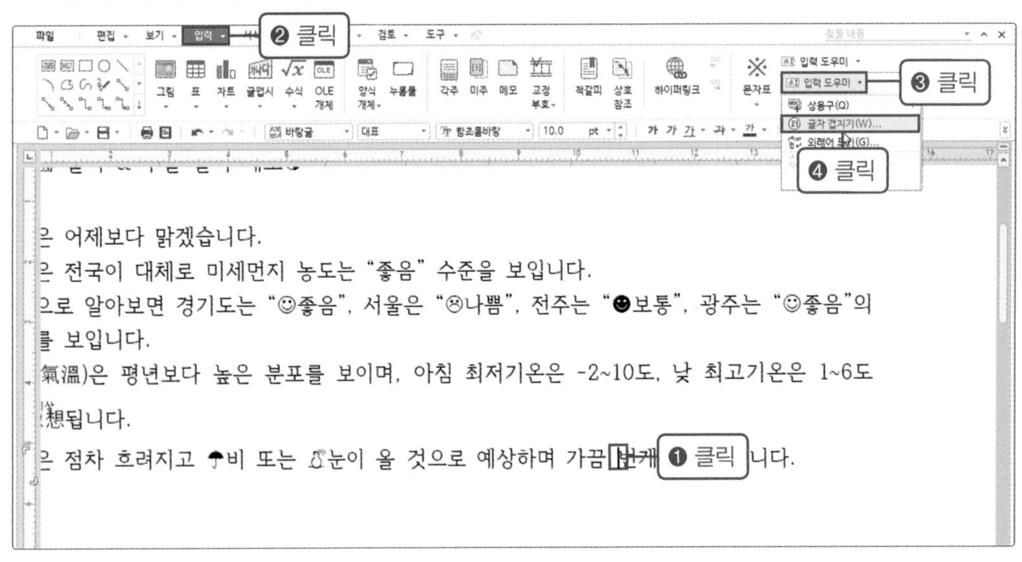

4 [글자 겹치기] 대화상자에서 ❶ '겹쳐 쓸 글자' 입력 상자를 클릭한 후 ❷ Ctrl + F10 을 눌러 [문자표]의 [훈글(HNC) 문자표]-[기타 기호]에서 'ϟ'를 선택하여 [넣기]를 클릭합니다.

5 ❶ '겹치기 종류'에서 '사각형 문자'를 선택한 후 ❷ [넣기]를 클릭합니다.

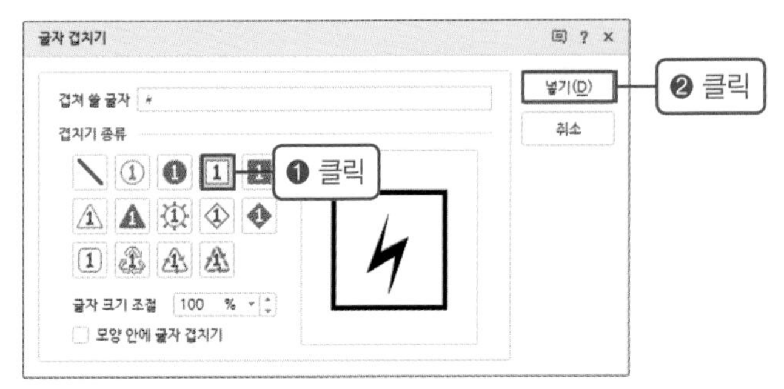

참고하세요

삽입 모드와 수정 모드

키보드의 Insert 를 번갈아 누르면 상황 표시줄이 '삽입/수정' 모드를 번갈아 표시됩니다.
또는 상황표시줄의 '삽입'을 마우스로 클릭하여도 '삽입/수정' 모드를 번갈아 표시됩니다.
삽입 모드에서 글자는 삽입되지만 수정 모드에서는 뒷 글자를 지우고 글자가 삽입됩니다.

빈 문서 2 +
1/1쪽 1단 1줄 1칸 0글자 문자 입력 1/1 구역 삽입 변경 내용 [기록 중지]

글자 삭제하기 (Delete , Back Space , Space Bar)

Delete 는 커서를 기준으로 오른쪽 문자를 삭제합니다.
Back Space 는 커서를 기준으로 왼쪽 문자를 삭제합니다.
Space Bar 는 수정 모드에서 Space Bar 를 누르면 오른쪽 문자가 삭제됩니다.

Back Space 왼쪽 문자 삭제 Delete 오른쪽 문자 삭제
오늘은 어제보다 맑겠습니다.

빈 칸 삽입하기(띄어쓰기)

- Space Bar : 한 칸의 공백이 삽입됩니다.
- Alt + Space Bar : 고정폭 빈 칸이라 하며 Space Bar 의 반절에 해당하는 빈 칸을 삽입합니다.

글자 삭제 단축키

- 커서를 기준으로 한 줄 지우기 : Ctrl + Y
- 커서 위치 이후 지우기 : Alt + Y
- 한 단어 지우기 : Ctrl + T
- 단어 단위로 이동하기 : Ctrl + ←, →

"혼자 풀어 보세요"

1 '스크렘블드에그.hwp' 파일을 불러오세요. 문자표를 이용하여 다음과 같이 작성한 후 "스크램블드에그-완성.hwp"로 저장해 보세요.

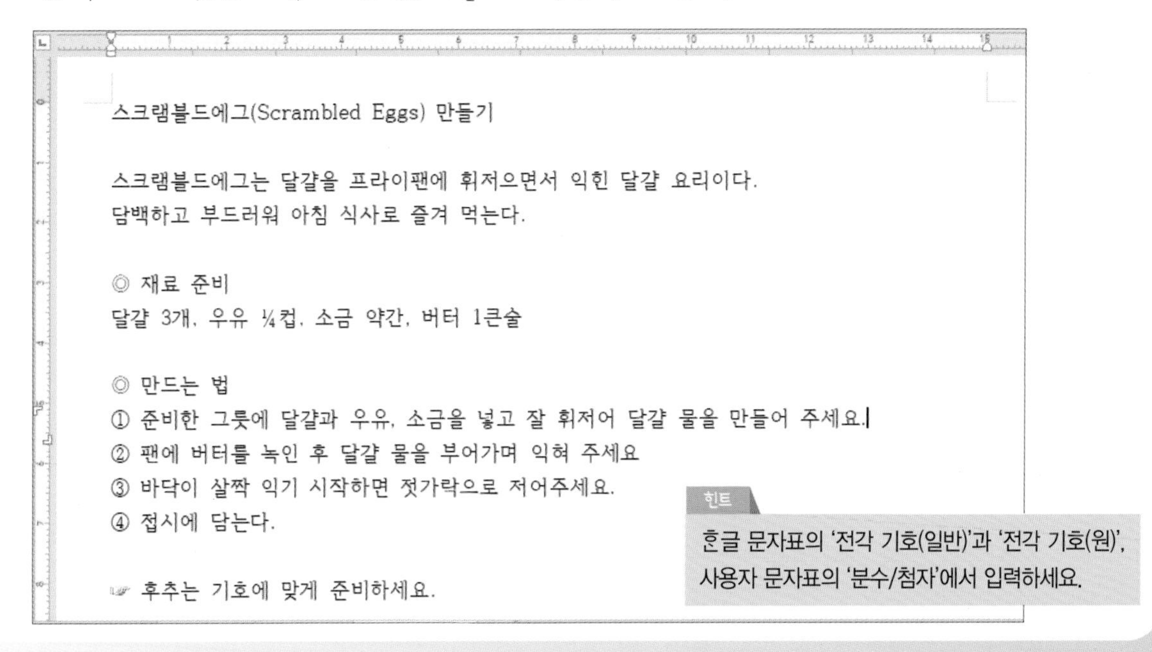
스크램블드에그(Scrambled Eggs) 만들기

스크램블드에그는 달걀을 프라이팬에 휘저으면서 익힌 달걀 요리이다.
담백하고 부드러워 아침 식사로 즐겨 먹는다.

◎ 재료 준비
달걀 3개, 우유 ¼컵, 소금 약간, 버터 1큰술

◎ 만드는 법
① 준비한 그릇에 달걀과 우유, 소금을 넣고 잘 휘저어 달걀 물을 만들어 주세요.
② 팬에 버터를 녹인 후 달걀 물을 부어가며 익혀 주세요
③ 바닥이 살짝 익기 시작하면 젓가락으로 저어주세요.
④ 접시에 담는다.

☞ 후추는 기호에 맞게 준비하세요.

힌트
훈글 문자표의 '전각 기호(일반)'과 '전각 기호(원)', 사용자 문자표의 '분수/첨자'에서 입력하세요.

2 '논어.hwp' 파일을 불러오세요. 한자와 문자표를 이용하여 다음과 같이 작성한 후 "논어-완성.hwp"로 저장해 보세요.

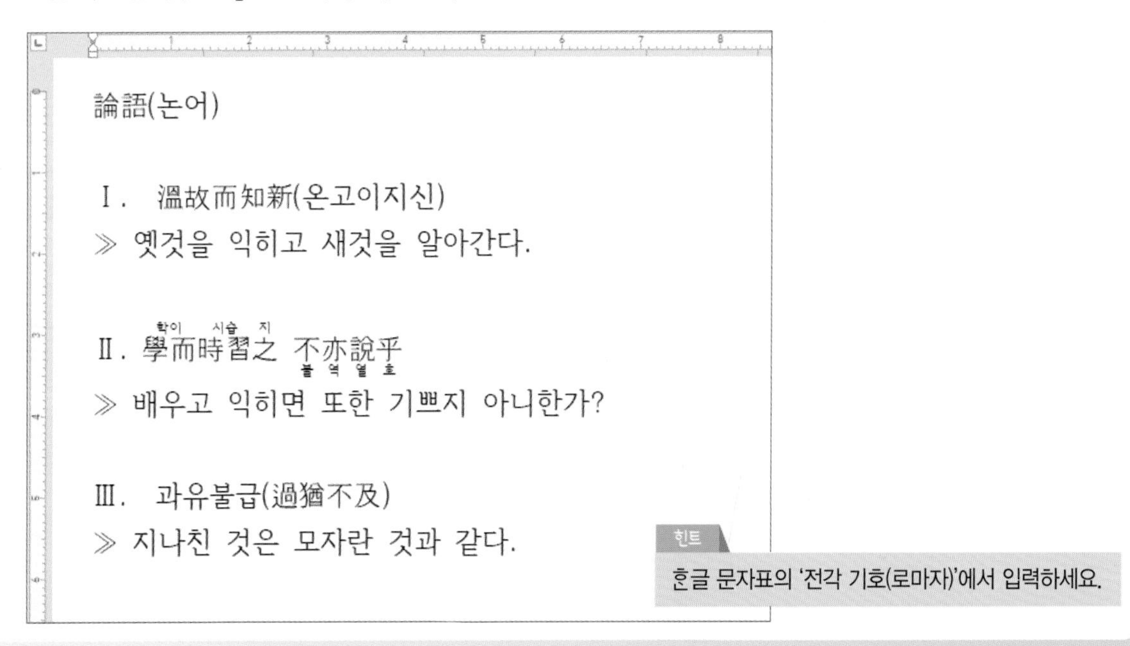
論語(논어)

Ⅰ. 溫故而知新(온고이지신)
≫ 옛것을 익히고 새것을 알아간다.

Ⅱ. 學(학)而(이)時(시)習(습)之(지) 不(불)亦(역)說(열)乎(호)
≫ 배우고 익히면 또한 기쁘지 아니한가?

Ⅲ. 과유불급(過猶不及)
≫ 지나친 것은 모자란 것과 같다.

힌트
훈글 문자표의 '전각 기호(로마자)'에서 입력하세요.

"혼자 풀어 보세요"

3 '윈도우키.hwp' 파일을 불러오세요. 덧말 넣기 기능을 이용하여 다음과 같이 작성한 후 "윈도우키-완성.hwp"로 저장해 보세요.

> 윈도우 단축키(빠르게 사용하는)를 공부해 보아요.
>
> ▶ 바탕화면 보기 :윈도우 로고키 + D
> ▶ 프로그램 전환 : Alt+Tab
> ▶ 현재 활성화된 창만 캡쳐 : Alt+Print Screen
> ▶ 작업 창 닫기 : Alt+F4
> ▶ 작업 실행 취소 : Ctrl+Z
> ▶ 최근 닫은 탭 다시 열기 :Ctrl+Shift+T

힌트
한글 문자표의 '키캡'에서 입력하세요.

4 '일기.hwp' 파일을 불러오세요. 글자 겹치기 기능을 이용하여 다음과 같이 작성한 후 "일기-완성.hwp"로 저장해 보세요.

> ㉧㉠ (일기)
>
> 나는 노래하는 것을 좋아해요. 룰루랄라 랄랄라 ♪♫♬
> 날이 ☼은 날에는 운동하는 것을 좋아해요.
> ⚾ 하는 것을 좋아하고, ☂가 오거나 ☁날에는
> 실내에서 하는 ♁치는 것을 좋아해요.
> ☆★ 별이 빛나는 밤 ☽에는 250㎞나 떨어져 사는 친구에게
> ☎대신 손✉를 썼어요.
> 내일 아침 일찍 📮에 편지를 부치러 가요.

힌트
한글 문자표의 '전각 기호(일반)', '전각 기호(선/단위)', '기타 기호'에서 입력하세요.

03 복사/이동 활용하기

문서를 편집하면서 같은 내용을 반복할 때는 복사, 이동할 때는 오려 두기를 합니다. 또한 복사와 오려 두기한 내용을 임시 저장하고 있는 클립보드에서 여러 번 붙여넣기할 수 있습니다.

- 문서 편집할 때 필요한 블록 설정 방법에 대해 알아봅니다.
- 반복되는 부분을 복사하는 방법에 대해 알아봅니다.
- 내용을 이동하는 방법을 알아봅니다.
- 임시 저장 장소 클립보드 사용 방법을 알아봅니다.

배울 내용 미리보기

☆★☆★☆★☆★☆★
미니 콘서트 안내문
☆★☆★☆★☆★☆★
우리 아파트에서는 희망찬 3월의 시작을 알리며, 가족과 함께 즐길 수 있는 미니 콘서트를 열고자 합니다. 아래 일정에 맞춰 주민 여러분들의 많은 참여를 바랍니다.
미니 콘서트! 봄날의 밤을 수놓아 드립니다.

☆★일　　　정
3월 16일(토)
3월 23일(토)
3월 30일(토)

　내　　용
위풍당당 콘서트
따뜻한 봄날의 오후
고운 달빛 콘서트

▲ 파일명 : 미니콘서트_완성.hwp

01 복사하기

1 '미니콘서트.hwp' 파일을 불러옵니다. 같은 내용을 반복해서 입력하기 위해 복사 기능을 사용합니다. 문서의 첫 행의 특수 문자를 복사하기 위해 ❶ 삽입한 '☆' 앞의 왼쪽 여백에 마우스를 위치 시킨 후 클릭하여 블록을 설정합니다. ❷ [편집] 메뉴의 ❸ [복사하기]를 클릭합니다.

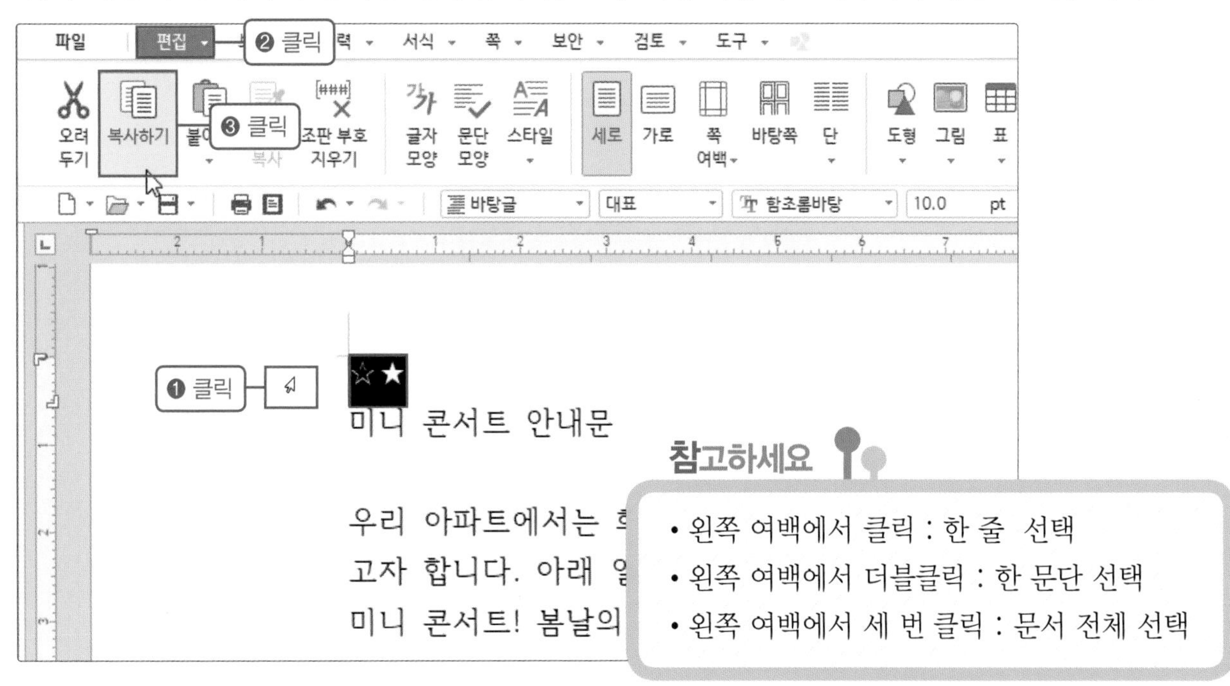

참고하세요

- 왼쪽 여백에서 클릭 : 한 줄 선택
- 왼쪽 여백에서 더블클릭 : 한 문단 선택
- 왼쪽 여백에서 세 번 클릭 : 문서 전체 선택

2 ❶ 첫 행의 끝을 클릭한 후 ❷ [편집] 메뉴의 ❸ [붙이기] 도구를 클릭합니다.

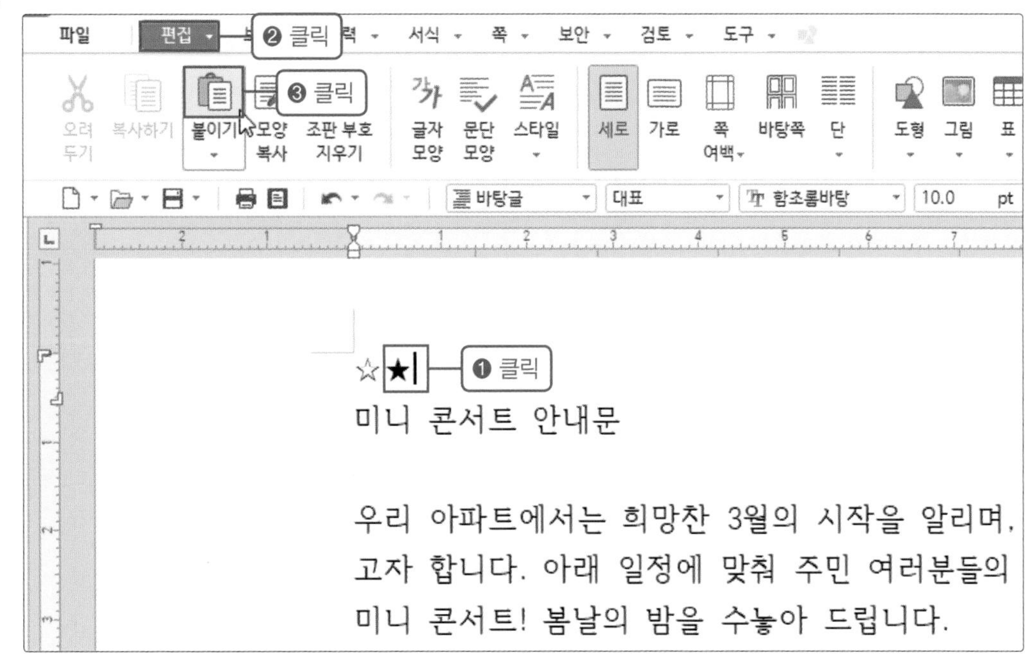

3. [붙이기]를 네 번 실행합니다. 제목 아래에 별들을 똑같이 입력하기 위해 ❶ 첫 행을 블록 설정한 후 ❷ [편집] 메뉴의 [복사하기]를 클릭합니다.

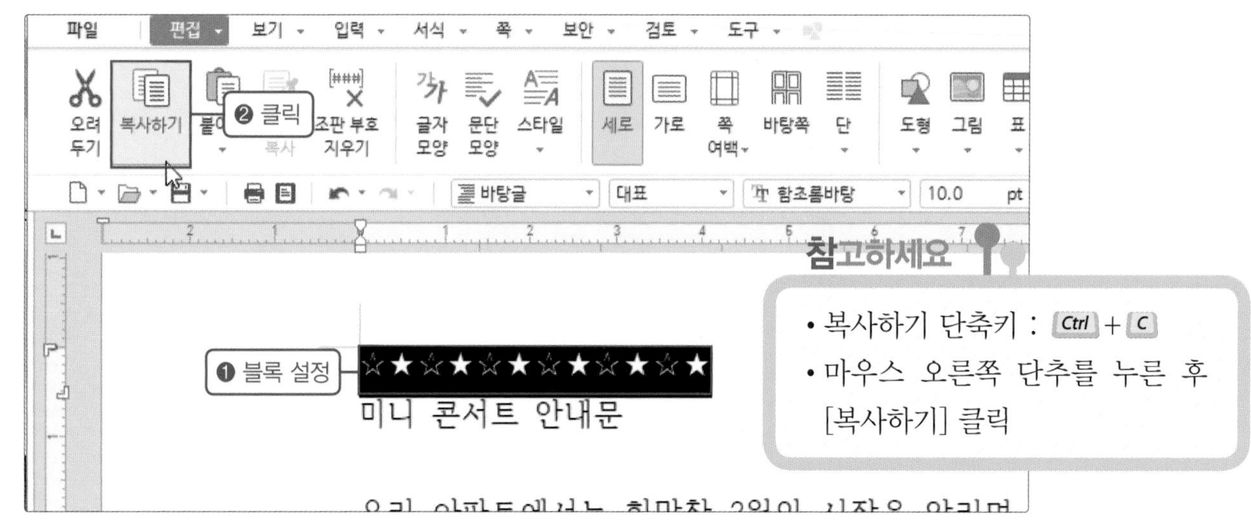

4. ❶ 제목 아래를 클릭한 후 [편집] 메뉴의 ❷ [붙이기]를 클릭합니다.

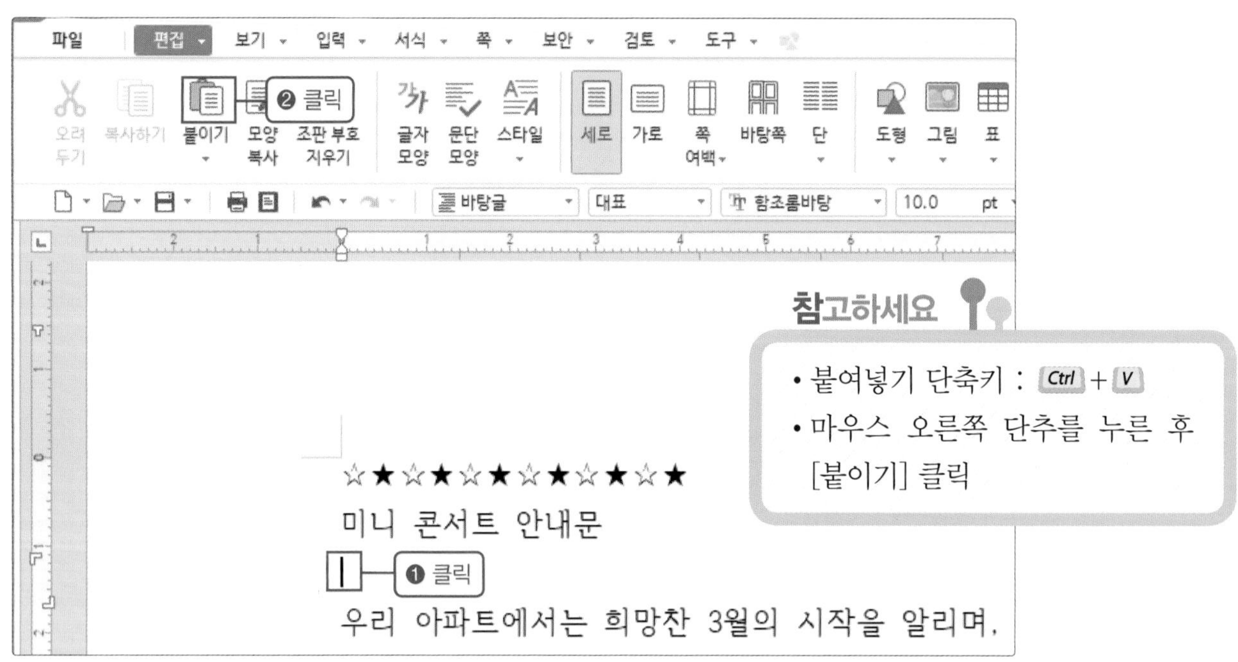

5. 다음과 같이 완성합니다.

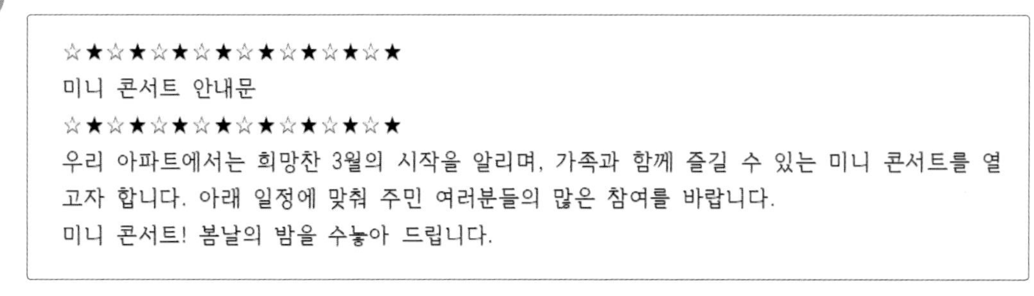
☆★☆★☆★☆★☆★☆★☆★☆★
미니 콘서트 안내문
☆★☆★☆★☆★☆★☆★☆★☆★
우리 아파트에서는 희망찬 3월의 시작을 알리며, 가족과 함께 즐길 수 있는 미니 콘서트를 열고자 합니다. 아래 일정에 맞춰 주민 여러분들의 많은 참여를 바랍니다.
미니 콘서트! 봄날의 밤을 수놓아 드립니다.

02 이동하기

1 문서의 내용을 다른 위치로 이동할 수 있습니다. 전체를 이동시킬 수도 있으면 구역별로 이동시킬 수 있습니다. 현재 문서의 '내용' 영역을 '일정' 아래로 이동하기 위해 ❶ '내'자 앞 부분에 커서를 위치 시킵니다.

우리 아파트에서는 희망찬 3월의 시작을 알리며, 가족과 함께
고자 합니다. 아래 일정에 맞춰 주민 여러분들의 많은 참여를
미니 콘서트! 봄날의 밤을 수놓아 드립니다.

일 정	내 용
3월 16일(토)	위풍당당 콘서트
3월 23일(토)	따뜻한 봄날의 오후
3월 30일(토)	고운 달빛 콘서트

2 키보드의 F4 를 누른 후 키보드의 방향키 ↓ 를 눌러 '고운' 앞까지 영역을 설정한 후 → 를 눌러 '콘서트' 끝까지 영역을 설정합니다.

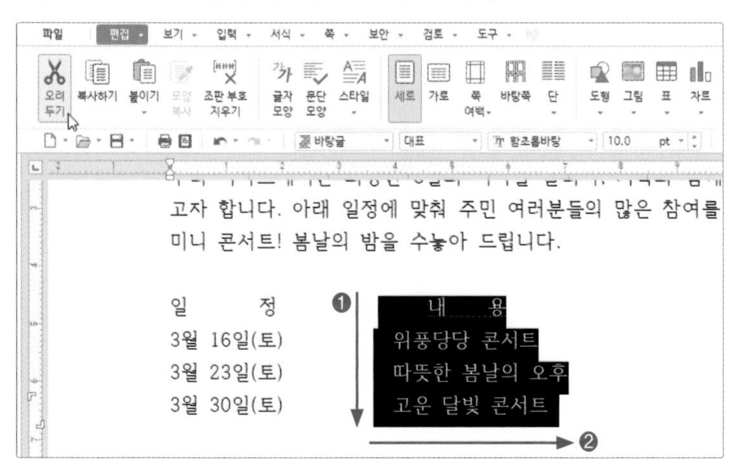

참고하세요

구역 영역 설정 F4

줄 단위가 아닌 원하는 사각형형태의 블록을 설정하려면 F4 를 사용합니다.
F4 를 누른 후 키보드 방향키 ←, →, ↑, ↓ 를 눌러 블록을 설정할 수 있습니다.
단, 블록이 설정이 안될 때는 짧은 텍스트를 긴 텍스트에 맞춰 Space Bar 를 눌러 텍스트의 길이를 맞춘 후 블록 설정합니다.

내 용
위풍당당 콘서트
따뜻한 봄날의 오후
고운 달빛 콘서트

3 블록이 설정된 상태에서 [편집] 메뉴의 [오려두기]를 클릭합니다.

우리 아파트에서는 희망찬 3월의 시작을 알리며, 가족과 함께
고자 합니다. 아래 일정에 맞춰 주민 여러분들의 많은 참여를
미니 콘서트! 봄날의 밤을 수놓아 드립니다.

일　　정	내　　용
3월 16일(토)	위풍당당 콘서트
3월 23일(토)	따뜻한 봄날의 오후
3월 30일(토)	고운 달빛 콘서트

참고하세요 

- 오려두기 단축키 : Ctrl + X
- 마우스 오른쪽 단추를 누른 후 [오려두기] 클릭

4 ❶ 문서 하단을 클릭한 후 ❷ [편집] 메뉴의 [붙이기] 도구를 클릭합니다.

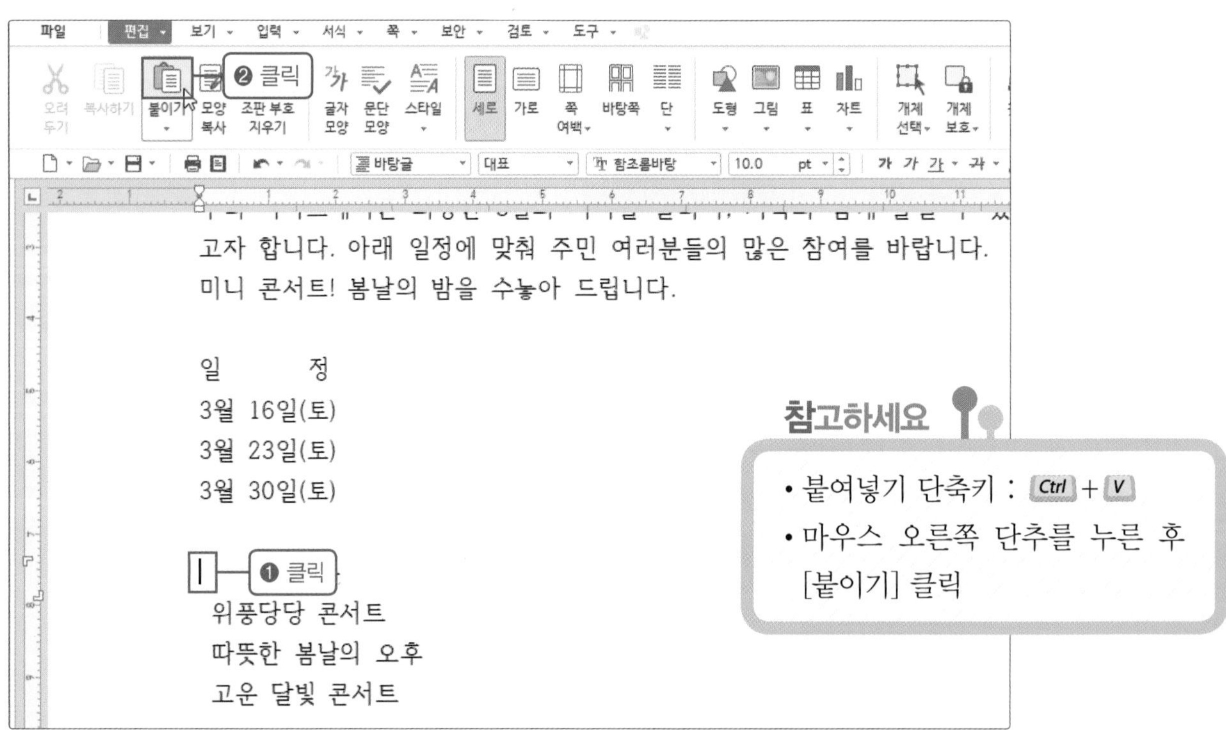

참고하세요

- 붙여넣기 단축키 : Ctrl + V
- 마우스 오른쪽 단추를 누른 후 [붙이기] 클릭

03 클립보드 사용하기

1 복사 또는 오려두기를 하면 내용이 '클립보드'라는 임시기억장소에 저장이 됩니다. 클립보드에 저장된 내용을 불러와 여러 번 '붙여넣기'하여 사용할 수 있습니다. ❶ [편집] 메뉴의 ❷ [붙이기]의 목록 단추를 누른 후 ❸ [클립보드]를 클릭합니다.

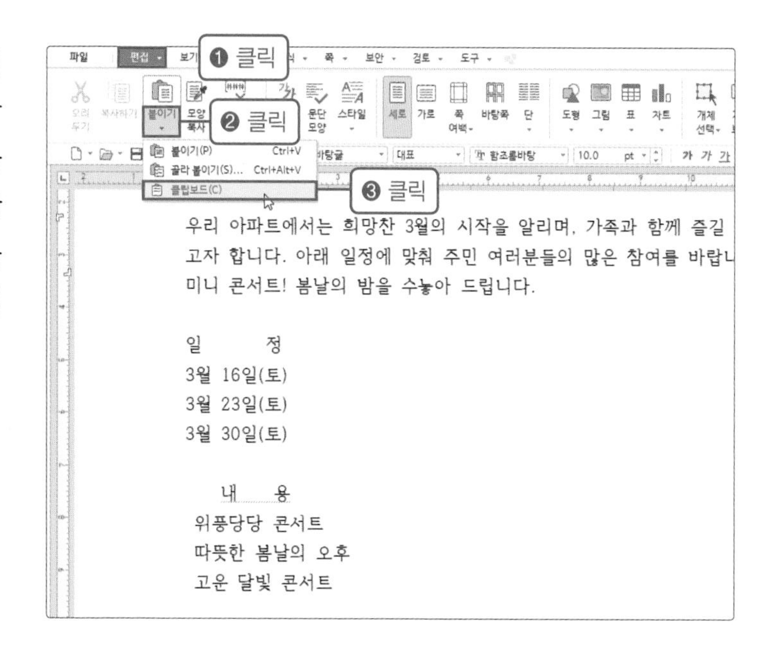

2 화면 오른쪽에 [클립보드] 창이 표시됩니다. ❶ '일정' 앞을 클릭한 후 ❷ [클립보드] 창에서 '☆★'를 선택합니다.

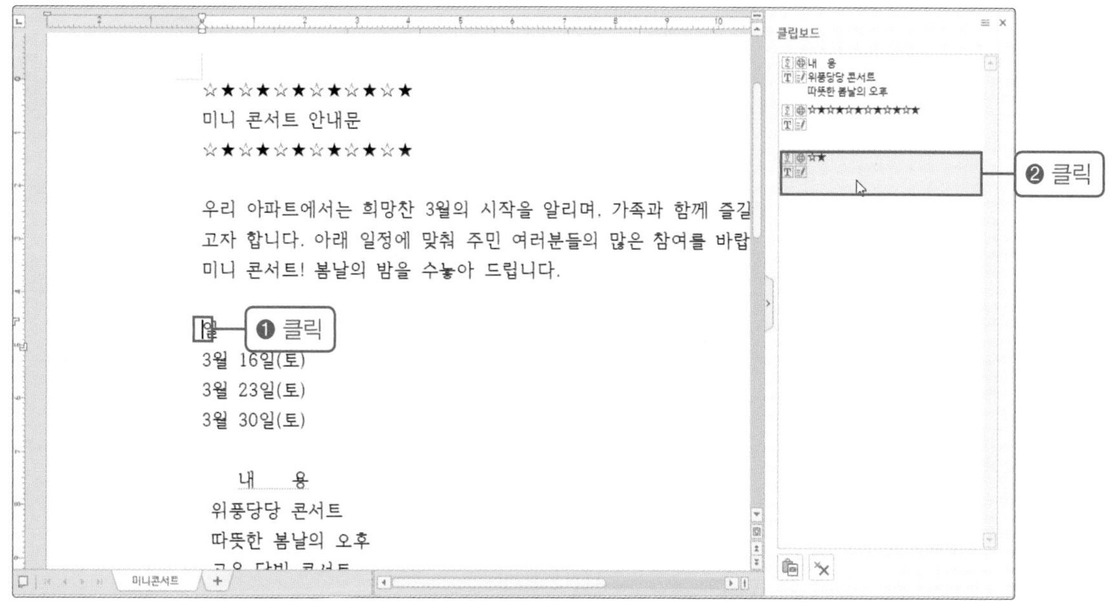

참고하세요

클립보드는 일반적으로 마지막으로 기억된 내용만 붙여넣기가 가능했지만 [클립보드] 기능을 활용하면 임시 저장된 내용을 불러와 사용이 가능합니다.

① 클립보드의 모든 내용을 붙여넣기

② 내용 삭제하기

"혼자 풀어 보세요"

1 다음과 같이 복사기능을 이용하여 문서를 작성하고 "강사모집.hwp"로 저장해 보세요.

▧ 나다움 문화센터 효자점 강사모집 안내 ▨

☞ 지원 자격 : 관련 학과 전공 및 경력자 우대
◈ 지원 방법 : 홈페이지 강사지원
♡ 모집 기간 : 상시 모집 중
● 문　　의 : ☏ 010-1234-1234

▧ 나다움 문화센터 평화점 강사모집 안내 ▨

☞ 지원 자격 : 관련 학과 전공 및 경력자 우대
◈ 지원 방법 : 홈페이지 강사지원
♡ 모집 기간 : 상시 모집 중
● 문　　의 : ☏ 010-1234-1234

2 다음과 같이 복사기능을 이용하여 문서를 작성하고 "메이커스.hwp"로 저장해 보세요.

⁙ 도전! 뚝딱뚝딱 나도 메이커스

①과정 : 행복한 쿠키 요리시간
②과정 : 트윈클 꼬마피카소
③과정 : 수리수리 신기한 종이접기
④과정 : 스마트 창의로봇교실
⑤과정 : 사고력 쑥쑥 블록코딩

"혼자 풀어 보세요"

3 다음과 같이 오려두기 기능을 이용하여 문서의 내용을 수정하고 "메이커스활동.hwp"로 저장해 보세요.

> ⁘⁘ 도전! 뚝딱뚝딱 나도 메이커스
>
> ②과정 : 트윈클 꼬마피카소
> ①과정 : 행복한 쿠키 요리시간
> ④과정 : 스마트 창의로봇교실
> ⑤과정 : 사고력 쑥쑥 블록코딩
> ③과정 : 수리수리 신기한 종이접기

4 다음과 같이 F4를 이용하여 문서의 일부 내용을 삭제하고 "메이커스활동.hwp"로 재저장해 보세요.

> ⁘⁘ 도전! 뚝딱뚝딱 나도 메이커스
>
> 트윈클 꼬마피카소
> 행복한 쿠키 요리시간
> 스마트 창의로봇교실
> 사고력 쑥쑥 블록코딩
> 수리수리 신기한 종이접기

힌트

'②' 번호 앞에 클릭한 후 키보드 F4를 누른 후 방향키를 이용하여 블록 설정한 후 Delete를 누른다.

글자 모양 꾸미기

문서의 글자 모양을 다양하게 편집하여 가독성있는 문서를 만들 수 있으며, 확장기능을 이용하여 문서를 디자인할 수 있습니다.

- 글자 모양을 다양하게 편집하는 방법에 대해 알아봅니다.
- 확장기능을 이용하여 디자인하는 방법에 대해 알아봅니다.

배울 내용 미리보기

봄,봄,봄 달래마을로 놀러 오세요! **봄맞이 진달래 축제**

4월 25일 ***달래마을***에서는 '봄맞이 진달래 축제'를 합니다.
진달래 화전부치기, 떡메치기, 그림그리기, 백일장대회등 다양한 프로그램을 준비했습니다.
누구나 참석이 가능합니다. 다양한 체험을 경험하세요.

봄 ! 봄 ! 봄 ! 진달래축제

- 봄봄봄 안내 -

♣ 일시 : 4월 25일 ~ 4월 28일
♣ 장소 : 달래마을 어울림마당에서
♣ 문의 : 담당자 강마리 (☎ 010-1234-5252)

▲ 파일명 : 진달래축제-완성.hwp

01 글자 모양 꾸미기

1 '진달래축제.hwp' 파일을 불러온 후 ❶ '봄' 앞을 클릭한 후 드래그하여 블록을 설정합니다.

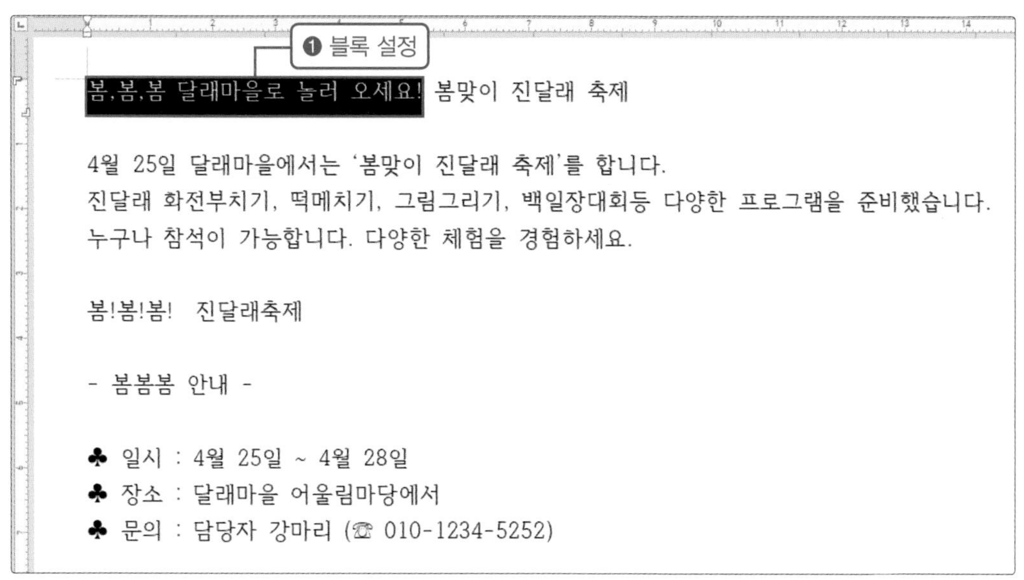

2 ❶ [서식] 메뉴의 ❷ '글꼴' 목록 단추를 누른 후 ❸ '꾸미기 글꼴'에서 ❹ '양재붓꽃체L'을 선택합니다.

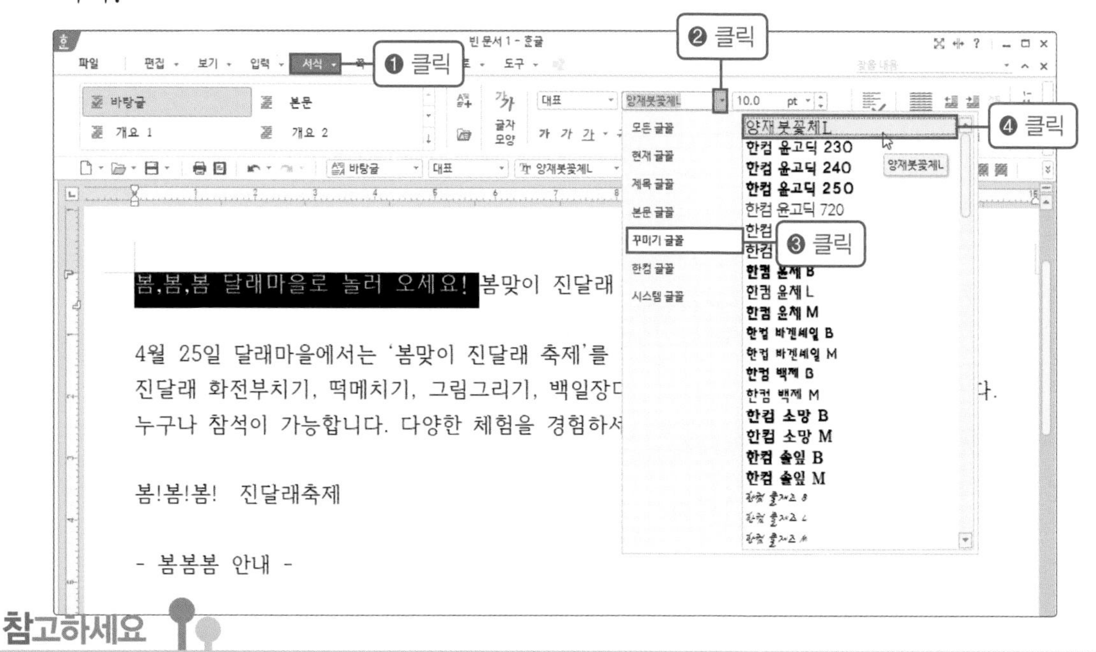

참고하세요

[서식 도구 모음줄]에서도 선택할 수 있습니다.

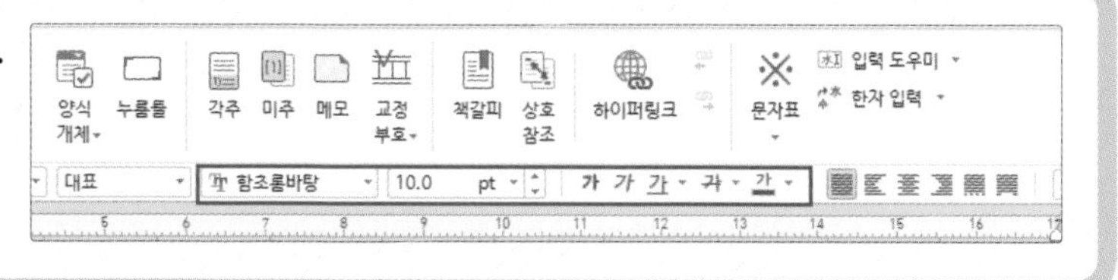

3 글자 모양과 글자 크기, 글자 색 등을 바꾸기 위해 ❶ '봄맞이 진달래 축제'를 블록 설정한 후 ❷ '글꼴 : HY산B', ❸ '글자 크기 : 14pt'를 선택한 후 ❹ '글자 색'의 목록 단추를 눌러 ❺ '보라' 또는 원하는 색을 선택합니다.

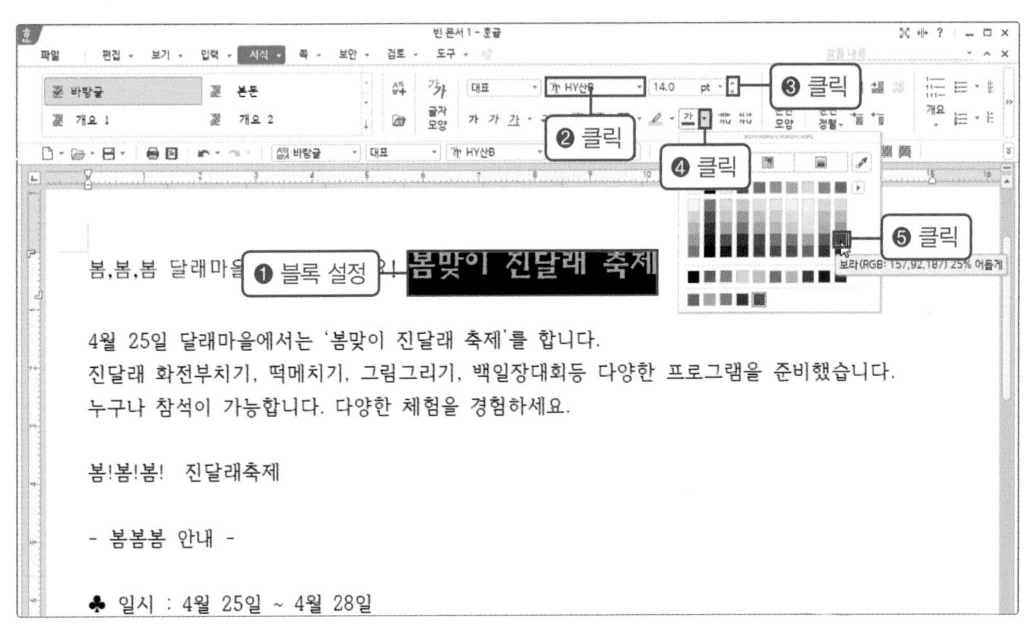

4 글자의 속성을 바꾸기 위해 ❶ '달래마을'을 블록 설정한 후 ❷ '진하게'와 '기울임'을 클릭합니다.

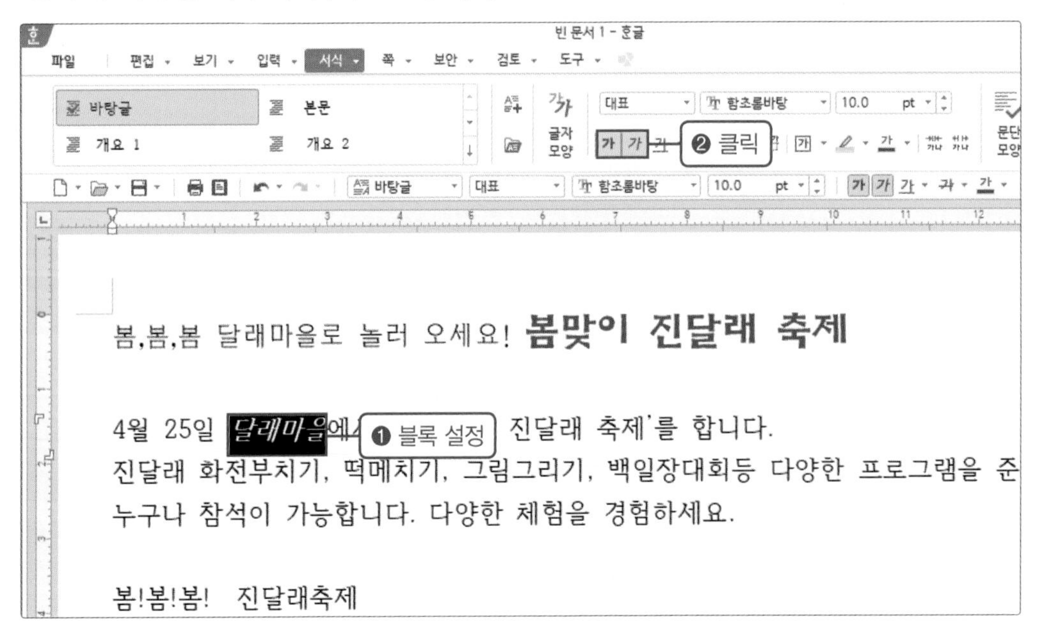

5 밑줄을 설정하기 위해 ❶ '봄맞이 진달래 축제'를 블록 설정하고 ❷ '밑줄'의 목록 단추를 눌러 ❸ '점선'을 선택합니다.

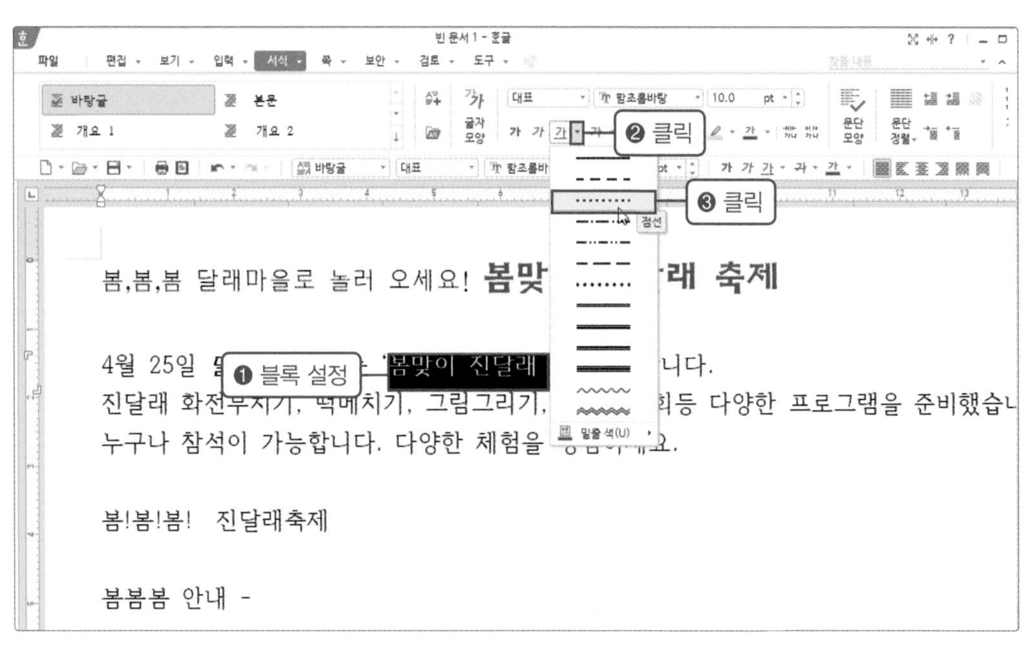

6 밑줄의 색을 설정하기 위해 블록이 설정된 상태에서 ❶ '밑줄'의 목록 단추를 눌러 ❷ '밑줄 색'에서 ❸ 색을 선택합니다.

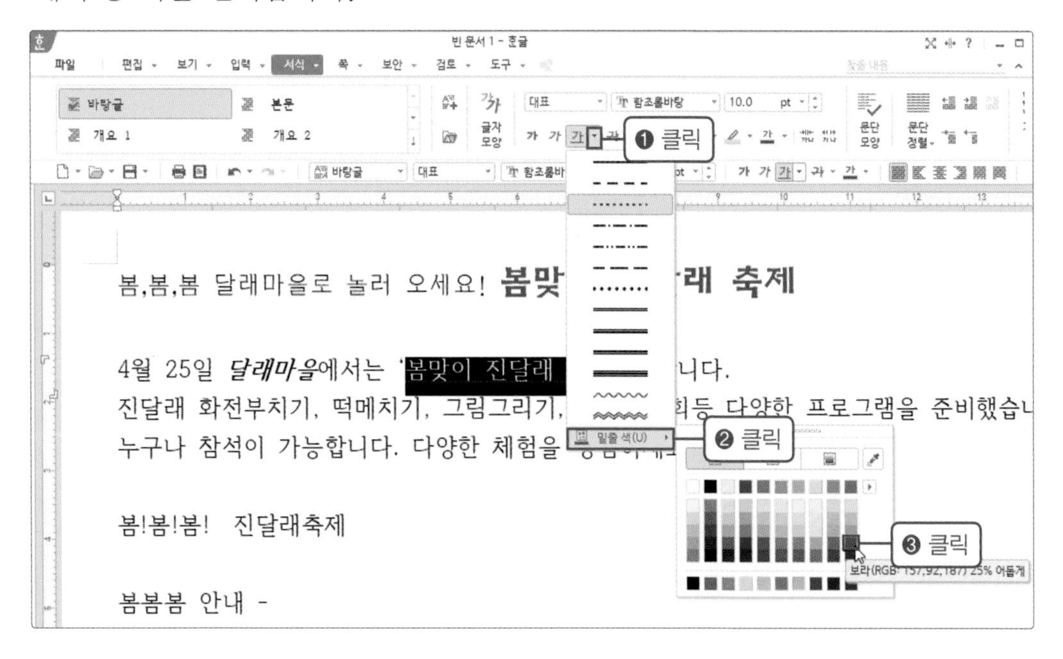

7 글자에 음영을 설정하기 위해 ❶ '누구나 참석'을 블록 설정하고 ❷ [서식] 메뉴의 ❸ [글자 모양]을 누릅니다. [글자 모양] 대화상자에서 ❹ [기본] 메뉴의 ❺ '글자 색'과 '음영 색'을 선택하고 ❻ [설정]을 누릅니다.

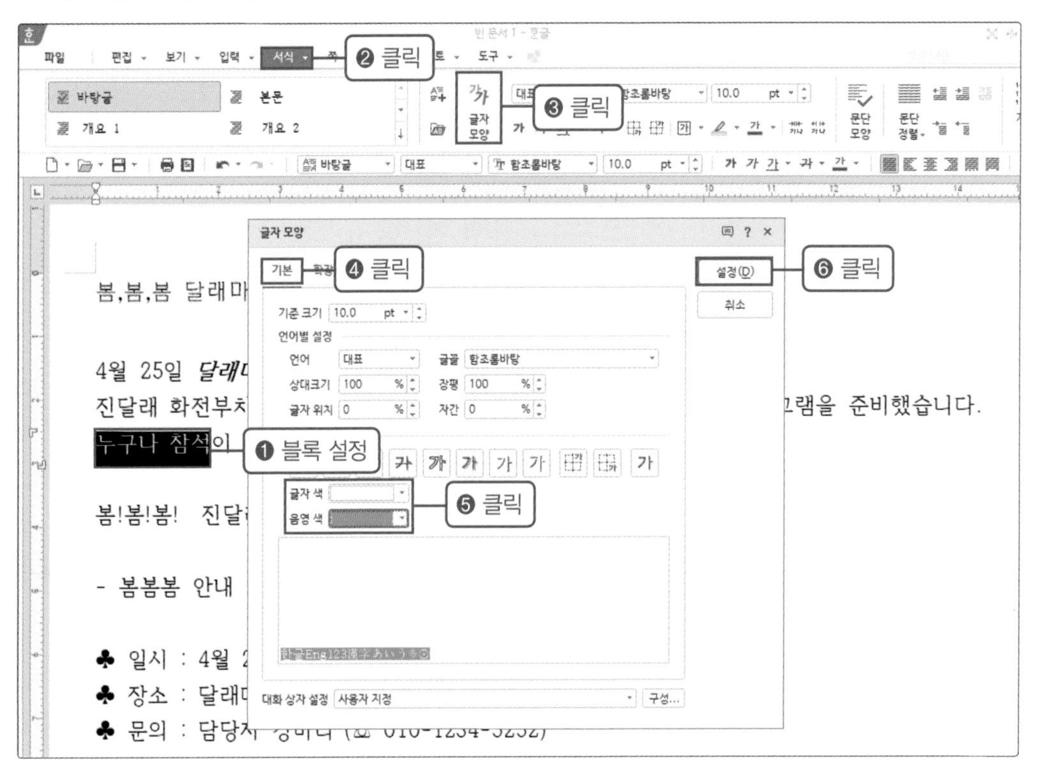

8 글자를 가로로 확대하고 글자 간격을 조절하기 위해 ❶ '봄!봄!봄!'을 블록 설정한 후 [서식] 메뉴의 [글자 모양]을 누릅니다. [글자 모양] 대화상자에서 ❷ [기본] 메뉴의 ❸ '장평 : 150%', '자간 : 40%'를 입력한 후 ❹ [설정]을 누릅니다.

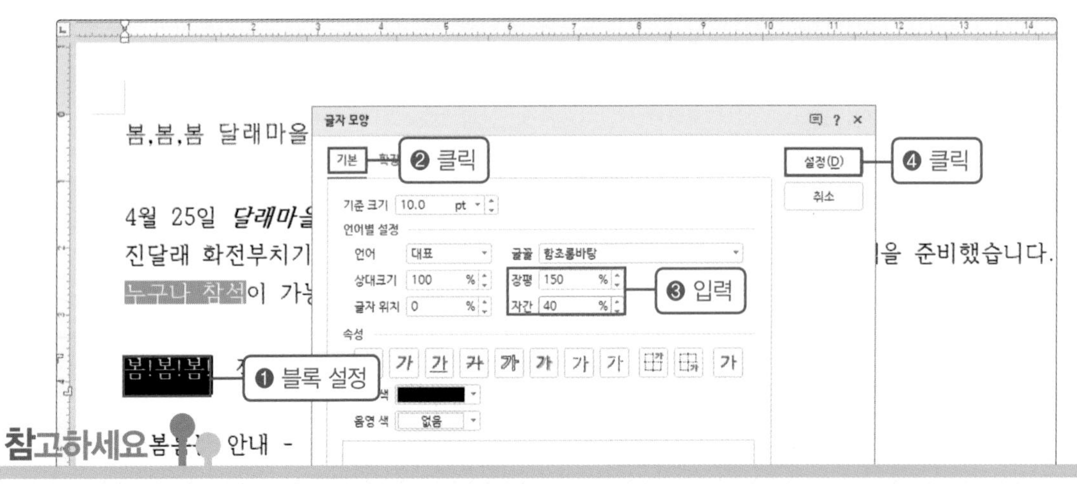

참고하세요

- 장평 : 숫자가 커질수록 가로로 확대되고, 숫자가 작아질수록 세로로 축소됩니다.
- 자간 : 글자 간격으로 숫자가 커질수록 글자와 글자 사이가 넓어지고, 숫자가 작아질수록 간격이 좁아집니다.

9 글자의 위치를 바꾸어 꾸밀 수 있습니다. '진달래축제'의 글자 크기를 20pt로 설정합니다. ❶ '달'만 블록 설정한 후 [서식] 메뉴의 [글자 모양]을 누릅니다. [글자 모양] 대화상자에서 ❷ [기본] 메뉴의 ❸ '글자 위치 : 25%'로 입력한 후 ❹ '글자색'을 임의로 설정하고 ❺ [설정]을 누릅니다.

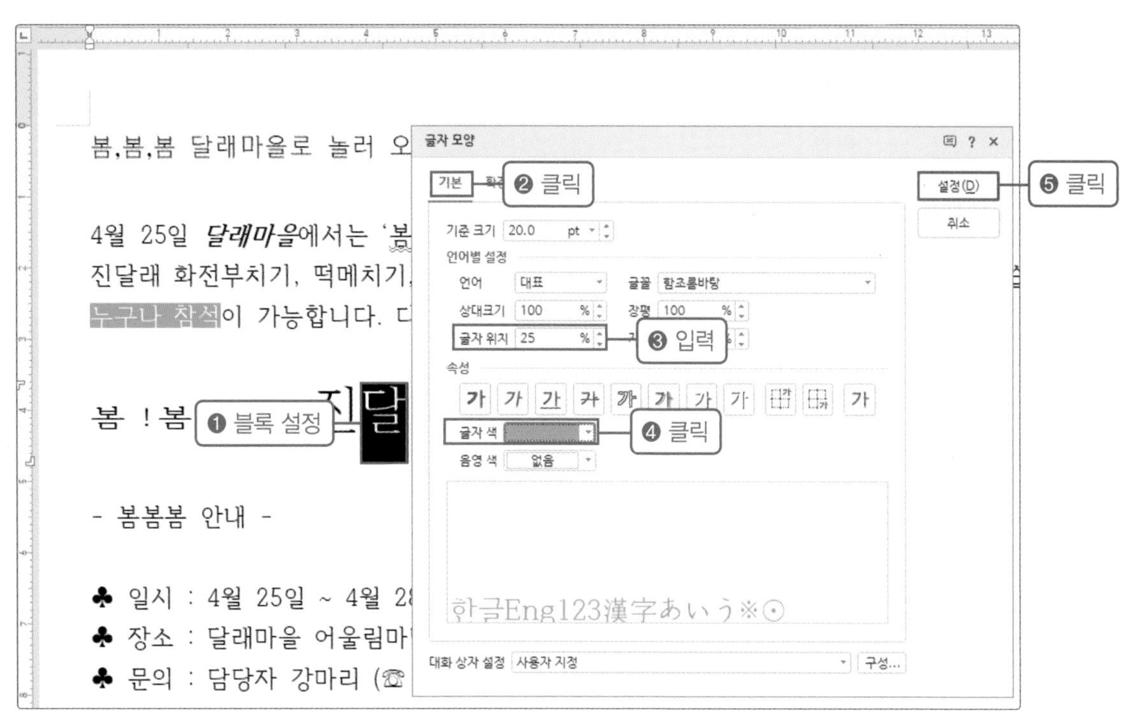

10 글자의 위치가 아래로 위치합니다. 글자를 위로 옮기기 위해 ❶ '래'를 블록 설정합니다. [서식] 메뉴의 [글자 모양]을 누릅니다. [글자 모양] 대화상자에서 ❷ [기본] 메뉴의 ❸ '글자 위치 : −20%'을 입력한 후 ❹ '글자색'을 임의로 설정하고 ❺ [설정]을 누릅니다.

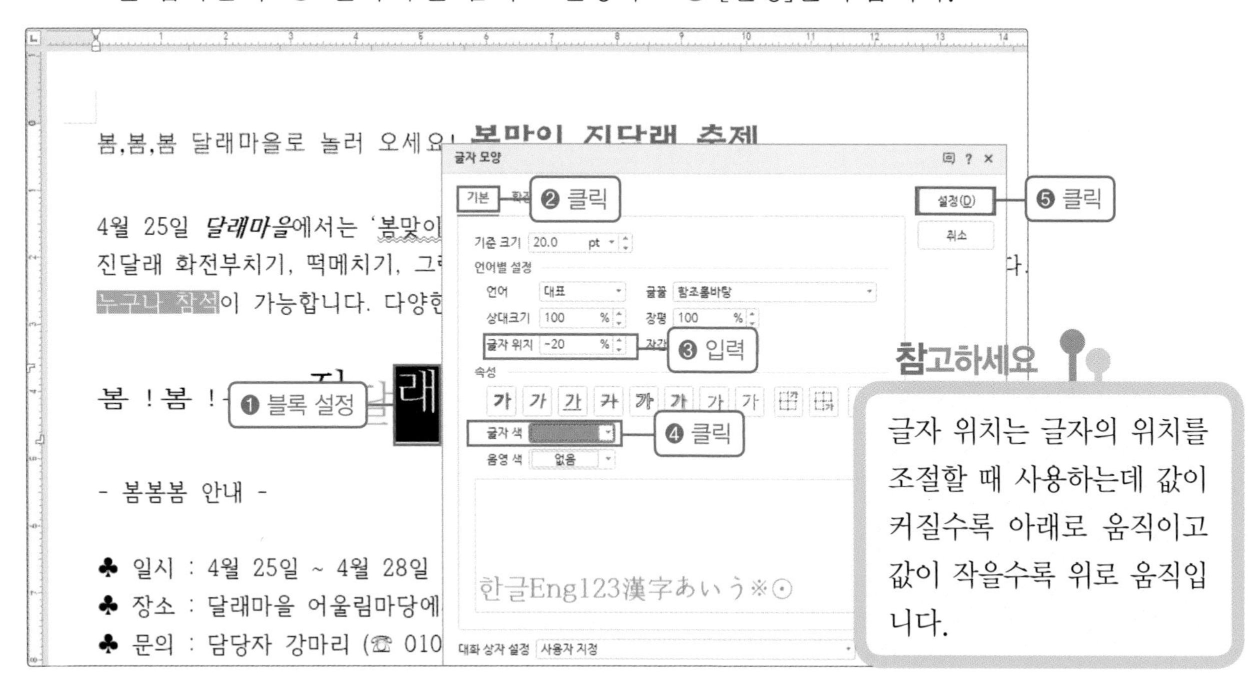

참고하세요

글자 위치는 글자의 위치를 조절할 때 사용하는데 값이 커질수록 아래로 움직이고 값이 작을수록 위로 움직입니다.

02 글자 모양 확장기능 사용하기

1. 그림자 기능을 이용해 글자를 꾸밀 수 있습니다. ❶ '– 봄봄봄 안내 –'를 블록 설정합니다. [서식] 메뉴의 [글자 모양]을 누릅니다. [글자 모양] 대화상자에서 ❷ [기본] 메뉴의 ❸ '기준 크기 : 15pt', ❹ '글꼴 : HY견고딕', ❺ '글자 색'을 임의로 지정합니다.

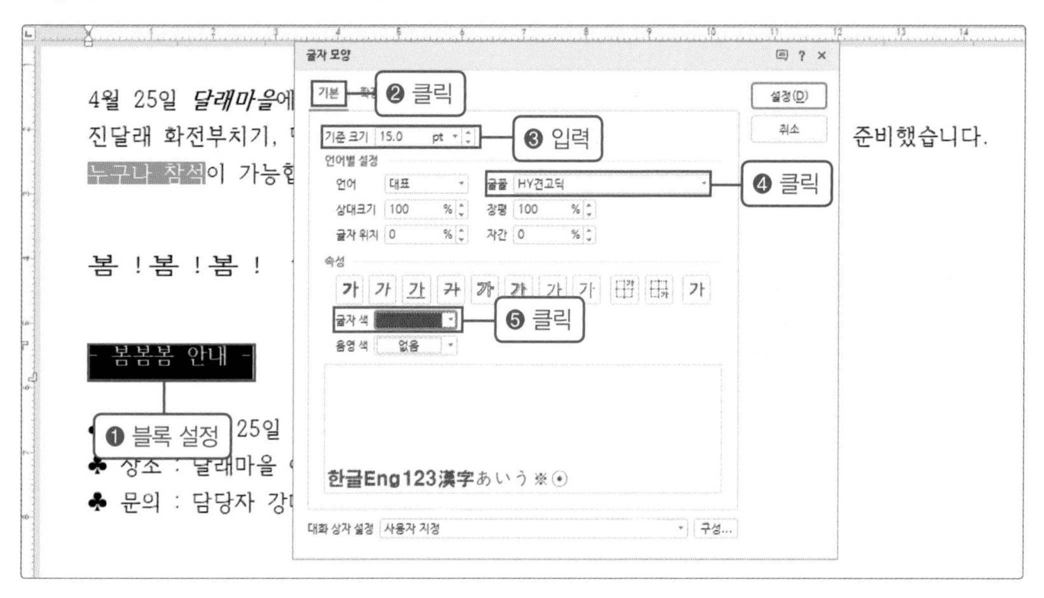

2. 그림자를 설정하기 위해 ❶ [확장] 메뉴의 ❷ '그림자'를 '연속'으로 선택하고, ❸ 'X방향 : 25%'과 'Y방향:–25%'를 입력합니다. ❹ '색'을 임의로 선택하고 ❺ [설정]을 누릅니다.

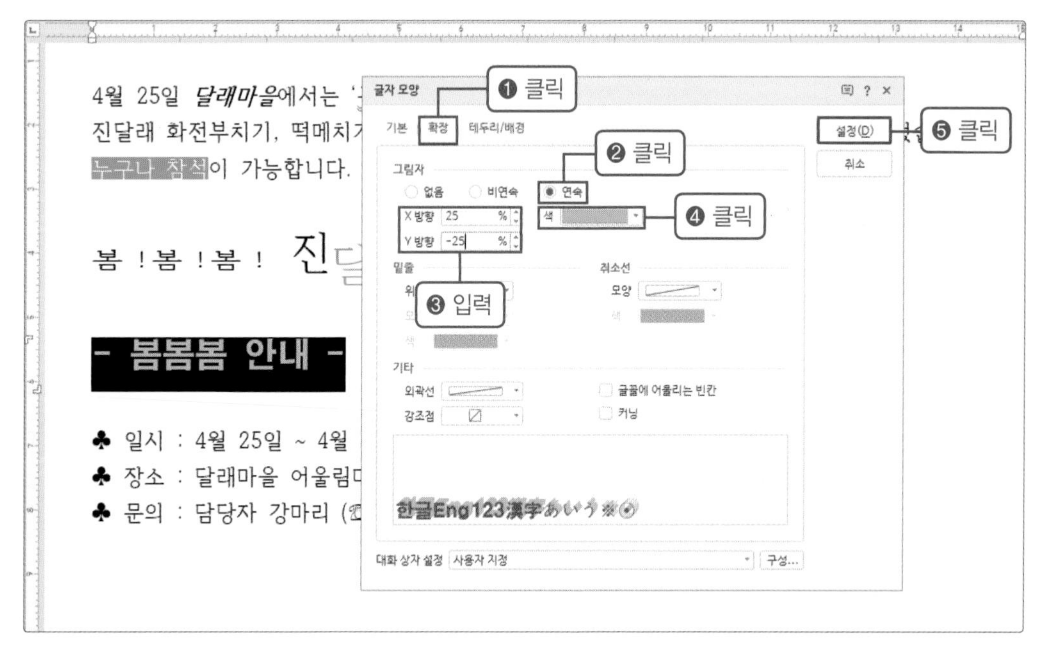

“혼자 풀어 보세요”

1 ‘홈베이킹.hwp’ 파일을 불러온 후 ‘특수문자’를 삽입하고 글꼴과 글자 색, 글자 크기를 설정한 후 “홈베이킹-완성.hwp”로 저장해 보세요.

▣ 베이킹을 처음 시작하는 홈베이킹

처음 시작하는 분들은 시중에서 판매되는 베이킹 믹스를 사용하기도 합니다.
이번 홈베이킹에서는 제철 과일을 활용하여 쉽고 간단하게 만들 수 있는
베이킹을 시작합니다.

◐ 준 비 물 ◑

ⅰ. 바나나 2개, 올리브유 한 컵
ⅱ. 달걀 1개, 브레드 믹스 1봉
ⅲ. 우유 한 컵, 시나몬 파우더 약간

2 ‘마을초대장.hwp’ 파일을 불러온 후 글꼴과 글자 색, 글자 크기를 설정한 후 “마을초대장-완성.hwp”로 저장해 보세요.

마을 공동체 ‘온사랑’ 잔치에

초대합니다.

포근한 봄햇살이 드리우는 토요일 오후 2시에 마을사랑 잔치가
열립니다.
주민들이 매주 모여 솜씨를 뽐낸 일상작품들이 전시됩니다.

05 문단 모양 꾸미기

문서의 문단 모양 기능으로 정렬 방법, 줄 간격과 들여쓰기 및 내여쓰기, 여백, 테두리/배경 등 문서를 정리하여 보기 좋은 문서를 작성할 수 있습니다.

- 문단 모양의 정렬 방법과 줄 간격을 조절하는 방법에 대해 알아봅니다.
- 문단 여백과 문단에 테두리/배경을 설정하는 방법에 대해 알아봅니다.

배울 내용 미리보기

정월대보름의 유래

한국의 전통 명절로 음력 1월 15일을 의미한다.

설날 이후 처음 맞는 보름날로 상원, 혹은 오기일(烏忌日)이라고 한다. 어찌보면 설날보다 더 성대하게 지냈던 명절로, 보통 그 전날인 14일부터 행하는 여러가지 풍속들이 있다.

원래는 설날부터 대보름까지 15일 동안 축제일이었으며, 이 시기에는 빚 독촉도 하지 않는다는 말이 있었을 정도로 옛날에는 큰 축제였다.

이 날에는 오곡밥, 약밥, 귀밝이술, 김과 취나물 같은 묵은 나물 및 제철 생선 등을 먹으며 한 해의 건강과 소원을 빈다. 또한 고싸움, 석전과 같은 행사와 다양한 놀이를 하였는데, 이 풍속들은 오늘날에도 일부 이어져 행해지고 있다. 지역별, 마을별로 제사를 지내는 곳도 있다. 예로부터 정월 대보름에는 한 해의 계획을 세웠는데, 이 과정에서 한 해의 운수를 점치기도 하였다.

[출처 : 나무위키]

▲ 파일명 : 정월대보름-완성.hwp

01 문단 서식 설정하기

1 '정월대보름.hwp' 파일을 불러온 후 제목에 글자 모양을 조건에 맞춰 설정하고, ❶ 제목을 클릭한 후 [서식 도구 모음줄]의 ❷ '가운데 정렬'을 클릭합니다.

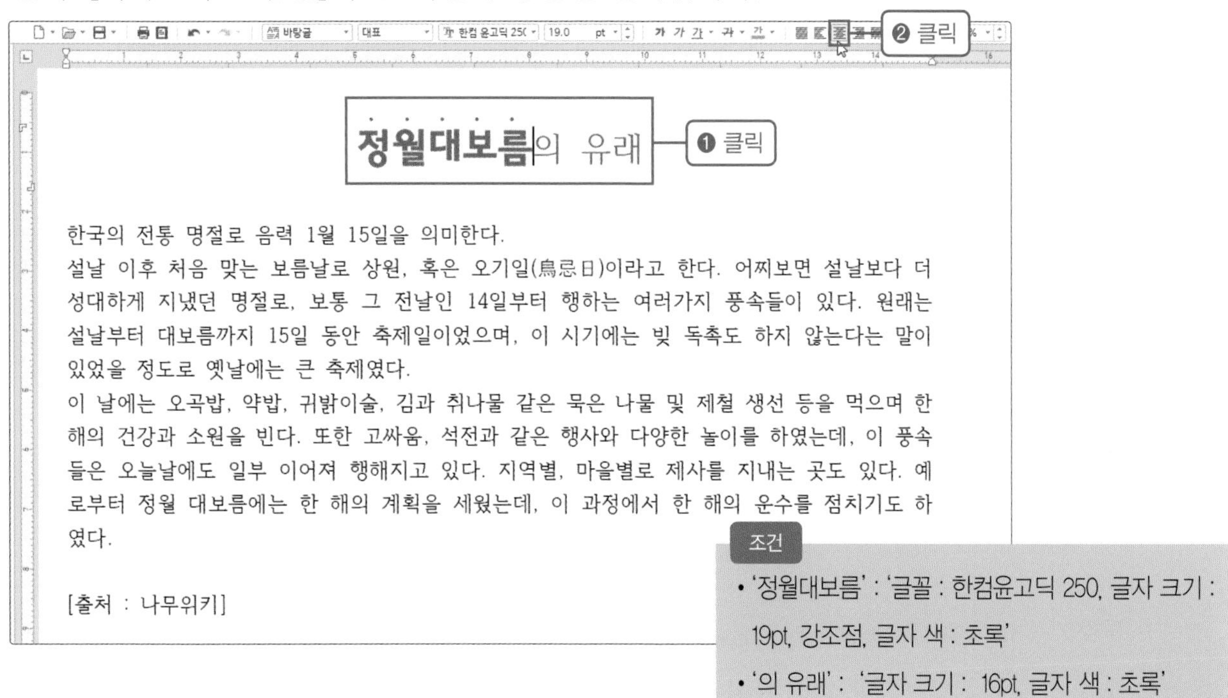

조건

- '정월대보름' : '글꼴 : 한컴윤고딕 250, 글자 크기 : 19pt, 강조점, 글자 색 : 초록'
- '의 유래' : '글자 크기 : 16pt, 글자 색 : 초록'

2 ❶ 첫 번째 문단의 앞을 클릭하고, 조건에 맞춰 설정한 후, 제목을 클릭한 후 서식 도구모음줄의 ❷ '가운데 정렬'을 클릭합니다.

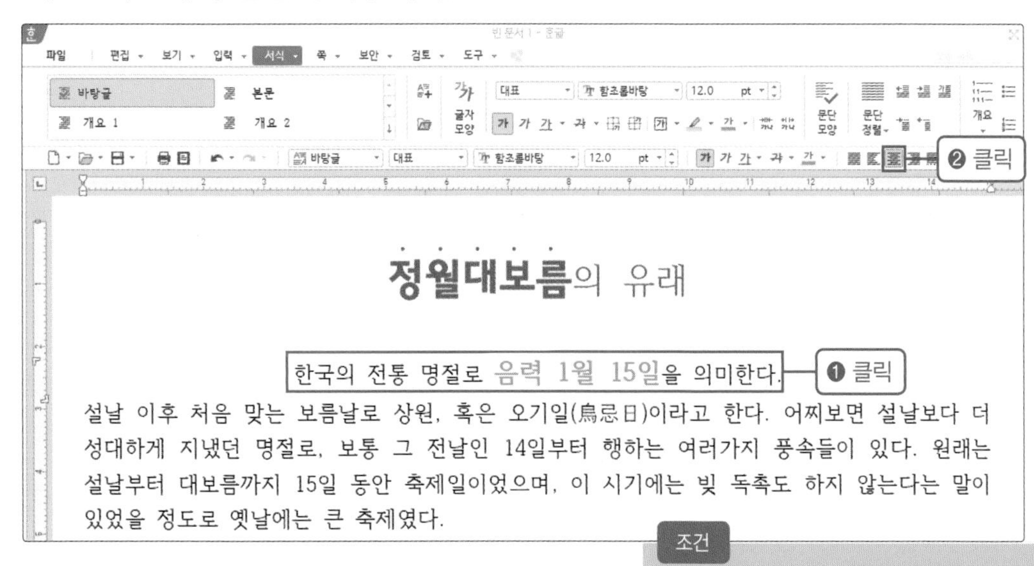

조건

- '음력 1월 15일' : '글자 크기 : 12pt, 진하게, 글자 색 : 주황'

3 다음과 같이 ❶ 블록을 설정한 후 ❷ [서식] 메뉴에서 ❸ [문단 모양]을 클릭합니다.

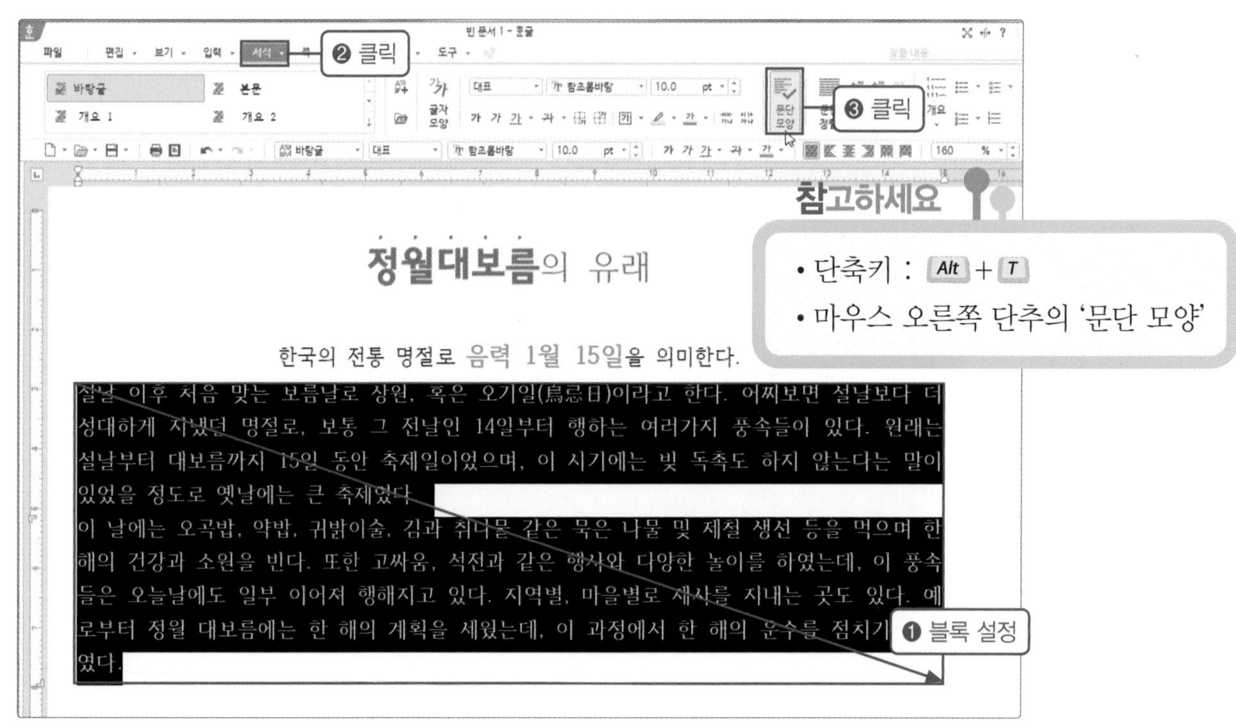

참고하세요

- 단축키 : Alt + T
- 마우스 오른쪽 단추의 '문단 모양'

4 [문단 모양] 대화상자가 열리면 ❶ [기본] 메뉴의 다음과 같이 설정을 합니다.

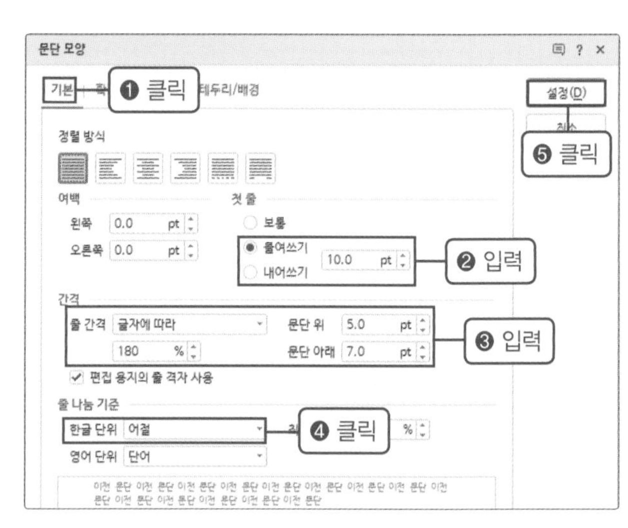

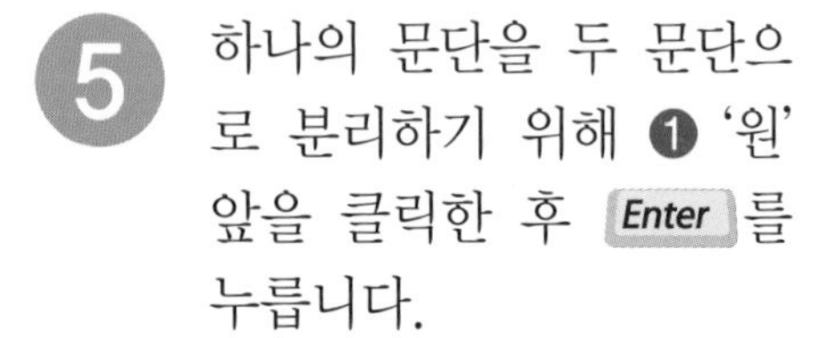

참고하세요

한글 단위 (어절) : 어절 단위로 문단의 끝에서 잘립니다.

5 하나의 문단을 두 문단으로 분리하기 위해 ❶ '원' 앞을 클릭한 후 Enter 를 누릅니다.

한국의 전통 명절로 음력 1월 15일을 의미한다.

설날 이후 처음 맞는 보름날로 상원, 혹은 오기일(烏忌日)이라고 한다. 어찌보면 더 성대하게 지냈던 명절로, 보통 그 전날인 14일부터 행하는 여러가지 풍속들 ❶ 클릭 부터 대보름까지 15일 동안 축제일이었으며, 이 시기에는 빛 독 않는다는 말이 있었을 정도로 옛날에는 큰 축제였다.

이 날에는 오곡밥, 약밥, 귀밝이술, 김과 취나물 같은 묵은 나물 및 제철 생선 등 한 해의 건강과 소원을 빈다. 또한 고싸움, 석전과 같은 행사와 다양한 놀이를 하 풍속들은 오늘날에도 일부 이어져 행해지고 있다. 지역별, 마을별로 제사를 지내는

6 문단과 문단이 분리되면서 문단 위아래 간격과 첫 줄 들여쓰기가 자동으로 설정됩니다. 아래줄의 길이를 '원'자 와 맞추기 위해 ❶ '원' 앞에 클릭한 후 Shift + ⇆ 를 누릅니다. 자동개행인 경우에만 가능합니다.

한국의 전통 명절로 음력 1월 15일을 의미한다.

설날 이후 처음 맞는 보름날로 상원, 혹은 오기일(烏忌日)이라고 한다. 어찌보면 설날보다 더 성대하게 지냈던 명절로, 보통 그 전날인 14일부터 행하는 여러가지 풍속들이 있다.

원래 ❶ 클릭 부터 대보름까지 15일 동안 축제일이었으며, 이 시기에는 빚 독촉도 하지 않는다는 말이 있었을 정도로 옛날에는 큰 축제였다.

이 날에는 오곡밥, 약밥, 귀밝이술, 김과 취나물 같은 묵은 나물 및 제철 생선 등을 먹으며 한 해의 건강과 소원을 빈다. 또한 고싸움, 석전과 같은 행사와 다양한 놀이를 하였는데, 이 풍속들은 오늘날에도 일부 이어져 행해지고 있다. 지역별, 마을별로 제사를 지내는 곳도 있다. 예로부터 정월 대보름에는 한 해의 계획을 세웠는데, 이 과정에서 한 해의 운수를 점치기도 하였다.

7 다음과 같이 ❶ 블록을 설정한 후 ❷ [서식] 메뉴의 ❸ [문단 모양]을 클릭합니다. [문단 모양] 대화상자가 열리면 ❹ [기본] 메뉴에서 ❺ 왼쪽과 오른쪽 여백을 각각 '10pt'를 입력합니다.

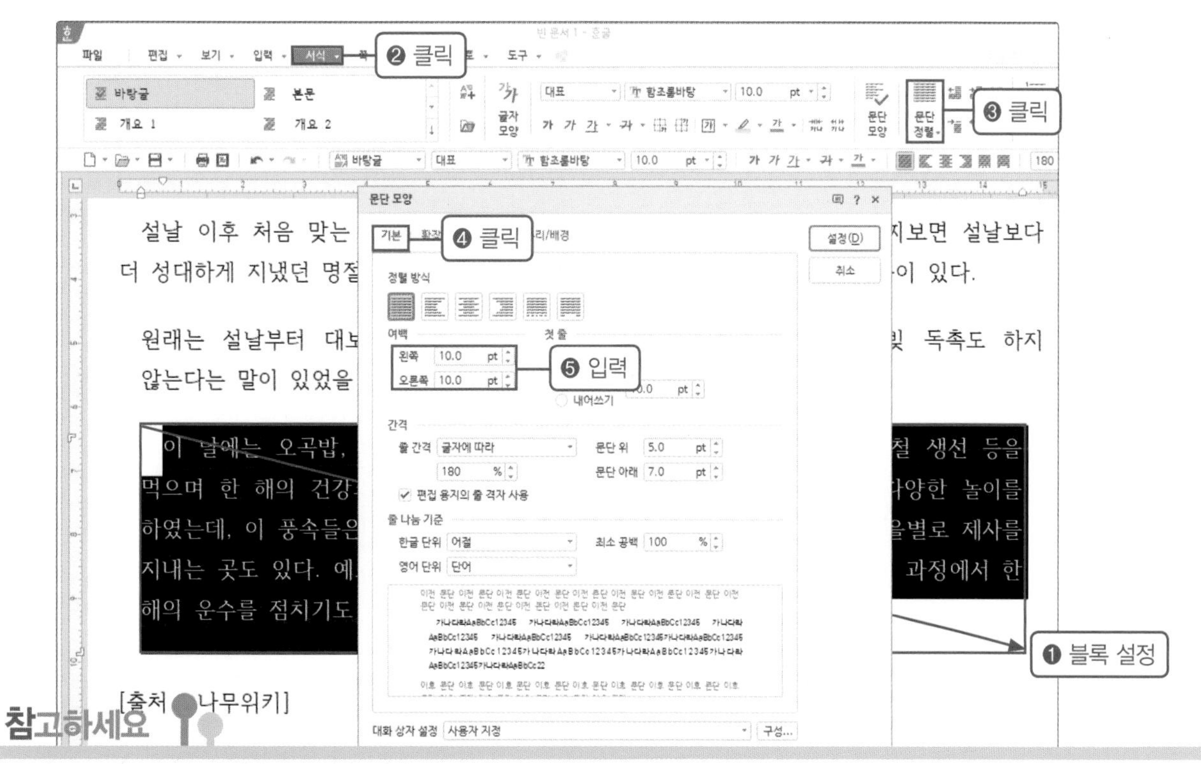

참고하세요

• 들여쓰기 : 새 문단이 시작되면 빈칸을 자동으로 삽입하여 문단의 시작을 알립니다.
• 줄 간격 : 행과 행사이의 간격을 말합니다.
• 문단 위/아래 간격 : 문단의 위와 아래에 간격을 두어 문단과 문단을 구별합니다.

8

❶ [문단 모양] 대화상자의 [테두리/배경] 메뉴에서 ❷ '테두리'를 다음과 같이 설정하고 ❸ '위'와 '아래'를 선택합니다. ❹ '면 색'을 임의로 선택한 후 ❺ [설정]을 클릭합니다.

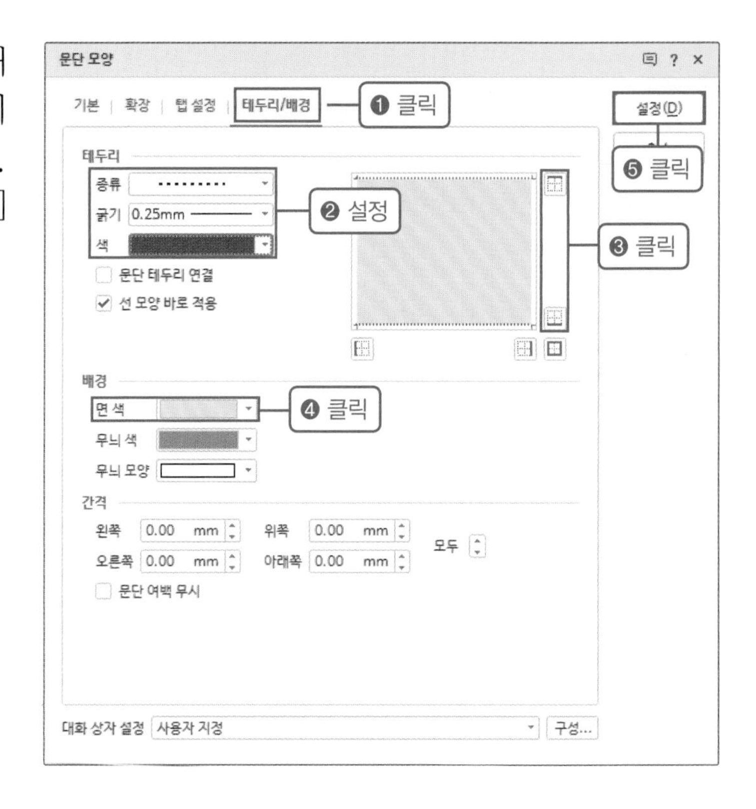

9

❶ 마지막 문단을 블록 설정한 후 [서식 도구 모음줄]의 ❷ '진하게'와 '오른쪽 정렬'을 선택합니다.

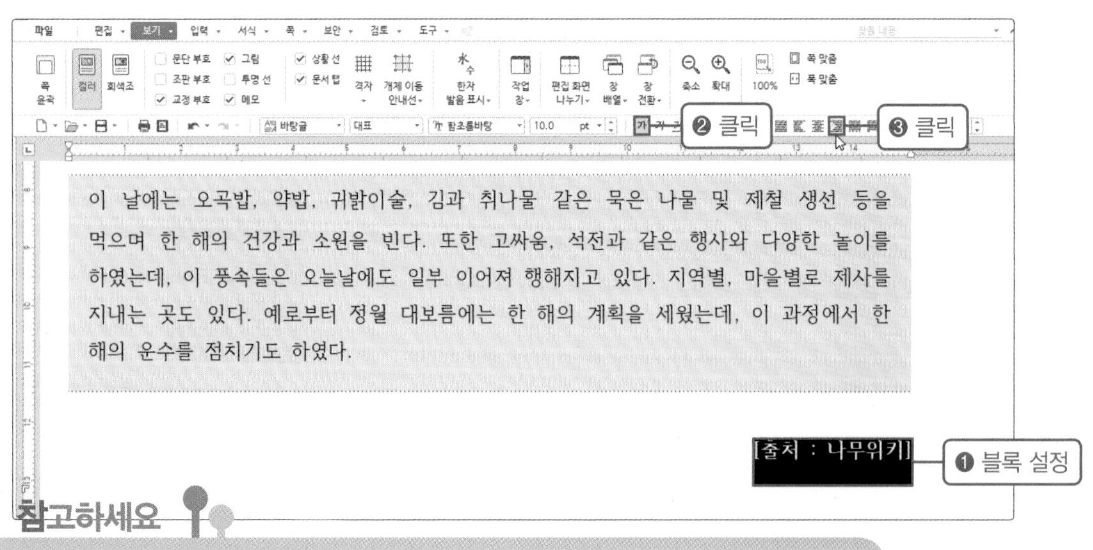

참고하세요

'문단 모양'에서 '테두리/배경'은 쪽 단위가 아닌 문단별로 적용이 됩니다.

02 문단 첫 글자 장식하기

1 문단이 시작되는 첫 글자만 장식을 하기 위해 ❶ '설' 앞에 커서를 두고 ❷ [서식] 메뉴의 목록 단추를 누른 후 ❸ '문단 첫 글자 장식'을 클릭합니다.

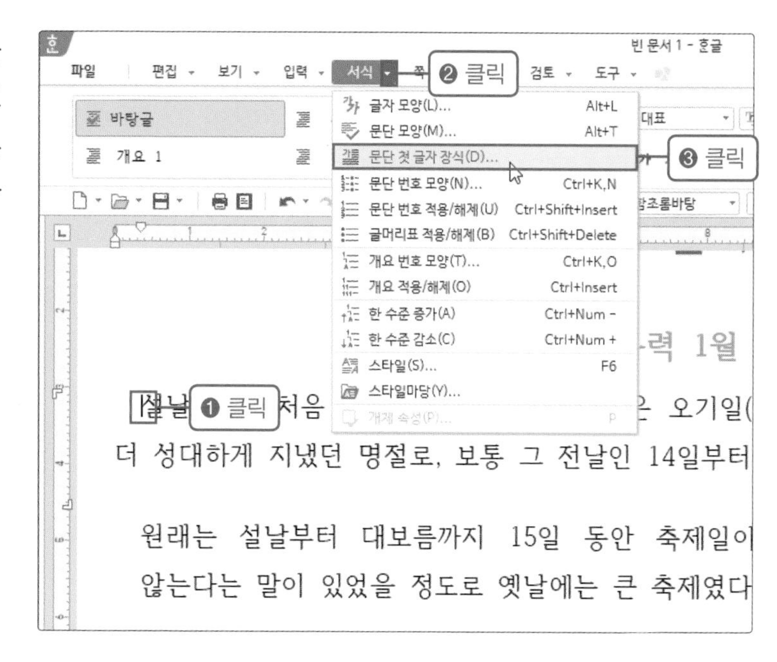

2 [문단 첫 글자 장식] 대화상자가 열리면 ❶ '모양'은 '2줄'을 선택하고 ❷ 글꼴과 선 종류, 선 굵기, 선 색, 면 색을 임의로 선택한 후 ❸ [설정]을 클릭합니다.

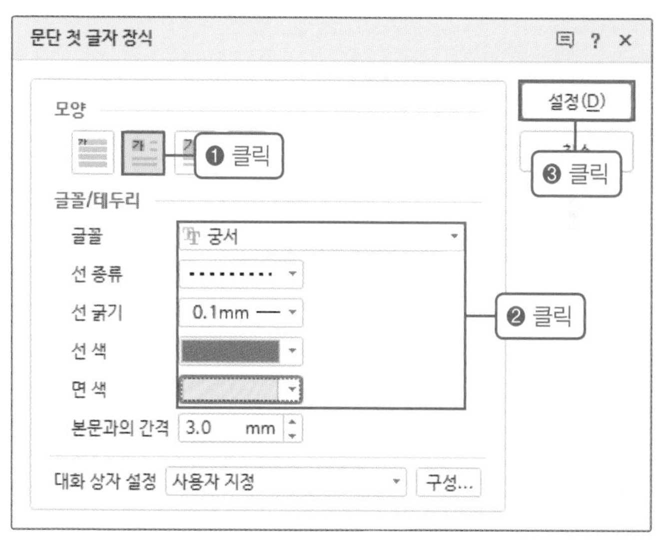

참고하세요

장식을 없애려면 [모양]에서 '없음'을 선택하세요.

3 문단의 첫 글자가 장식이 되었습니다.

정월대보름의 유래

한국의 전통 명절로 음력 1월 15일을 의미한다.

설날 이후 처음 맞는 보름날로 상원, 혹은 오기일(烏忌日)이라고 한다. 어찌보면 설날보다 더 성대하게 지냈던 명절로, 보통 그 전날인 14일부터 행하는 여러가지 풍속들이 있다.

원래는 설날부터 대보름까지 15일 동안 축제일이었으며, 이 시기에는 빚 독촉도 하지 않는다는 말이 있었을 정도로 옛날에는 큰 축제였다.

"혼자 풀어 보세요"

1 '미술놀이.hwp' 파일을 불러온 후 글자 모양과 문단 모양을 설정한 후 "미술놀이-완성.hwp"로 저장해 보세요.

퍼니퍼니 오감만족
창의 미술놀이

3/14(토) 11:30 ~ 12:00(1회)
3/21(토) 11:30 ~ 12:00(2회)

영유아들의 소근육과 대근육 발달을 위한 창의 미술놀이
아이가 몸을 움직이며 전신 근육 발달을 길러주는 신체활동

조건
가운데 정렬, 줄간격 : 180%

2 '골목길투어.hwp' 파일을 불러온 후 글자 모양과 문단 모양을 설정한 후 "골목길투어-완성.hwp"로 저장해 보세요.

골목길 투어 메이커스 안내

실생활에 활용할 수 있는 공예품을 직접 체험할 수 있는 골목길입니다.
다음과 같이 골목길에 있는 작은 공방들을 소개합니다.

① 석고방향제 클레이
② 전통 매듭 팔찌 만들기
③ 생활 도자기 체험하기
④ 초코파이 만들기
⑤ 한지 부채 만들기

조건
줄 간격 : 200%, ①~ ⑤번은 왼쪽 여백 : 20pt

"혼자 풀어 보세요"

3 '환경교육.hwp' 파일을 불러온 후 글자모양과 문단 모양을 설정한 후 "환경교육-완성.hwp"로 저장해 보세요.

찾아가는 환경교육

매월 첫 주 토요일 '찾아가는 환경교육'에서는 각 지역에 맞는 교육 콘텐츠를 발굴하고 교육과 체험을 통해 깨끗한 마을만들기에 동참할 수 있도록 유도하였다.

주민이 직접 참여하고 개선할 수 있도록 청소년들과 시니어까지 전 연령을 대상으로 실천과제를 만들어 교육활동을 진행하였다.

○ 교육 일시 : 매주 첫 주 토요일 오전 10:00 ~ 12:00
○ 교육 내용 : 쓰레기 분리 배출하기, 일회용품 찾기, 로컬푸드 매장이용하기
○ 평　가 : 청소년과 여성들 교육에는 주입식 교육보다는 스스로 주변에서 찾아보고 의견을 나눌 수 있도록 토론식으로 진행

조건

줄 간격 : 180%, 문단 위 · 아래 간격 : 각 3pt,
줄 나눔 기준(한글 : 어절), '교육 일시 ~ 평가' : 왼쪽여백 : 40pt

4 '모집안내문.hwp' 파일을 불러온 후 글자모양과 문단 모양을 설정한 후 "모집안내문-완성.hwp"로 저장해 보세요.

능과
나눔을 함께 활동할 실천가를 모십니다.

기부천사 여러분!

당신의 '관심'과 '실천'으로 우리 지역 아이들이 건강하게 보낼 수 있습니다.

주위에 더 많은 분들이 함께할 수 있도록 홍보해 주세요.

06 문단 번호와 글머리표 넣기

문서를 작성하고 여러 개의 항목을 나열하고 구분할 때 자동으로 번호 또는 그림과 기호 등을 문단의 머리글에 넣어 가독성을 높일 수 있습니다.

- 문단 번호를 삽입하는 방법에 대해 알아봅니다.
- 그림 글머리표와 글머리표를 넣는 방법에 대해 알아봅니다.

배울 내용 미리보기

호반아파트 회의 결과

우리 아파트 관리규약에 제30조 제2항의 규정에 의거 05월 입주자 대표와 회의 결과를 다음과 같이 보고합니다.

▣ 다 음 ▣

1. 회의 일시
   가. 임시 회의 : 5월 14일(화) 18:00 임시 제 8차
   나. 대표 회의 : 5월 16일(목) 18:00 정기 제 4차
2. 회의 장소
   가. 장 소 : 관리동 3층 회의실
3. 의결 사항
   ▶ 관리직원 급여 인상건
   ▶ 승강기 부품교체 공사건
   ▶ 공동체활성화지원금 보고건

▲ 파일명 : 회의결과보고-완성.hwp

01 문단 번호 넣기

1 '회의결과보고.hwp' 파일을 불러온 후 ❶ 문단 번호를 넣을 부분을 블록 설정하고 ❷ [서식] 메뉴의 ❸ '문단 번호'의 목록 단추를 눌러 ❹ 첫 번째 문단 번호를 선택합니다.

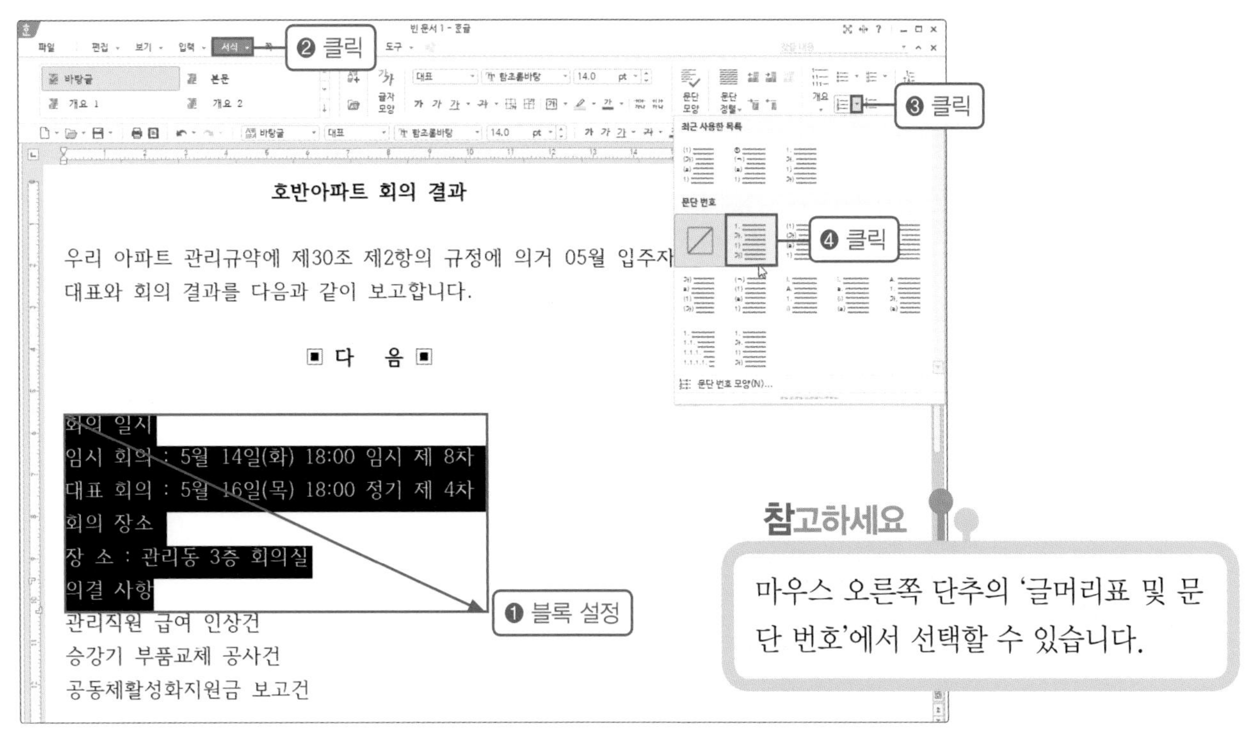

참고하세요

마우스 오른쪽 단추의 '글머리표 및 문단 번호'에서 선택할 수 있습니다.

2 ❶ 단락이 바뀔 부분을 블록 설정하고 ❷ [서식] 메뉴의 ❸ '한 수준 감소'를 누릅니다. 두 번째 항목으로 표시됩니다. 한 번씩 누를 때마다 한 수준씩 낮아집니다.

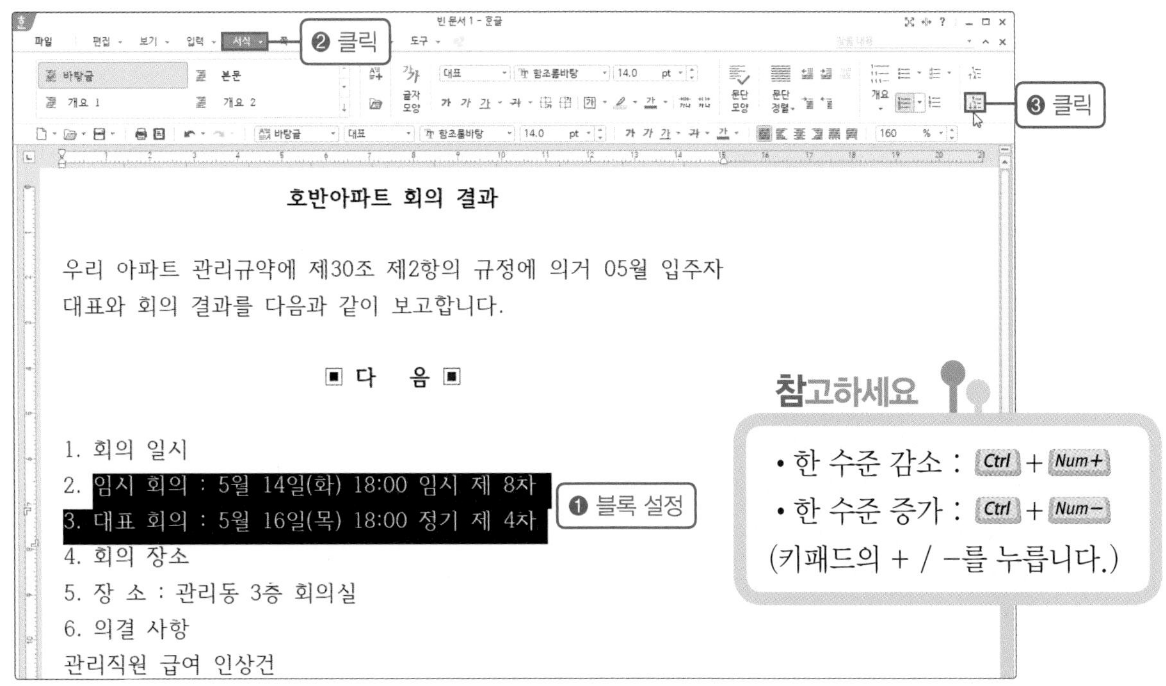

참고하세요

- 한 수준 감소 : Ctrl + Num+
- 한 수준 증가 : Ctrl + Num−

(키패드의 + / −를 누릅니다.)

3

❶ 단락이 바뀔 부분을 블록 설정하고 ❷ [서식] 메뉴의 ❸ '왼쪽 여백 늘리기'를 다음과 같이 여러 번 누릅니다.

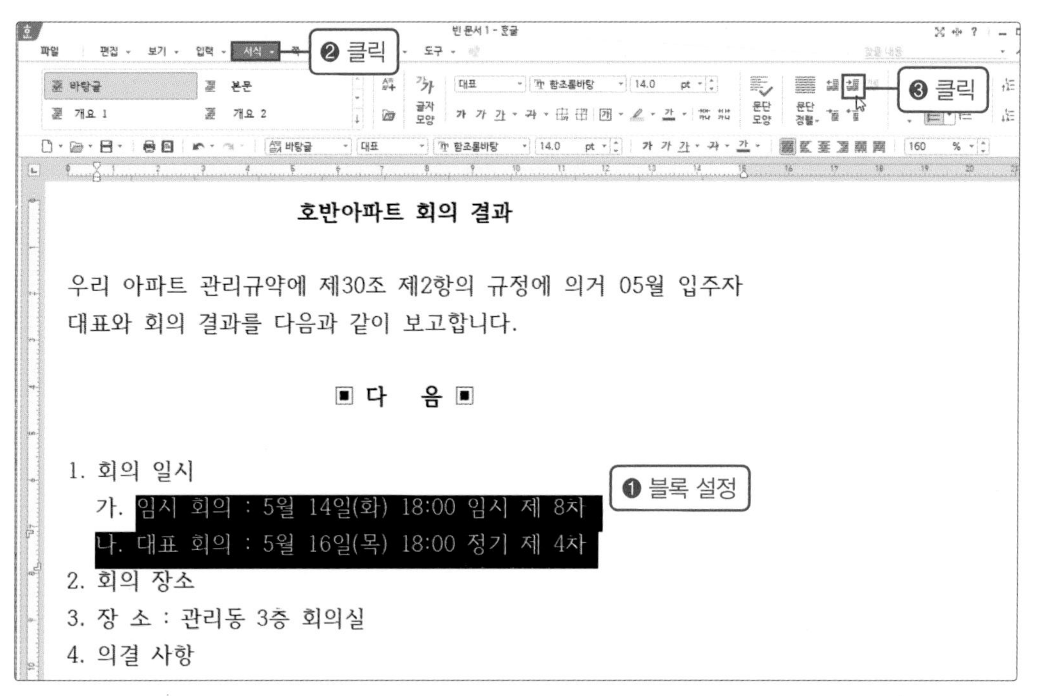

4

❶ 단락이 바뀔 부분을 블록 설정하고 ❷ [서식] 메뉴의 ❸ '한 수준 감소'를 누릅니다. 여백을 넣기 위해 ❹ '왼쪽 여백 늘리기'를 다음과 같이 여러번 누릅니다.

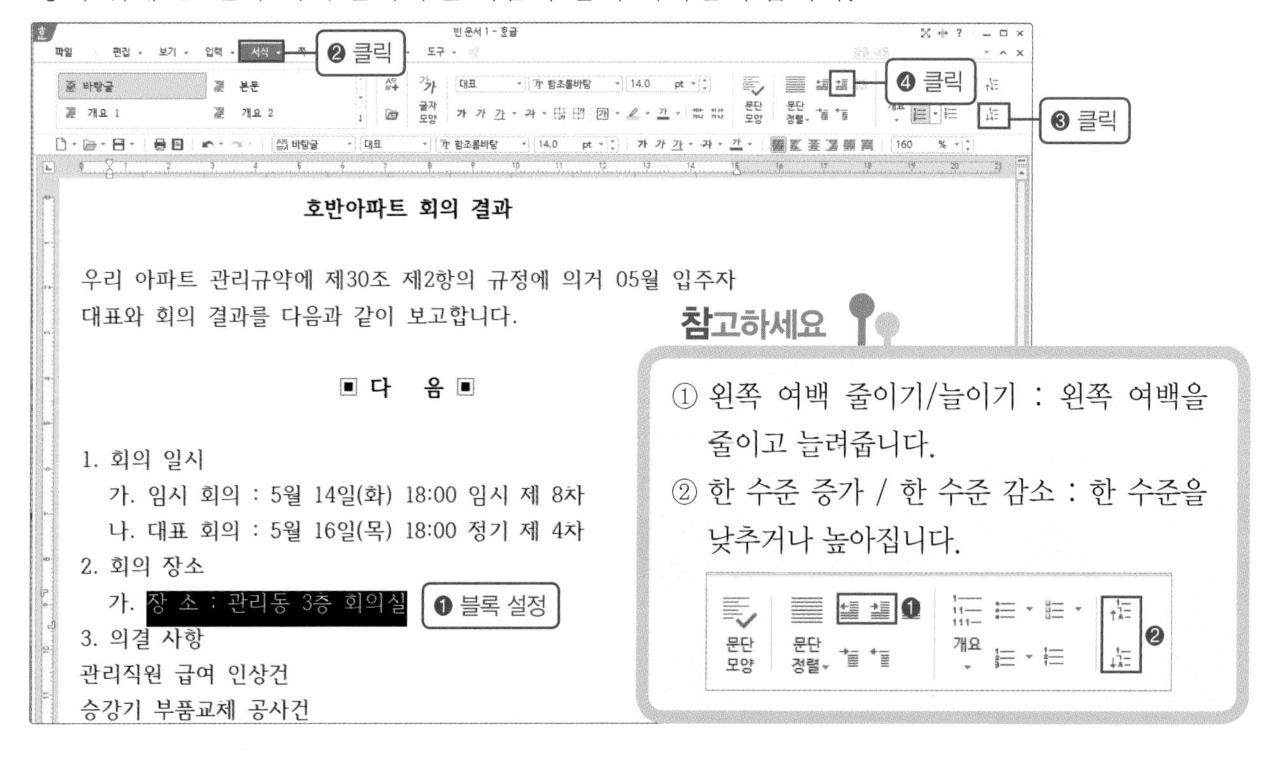

02 그림 글머리와 글머리표 넣기

1. 문단 번호대신 ❶ 그림 글머리를 넣을 부분을 블록 설정하고 ❷ [서식] 메뉴의 ❸ '그림 글머리표'의 목록 단추를 누른 후 ❹ 임의로 선택합니다. ❺ '왼쪽 여백 늘리기'를 눌러 여백을 조절합니다.

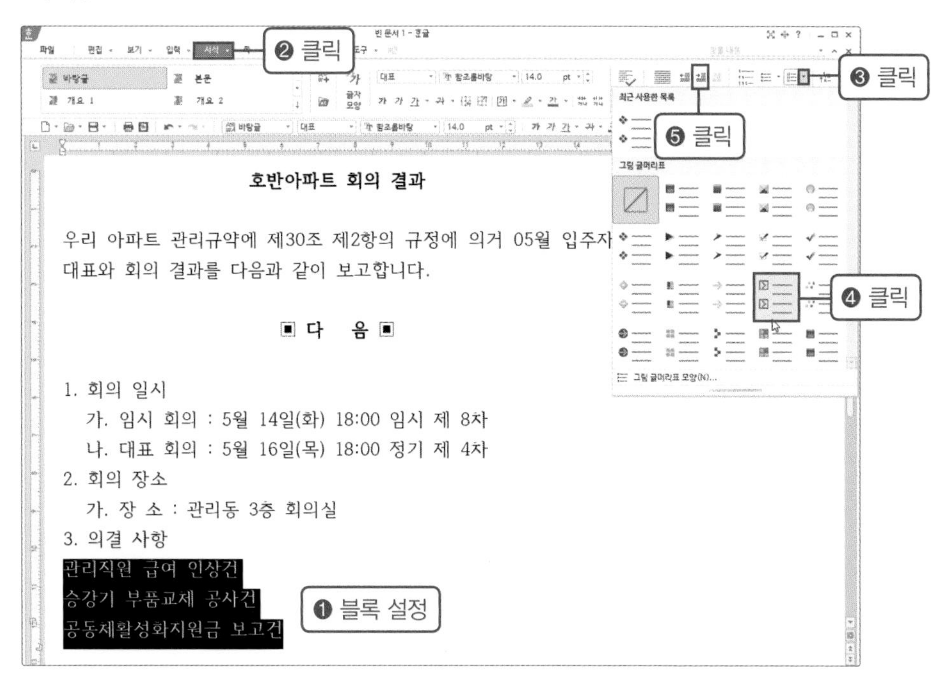

2. 그림 글머리를 글머리표로 바꾸기 위해 ❶ 그림 글머리를 넣을 부분을 블록 설정하고 ❷ [서식] 메뉴의 ❸ '글머리표'의 목록 단추를 누른 후 ❹ 임의로 선택합니다. 그림 글머리표가 도형 글머리표로 수정되었습니다.

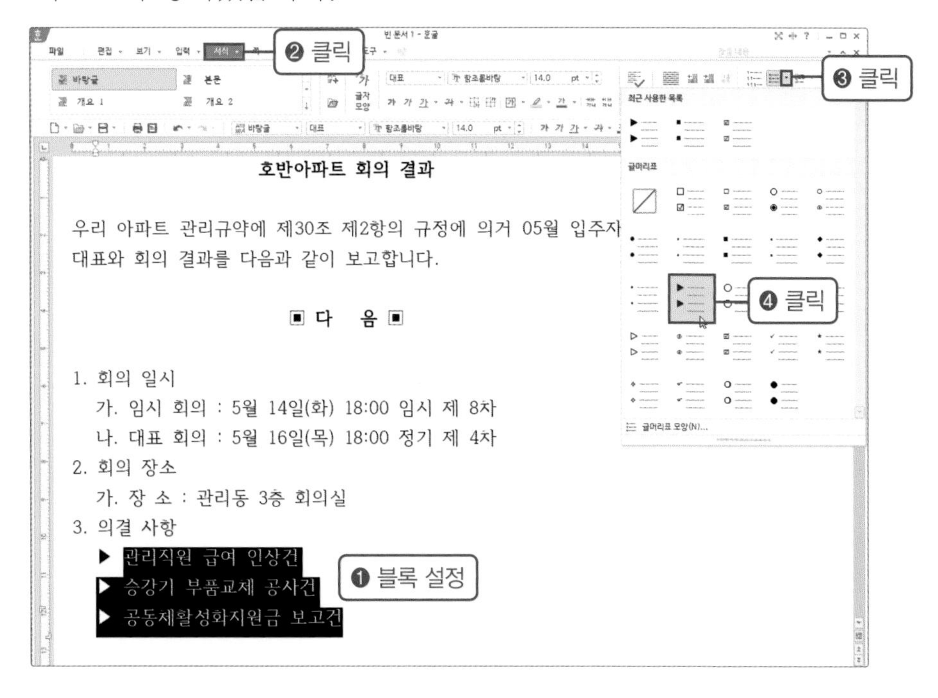

"혼자 풀어 보세요"

1

'승강기안전수칙.hwp' 파일을 불러온 후 '글머리표'를 삽입하고 "승강기안전수칙-완성.hwp"로 저장해 보세요.

ϟ 승강기 이용 안전수칙 ϟ

☑ 타고 내릴때는 질서를 지켜주세요.
☑ 정원 초과시에는 다음 차례를 기다려 탑니다.
☑ 승강기 내에서는 장난을 하거나 뛰지 맙시다.
☑ 각종 스위치에 무리한 힘을 가하지 맙시다.
☑ 승강기가 고장을 일으키면 비상벨을 눌러 경비실을 호출하세요.
☑ 승강기 내에 쓰레기를 버리지 맙시다
☑ 어린이는 보호자와 함께 타고 내립니다.

2

'공사안내.hwp' 파일을 불러온 후 '문단번호'를 삽입하고 "공사안내-완성.hwp"로 저장해 보세요.

세대 리모델링 공사 안내

우리아파트에서는 입주 후 세대 리모델링 공사로 발생되는 소음의 민원을 최소화하기 위해 다음과 같이 주의 사항을 안내합니다.

다 음

① 세대 공사 시작 전 관리실에 방문하여 동호와 공사일정을 신고해 주세요.
② 주말 및 국경일등 휴일에는 소음을 발생하는 공사는 피해주세요.
③ 아파트 특성 상 이른 아침 공사는 민원을 발생하오니 공사시간은 오전 8시 30분 이후에 시작해 주세요.
④ 공사업체는 게시판과 승강기 내부에 공사기간, 책임자 연락처등 공사 안내문을 부착해 주세요.

"혼자 풀어 보세요"

3 '야생화목록.hwp' 파일을 불러온 후 '문단 번호'를 삽입하세요. '왼쪽 여백'을 조절한 후 "야생화목록-완성.hwp"로 저장해 보세요.

아름다운 봄과 여름 야생화 목록

(1) 봄에 볼 수 있는 야생화
  (가) 흰민들레
  (나) 홀아비바람꽃
  (다) 노루귀
(2) 여름에 볼 수 있는 야생화
  (가) 해당화
  (나) 한라부추
  (다) 산수국
  (라) 노루오줌

4 3번 문제에 이어 다음과 같이 내용을 수정하고 '문단 번호'를 '글머리표'로 변경하세요.

아름다운 봄과 여름 야생화 목록

(1) 봄에 볼 수 있는 야생화
  ★ 흰민들레
  ★ 홀아비바람꽃
  ★ 노루귀
(2) 여름에 볼 수 있는 야생화
  ★ 해당화
  ★ 한라부추
  ★ 산수국

07 문서마당과 인쇄하기

업무/기타 문서, 기본 문서, 가정 문서 등 다양한 문서 서식 파일을 제공하며, 서식 파일을 수정하여 원하는 문서를 빠르게 작성하고 인쇄도 할 수 있습니다.

- 문서마당에서 서식 파일을 불러오는 방법에 대해 알아봅니다.
- 문서를 인쇄하는 방법에 대해 알아봅니다.

배울 내용 미리보기

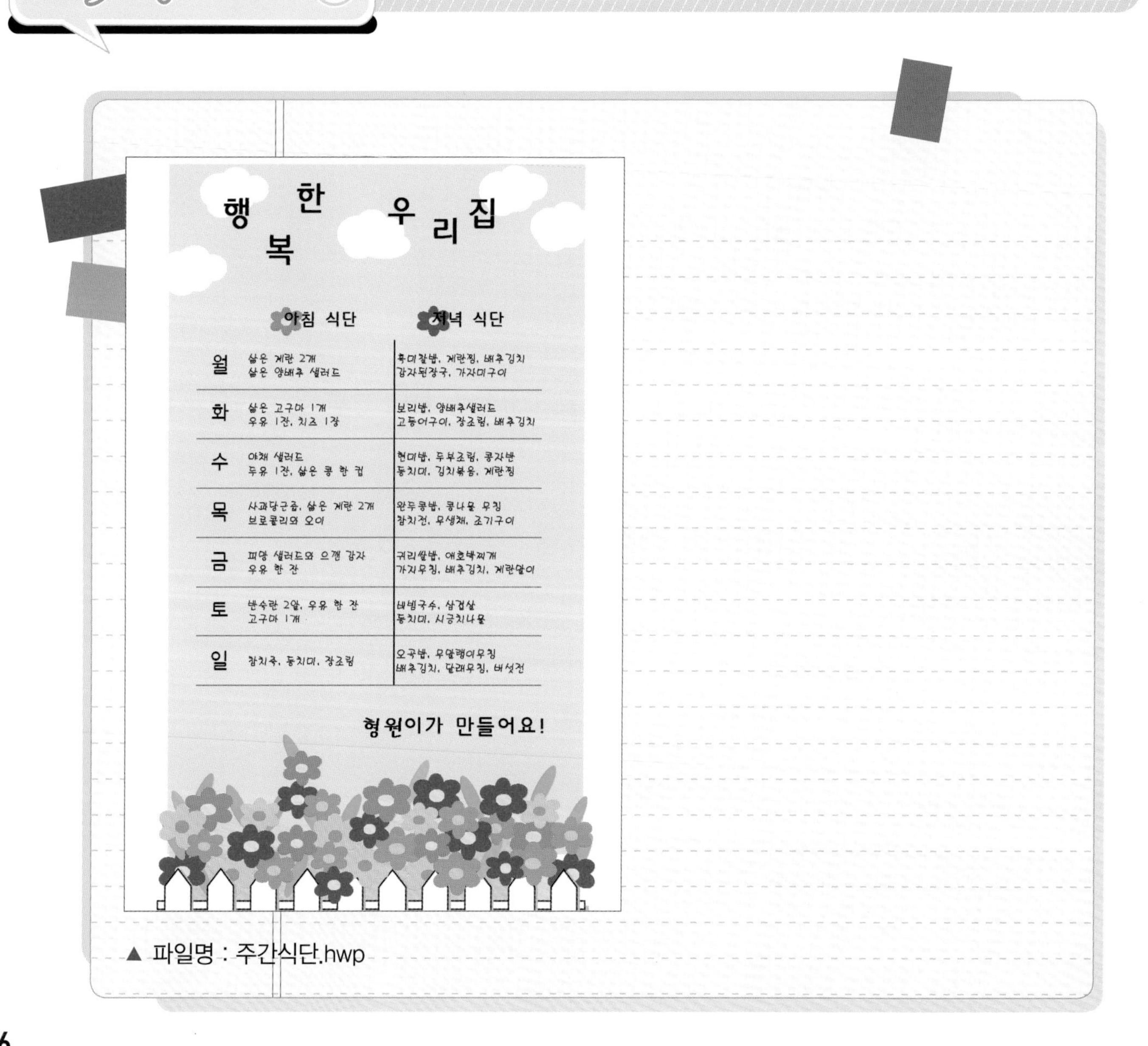

행복한 우리집

	아침 식단	저녁 식단
월	삶은 계란 2개 삶은 양배추 샐러드	흑미찰밥, 계란찜, 배추김치 감자된장국, 가자미구이
화	삶은 고구마 1개 우유 1잔, 치즈 1장	보리밥, 양배추샐러드 고등어구이, 장조림, 배추김치
수	야채 샐러드 두유 1잔, 삶은 콩 한 컵	현미밥, 두부조림, 콩자반 동치미, 김치볶음, 계란찜
목	사과당근즙, 삶은 계란 2개 브로콜리와 오이	완두콩밥, 콩나물 무침 참치전, 무생채, 조기구이
금	피망 샐러드와 으깬 감자 우유 한 잔	귀리쌀밥, 애호박찌개 가지무침, 배추김치, 계란말이
토	반숙란 2알, 우유 한 잔 고구마 1개	비빔국수, 삼겹살 동치미, 시금치나물
일	참치죽, 동치미, 장조림	오곡밥, 무말랭이무침 배추김치, 달래무침, 버섯전

형원이가 만들어요!

▲ 파일명 : 주간식단.hwp

01 문서마당 편집하기

1 미리 만들어진 서식 파일을 불러오기 위해 ❶ [파일] 메뉴의 ❷ '문서마당'을 클릭합니다.

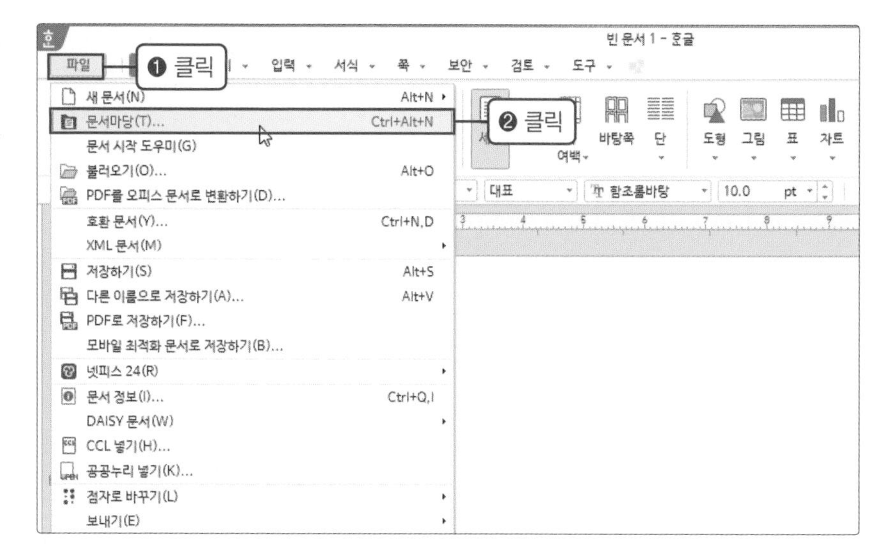

2 [문서마당] 대화상자가 열리면 ❶ [문서마당 꾸러미] 탭에서 ❷ '가정 문서'의 ❸ '주간 식단표2'를 선택한 후 ❹ [열기]를 누릅니다.

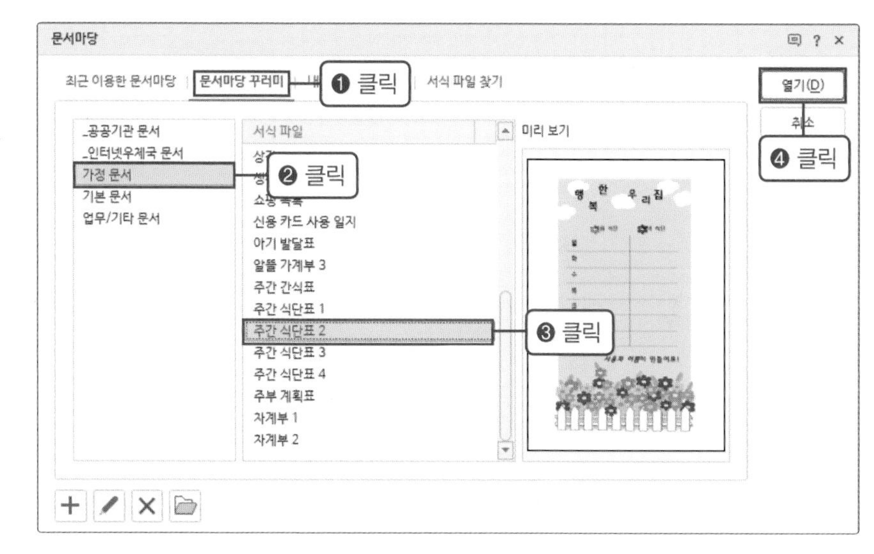

3 '주간 식단표2' 서식 파일이 열리면 표 안을 클릭합니다.

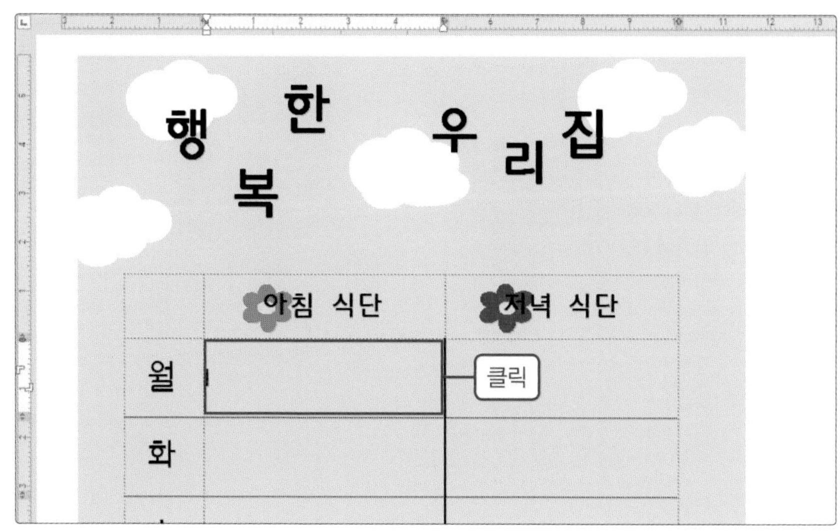

4

각 표 안에 내용을 임의로 입력합니다.

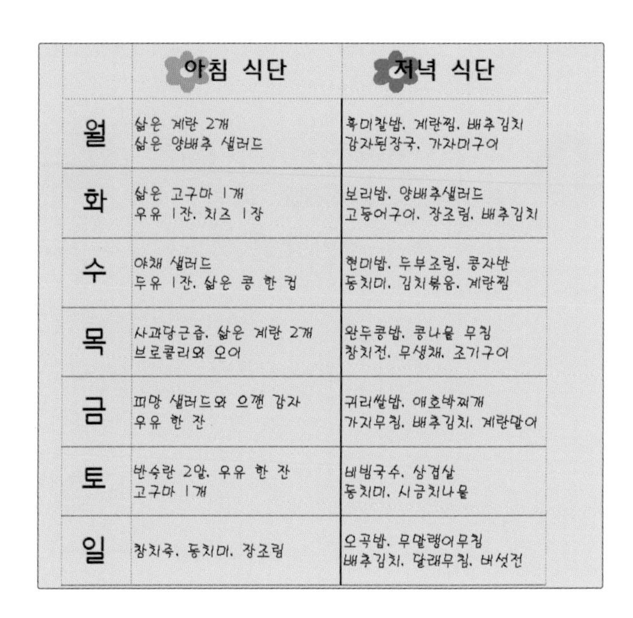

	아침 식단	저녁 식단
월	삶은 계란 2개 삶은 양배추 샐러드	흑미찰밥, 계란찜, 배추김치 감자된장국, 가자미구이
화	삶은 고구마 1개 우유 1잔, 치즈 1장	보리밥, 양배추샐러드 고등어구이, 장조림, 배추김치
수	야채 샐러드 두유 1잔, 삶은 콩 한 컵	현미밥, 두부조림, 콩자반 동치미, 김치볶음, 계란찜
목	사과당근즙, 삶은 계란 2개 브로콜리와 오이	완두콩밥, 콩나물 무침 참치전, 무생채, 조기구이
금	피망 샐러드와 으깬 감자 우유 한 잔	귀리쌀밥, 애호박찌개 가지무침, 배추김치, 계란말이
토	반숙란 2알, 우유 한 잔 고구마 1개	비빔국수, 삼겹살 동치미, 시금치나물
일	참치죽, 동치미, 장조림	오곡밥, 무말랭이무침 배추김치, 달래무침, 버섯전

5

내용이 입력된 '주간 식단표2'를 저장하기 위해 ❶ [파일] 메뉴의 ❷ '다른 이름으로 저장하기'를 클릭합니다.

참고하세요

[서식 도구 모음줄]의 '저장하기'를 클릭해도 됩니다.
단축키 : Alt + S

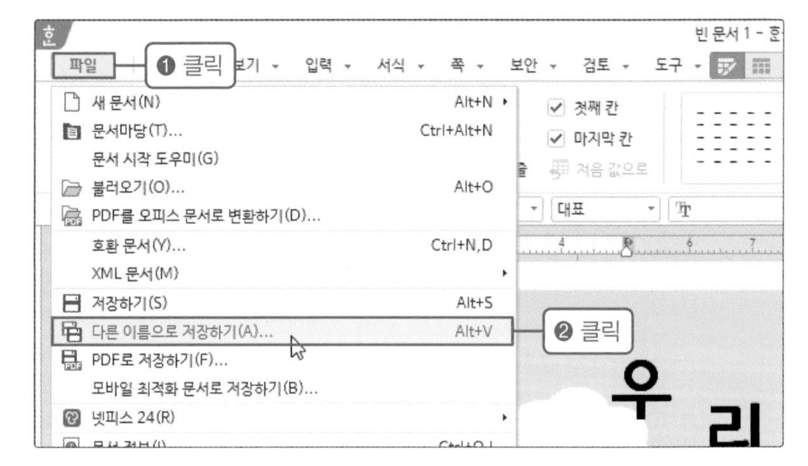

6

[다른 이름으로 저장하기] 대화상자가 열리면 ❶ '문서' 폴더에 파일 이름을 ❷ '주간식단'으로 입력한 후 ❸ [저장]을 누릅니다.

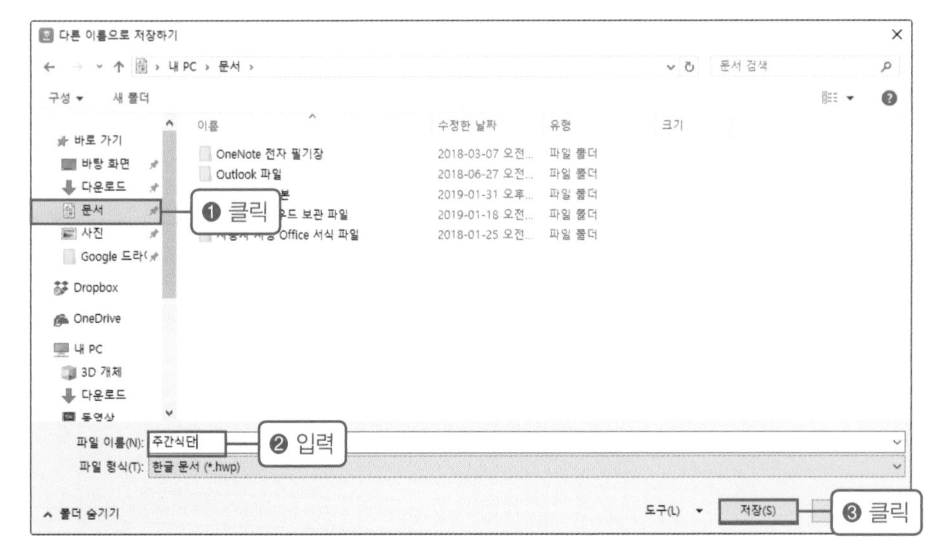

02 인쇄 미리보기와 인쇄하기

1. 문서를 출력하기 전에 '인쇄 미리보기'를 해야합니다. [서식 도구 모음줄]의 ❶ '미리보기'를 클릭합니다.

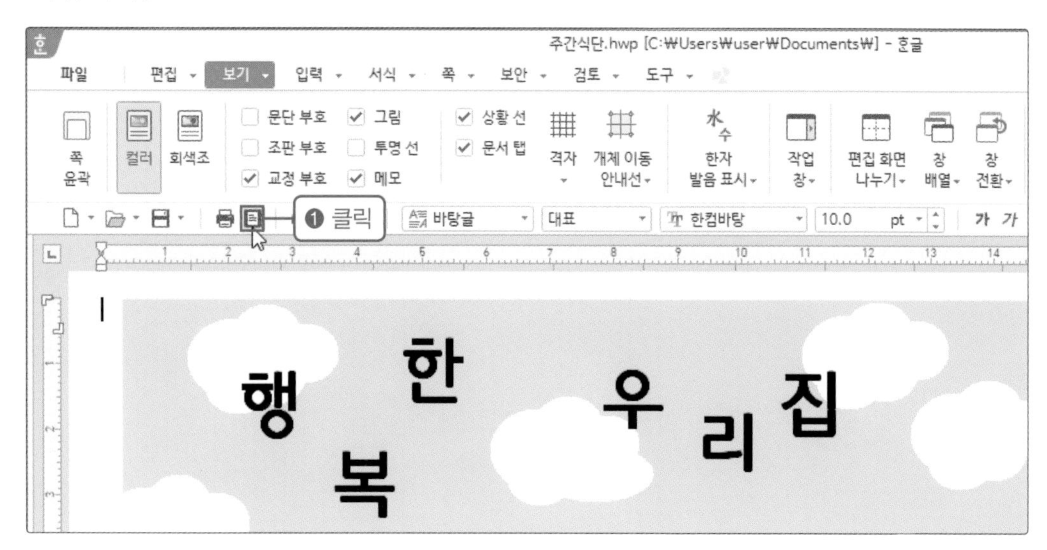

2. 인쇄될 문서의 모양을 화면으로 볼 수 있습니다.

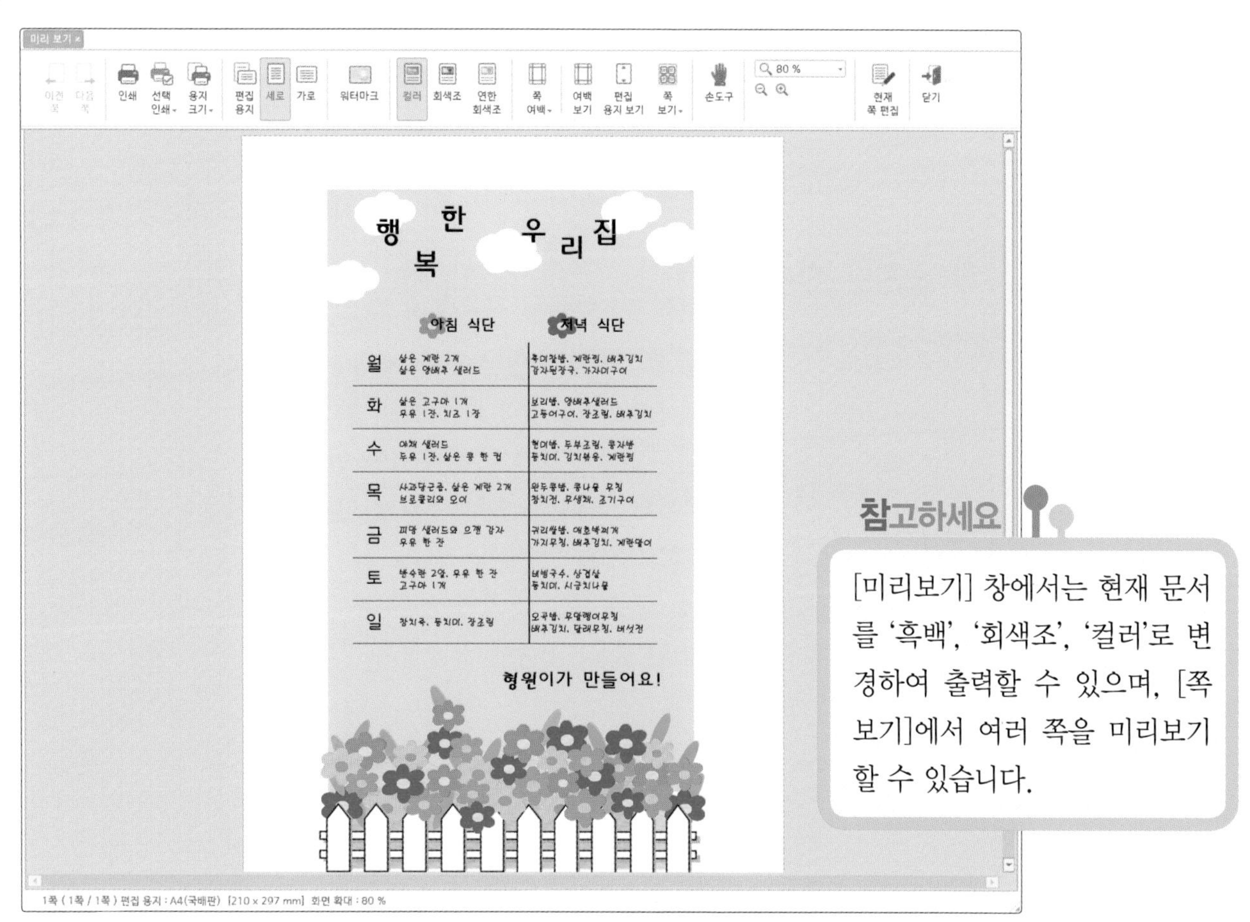

참고하세요

[미리보기] 창에서는 현재 문서를 '흑백', '회색조', '컬러'로 변경하여 출력할 수 있으며, [쪽 보기]에서 여러 쪽을 미리보기 할 수 있습니다.

3. 인쇄 미리보기 창에서 직접 인쇄를 하기 위해 [미리 보기]창에서 '인쇄'를 클릭합니다.

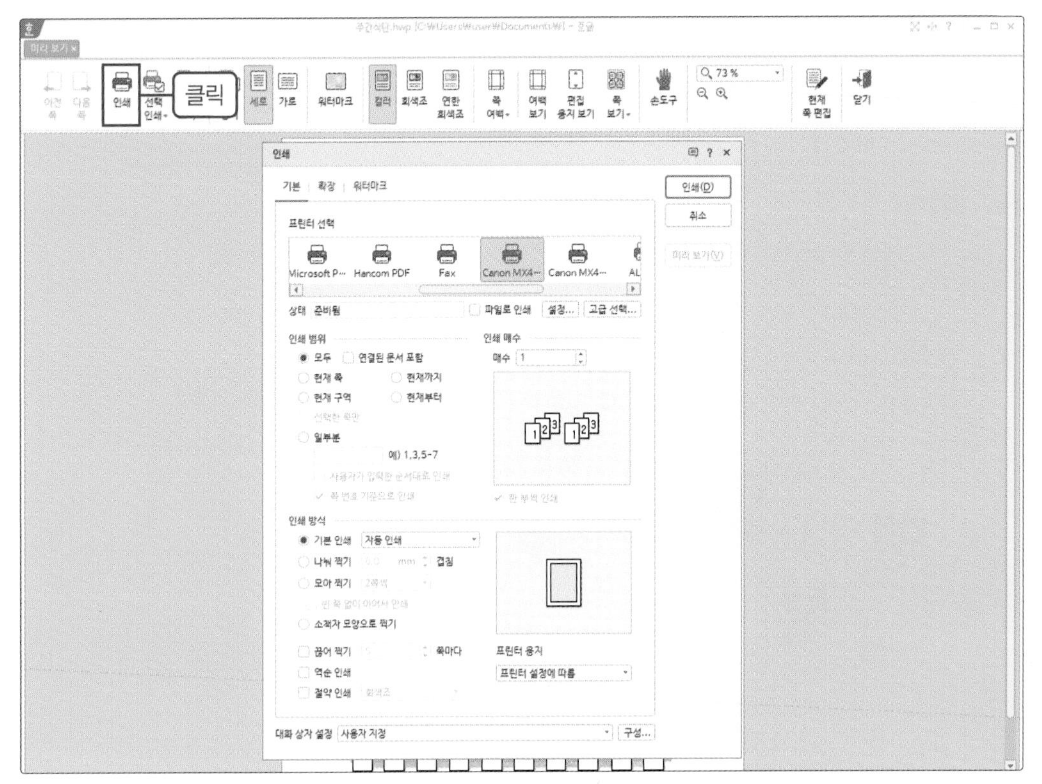

4. 설치된 프린터를 선택한 후 ❶ [인쇄]를 클릭합니다.

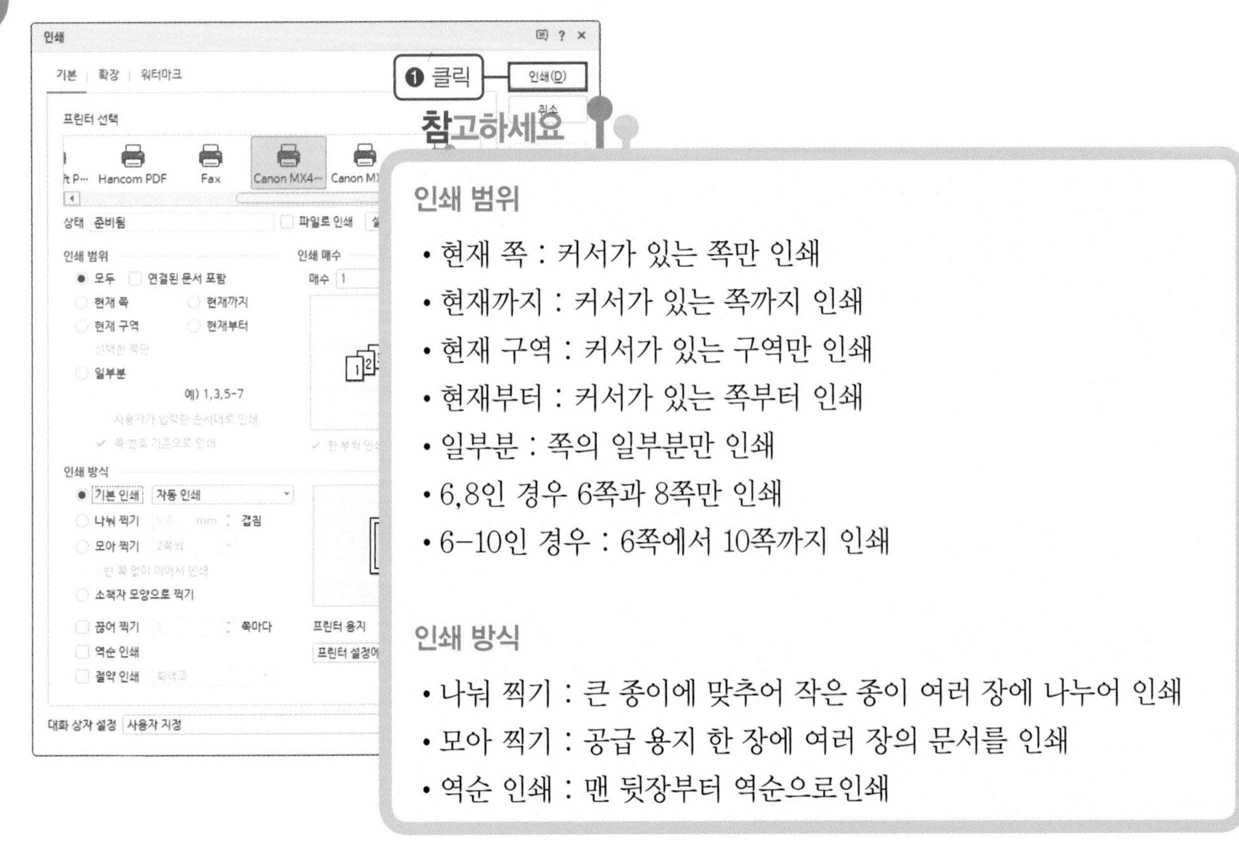

참고하세요

인쇄 범위

- 현재 쪽 : 커서가 있는 쪽만 인쇄
- 현재까지 : 커서가 있는 쪽까지 인쇄
- 현재 구역 : 커서가 있는 구역만 인쇄
- 현재부터 : 커서가 있는 쪽부터 인쇄
- 일부분 : 쪽의 일부분만 인쇄
- 6,8인 경우 6쪽과 8쪽만 인쇄
- 6-10인 경우 : 6쪽에서 10쪽까지 인쇄

인쇄 방식

- 나눠 찍기 : 큰 종이에 맞추어 작은 종이 여러 장에 나누어 인쇄
- 모아 찍기 : 공급 용지 한 장에 여러 장의 문서를 인쇄
- 역순 인쇄 : 맨 뒷장부터 역순으로인쇄

"혼자 풀어 보세요"

1 문서마당에서 다음 서식 파일을 열고 문서를 작성한 후 "체육대회대진표.hwp"로 저장해 보세요. '현재 쪽'으로 설정하고 인쇄를 '5장'하세요.

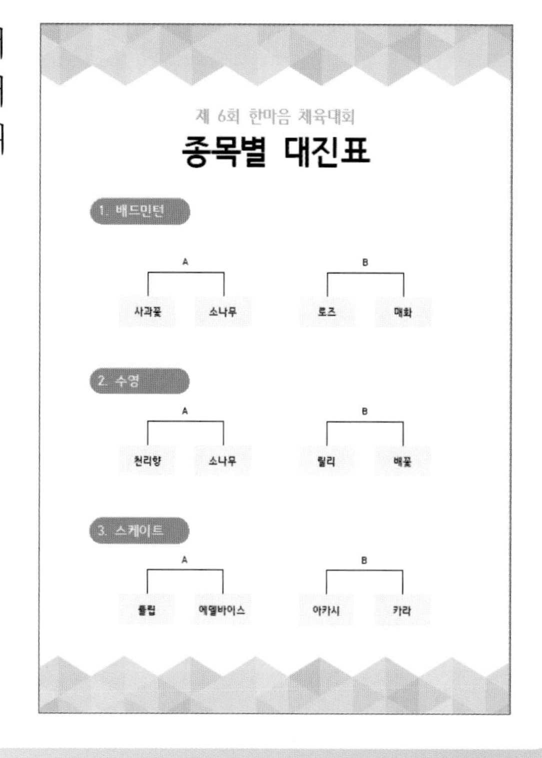
제 6회 한마음 체육대회

종목별 대진표

1. 배드민턴

A: 사과꽃, 소나무

B: 로즈, 매화

2. 수영

A: 천리향, 소나무

B: 릴리, 배꽃

3. 스케이트

A: 튤립, 에델바이스

B: 아카시, 카라

힌트

기본문서 – 체육대회 대진표

2 문서마당에서 다음 서식 파일을 열고 문서를 작성한 후 "송년회일정표.hwp"로 저장해 보세요. 인쇄를 두 장 모아찍기로 설정해 보세요.

송년회 일정표

2019년 12월 28일 (토) 오후 3:00

- 진행순서 -

구분	내용	소요시간
안내	참가자 도착 및 안내	2:00-2:10
사회자 오프닝	개회사 및 오프닝	2:10-2:20
격려사, 축사	대표이사 격려사 VIP 축사	2:20-2:25
사업 현황 보고	부서별 사업 현황 보고	2:25-3:00
1부 공연	부서별 장기자랑	3:00-3:30
2부 공연	국내외 유명 공연단 공연 국내 유명 가수 초청공연	3:30-4:00
폐회사	대표이사 폐회사	4:00-4:05

우리인재개발원

힌트

업무/기타문서 – 송년회 일정표

그리기마당 활용하기

그리기마당은 그리기조각, 공유 클립아트 등 개체를 삽입하여 문서를 작성할 수 있는 그래픽입니다. 또한 필요한 개체는 내려받기를 이용해 다양한 개체를 사용할 수 있습니다.

- 그리기마당의 개체를 삽입하는 방법에 대해 알아봅니다.
- 개체를 편집하는 방법에 대해 알아봅니다.

배울 내용 미리보기

▲ 파일명 : 소화전사용법.hwp, 봄꽃.hwp

01 그리기 마당 삽입하기

1 그리기마당 개체를 삽입하기 위해 ❶ [입력] 메뉴에서 ❷ [그림]의 목록 단추를 눌러 ❸ '그리기마당'을 클릭합니다.

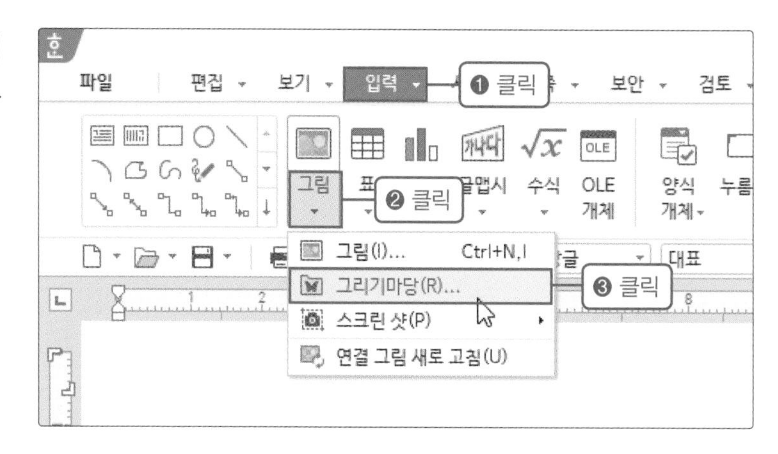

2 [그리기마당] 대화상자가 열리면 ❶ [그리기 조각] 탭의 ❷ '설명선'에서 ❸ '사각형 설명선'을 선택한 후 ❹ [넣기]를 클릭합니다.

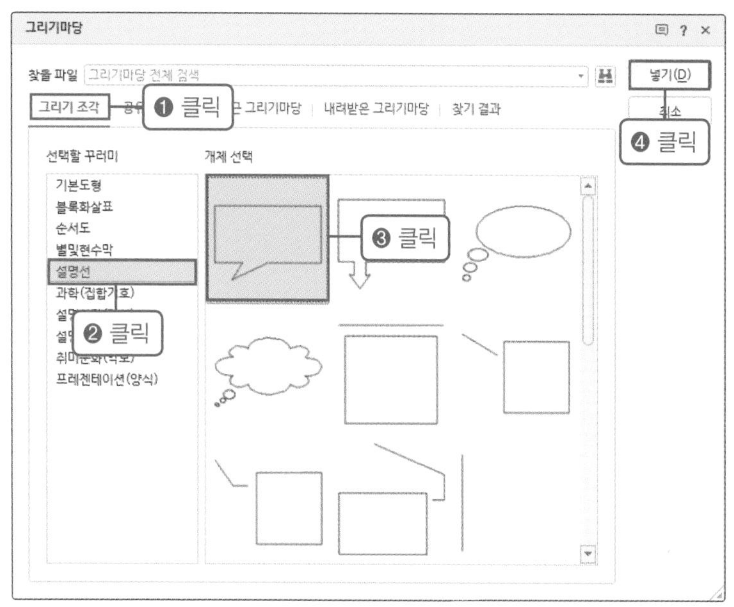

참고하세요

여러 개의 개체를 삽입하는 경우에는 [그리기마당] 대화상자가 열린 상태에서 각 개체를 문서에 드래그하여 삽입합니다.

3 마우스 모양이 십자가 모양으로 변경됩니다. 마우스로 드래그하여 개체를 삽입한 후 선택 해제를 하기 위해 빈 바탕을 클릭합니다.

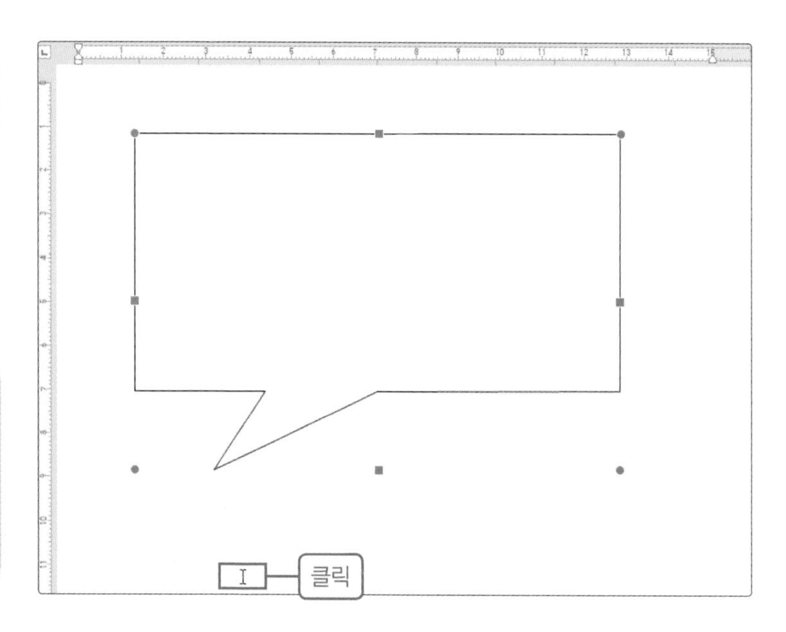

참고하세요

크기 조절은 개체를 선택하면 생기는 '사각점' 모서리를 조절하는 '둥근점' 위에 마우스를 올려놓고 드래그 앤 드롭합니다.

4 설명선 안을 클릭하면 누름틀이 생깁니다. 누름틀 안에 내용을 입력합니다.

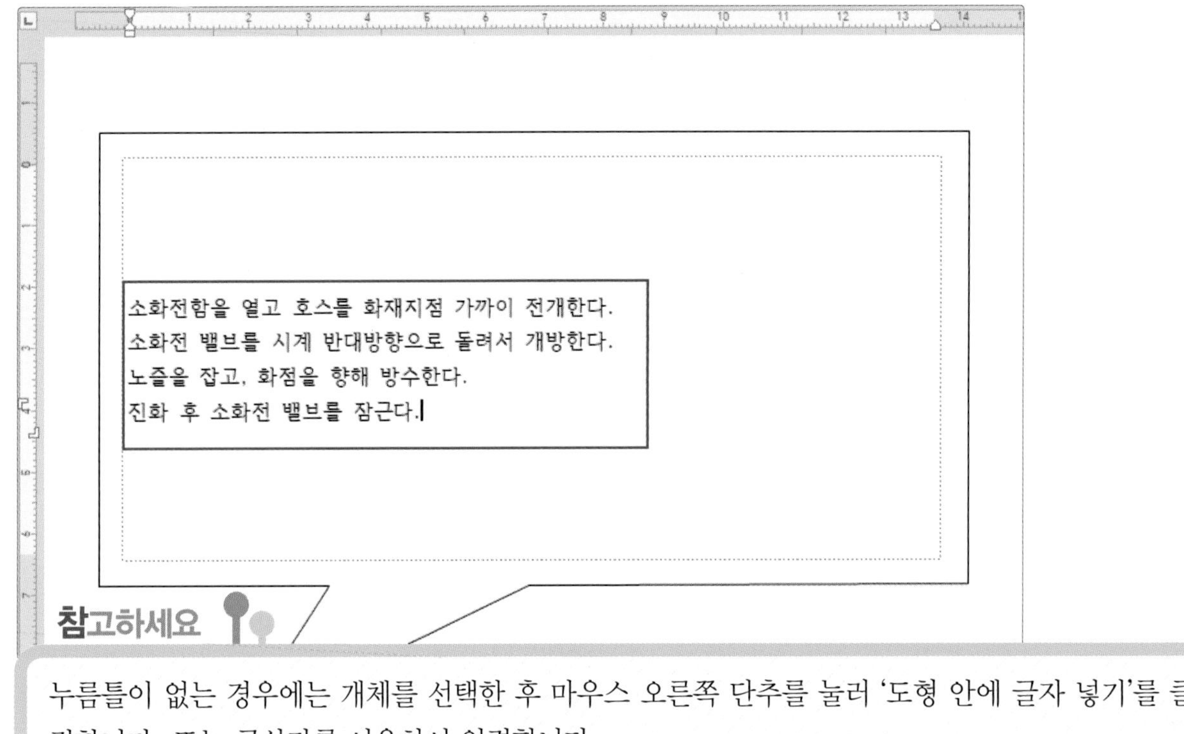

참고하세요

누름틀이 없는 경우에는 개체를 선택한 후 마우스 오른쪽 단추를 눌러 '도형 안에 글자 넣기'를 클릭합니다. 또는 글상자를 이용하여 입력합니다.

5 다음과 같이 '그림 글머리표'와 '글자 모양', '문단 모양'의 '줄 간격'을 임의로 설정합니다.

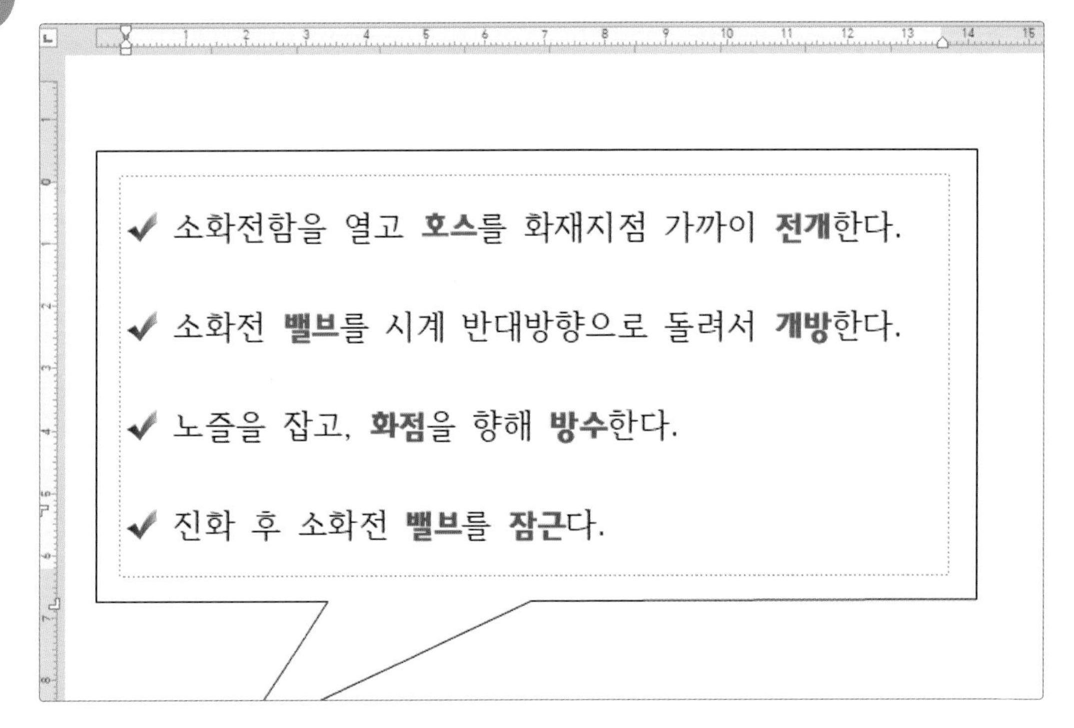

6 다른 개체를 삽입하기 위해 [입력] 메뉴에서 [그림] – '그리기마당'을 클릭합니다. [그리기마당] 대화상자가 열리면 ❶ [그리기 조각] 탭의 ❷ '설명상자(제목상자)'에서 ❸ 개체를 선택한 후 ❹ [넣기]를 클릭합니다.

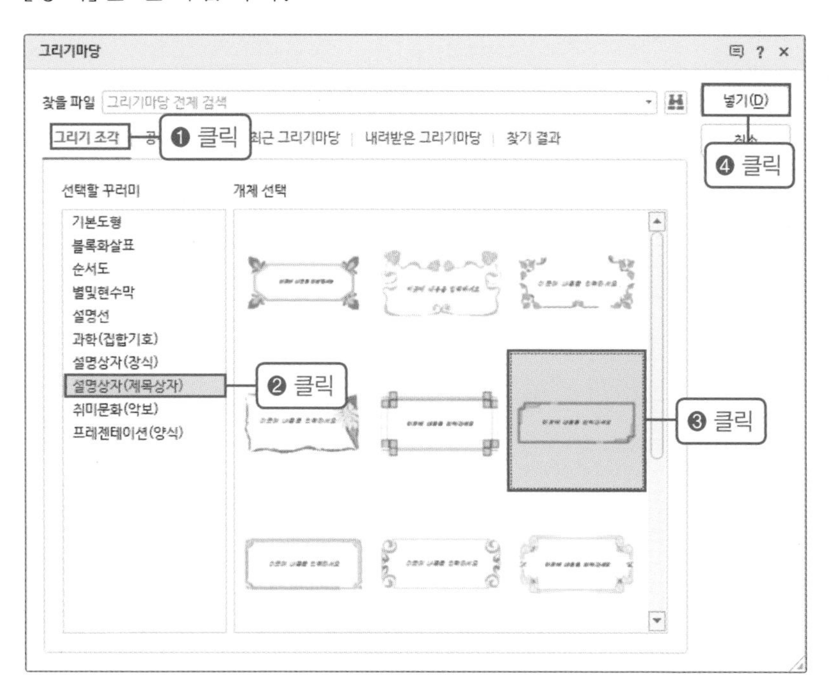

7 개체를 드래그하여 삽입한 후 개체를 선택하면 생성되는 사각점과 등근점을 이용하여 크기를 조절합니다. 내용을 입력하고 '글자 모양'을 수정하여 완성합니다.

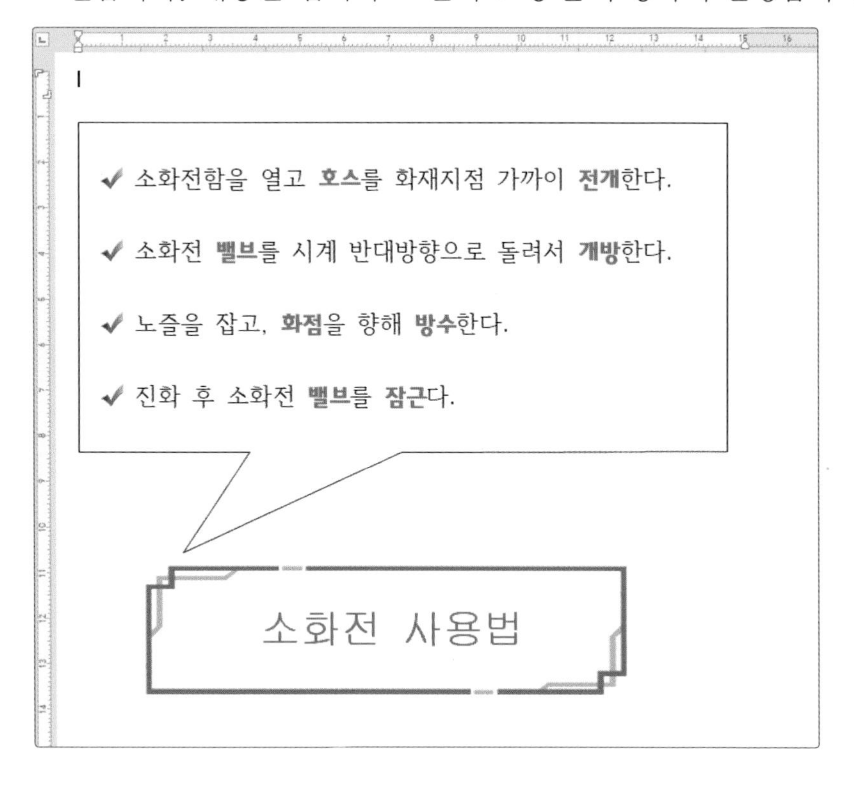

02 개체 편집하기

1 개체의 그룹을 해제하여 원하는 개체만 사용할 수 있습니다. [그리기마당]의 '설명상자(제목상자)'의 '제목상자04'를 삽입한 후 ❶ 개체가 선택된 상태에서 ❷ [도형] 메뉴의 ❸ [그룹]에서 ❹ '개체 풀기'를 클릭합니다.

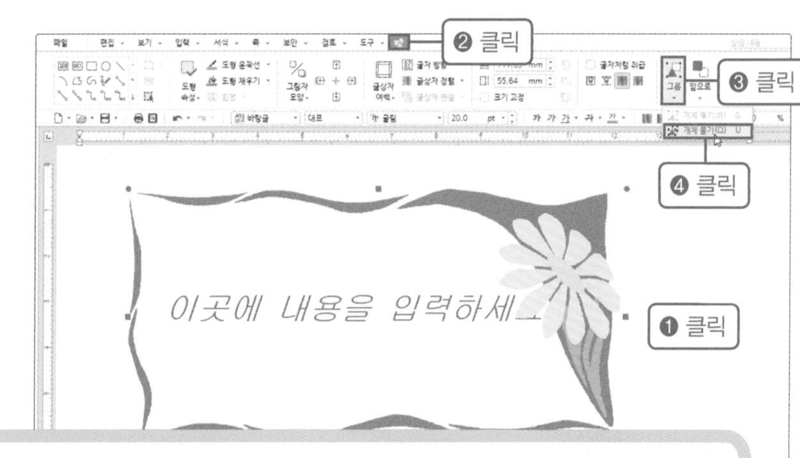

참고하세요

개체를 선택하면 선택한 개체를 편집할 수 있는 편집 메뉴가 메뉴줄의 오른쪽 끝에 생성됩니다.

2 개체의 그룹을 한 번 더 풀기 위해 ❶ 개체가 선택된 상태에서 ❷ [도형] 메뉴의 ❸ [그룹]에서 ❹ '개체 풀기'를 한 번 더 클릭합니다. 개체가 풀어지면 각 개체에 조절점이 생성됩니다.

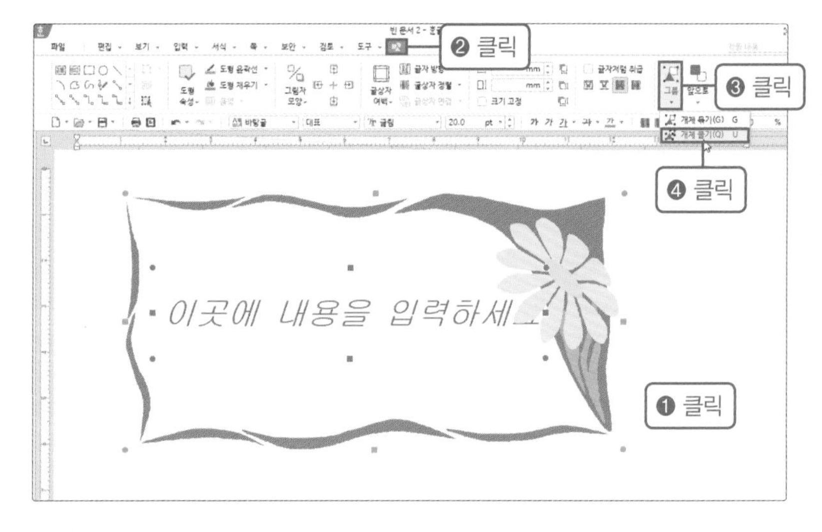

참고하세요

- 개체 묶기 : Ctrl + G
- 개체 풀기 : Ctrl + U
- 마우스 오른쪽 단추의 '개체 묶기', '개체 풀기'

3 개체 선택을 해제하기 위해 문서의 빈 바탕을 클릭합니다. 오른쪽의 꽃을 선택한 후 왼쪽 하단으로 이동합니다.

4 꽃을 선택한 후 Ctrl + Shift 를 누른 채 오른쪽으로 드래그하여 수평복사를 합니다.

- 복사 : Ctrl +드래그
- 수평 · 수직 복사 : Ctrl + Shift +드래그

5 개체를 회전할 수 있습니다. ❶ 오른쪽 개체를 선택한 후 ❷ [도형] 메뉴의 ❸ [회전]에서 ❹ '좌우대칭'를 클릭합니다. 누름틀을 클릭하여 내용을 입력합니다.

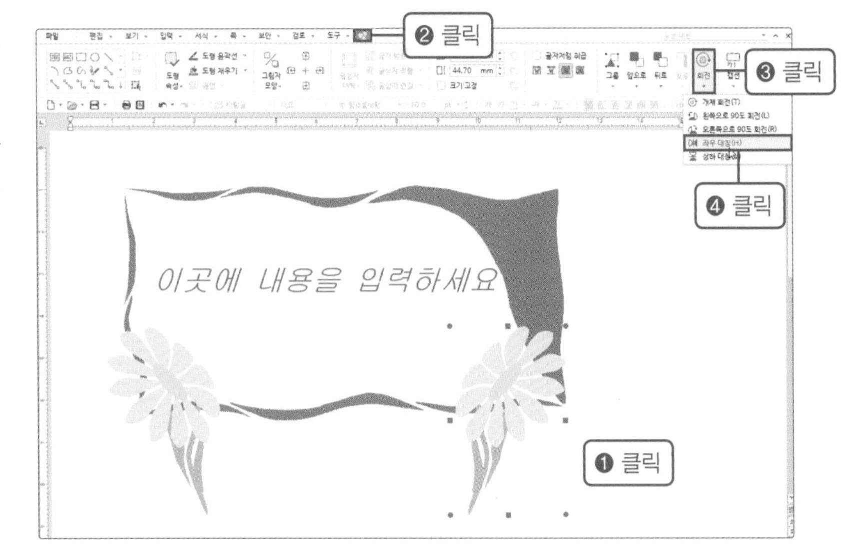

6 각 각의 개체를 하나로 묶기 위해 ❶ 임의의 개체 하나를 선택한 후 ❷ [도형] 메뉴의 ❸ '개체 선택'을 클릭합니다. ❹ '개체 선택' 명령이 선택된 상태에서 개체로 묶을 도형들이 포함될 수 있도록 넓게 드래그합니다. ❺ '그룹'의 ❻ '개체 묶기'를 클릭합니다.

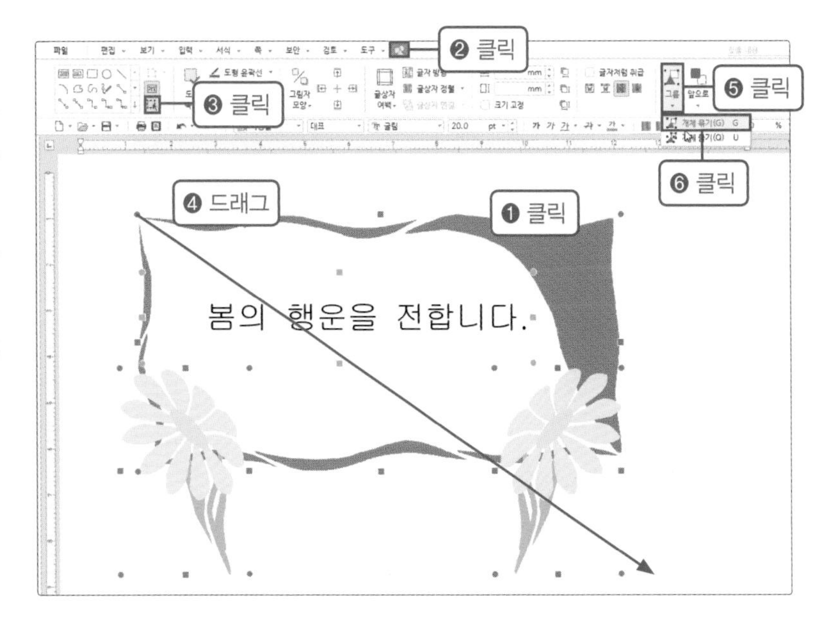

"혼자 풀어 보세요"

1 다음과 같이 그리기마당에서 개체를 삽입하고 내용을 입력한 후 "돼지의해.hwp"로 저장해 보세요.

힌트
설명상자 (장식) : 말풍선09

2 다음과 같이 그리기마당에서 개체를 삽입하고 내용을 입력한 후 "폭탄세일.hwp"로 저장해 보세요.

힌트
설명상자 (장식) : 말풍선23

"혼자 풀어 보세요"

3 다음과 같이 그리기마당에서 개체를 삽입하고 내용을 입력한 후 "입교안내.hwp"로 저장해 보세요.

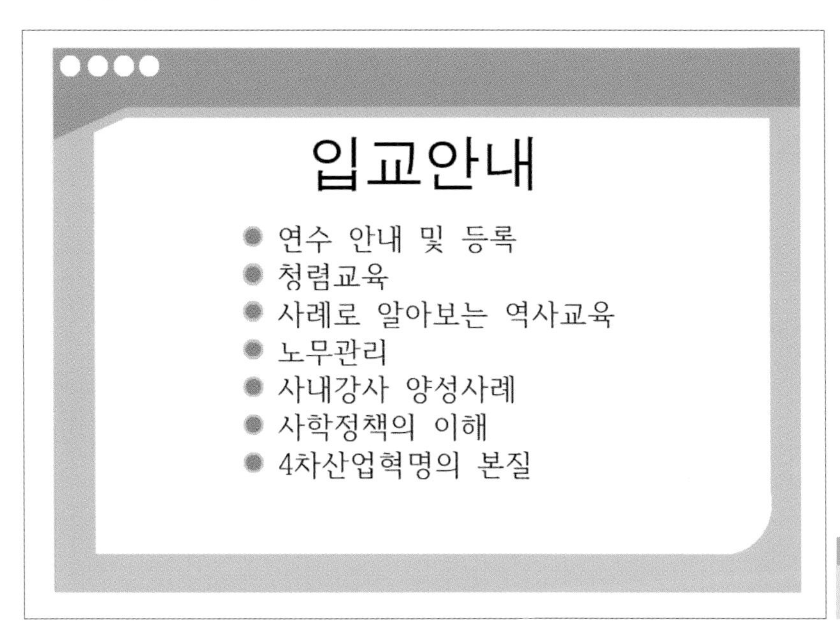

힌트

프레젠테이션(양식) : 양식6(속지)

4 다음과 같이 그리기마당에서 개체를 삽입한 후 개체를 편집하세요. 내용을 입력한 후 "홍시.hwp"로 저장해 보세요.

힌트

- [도구] – [한컴에셋] – [그리기조각]의 '감'을 내려받으세요.
- [그리기마당] – [내려받은 그리기마당] 탭에서 선택하여 삽입하세요.

09 그림 삽입과 편집하기

그림을 삽입하고 다양한 스타일을 적용할 수 있으며, 그림 효과, 그림 밝기와 대비, 그림 자르기, 사진 편집 기능과 그림과 텍스트의 배치를 조정할 수 있습니다.

- 그림을 삽입하고 그림의 효과를 적용하는 방법에 대해 알아봅니다.
- 그림의 배치와 자르기, 캡션 삽입 방법에 대해 알아봅니다.
- 사진 편집 기능의 방법에 대해 알아봅니다.

배울 내용 미리보기

과일의 효능을 알아볼까요?

오늘의 과일 **딸기**

요즘 제철을 맞은 딸기가 출하되기 시작했습니다. 맛도 좋고 영양도 높은 딸기의 효능과 다양한 요리법을 알아보겠습니다.

딸기는 1월부터 5월까지 출하가 되며, 과육은 붉은 빛이 꼭지까지 도는 것을 고르는 것이 좋습니다. 딸기는 비타민C가 풍부하게 함유되어있어 감기예방 및 면역력 증진에 효능을 보이고 있습니다. 또한 안토시아닌 성분이 포함되어 있어 항암효과도 있다고 하니 제철에 딸기는 꼭 드시기를 권합니다.

딸기로는 많은 요리를 할 수 있습니다. 딸기를 얼려두었다가 우유와 함께 갈아 만든 딸기 쉐이크, 풍부한 유산균이 많은 치즈와 함께 만든 딸기케이크!

치즈케이크

▲ 파일명 : 딸기의효능-완성.hwp

01 그림 삽입과 스타일 지정하기

1 '딸기의효능.hwp' 파일을 불러온 후 ❶ 빈 공간을 클릭한 후 ❷ [입력] 메뉴의 ❸ [그림]을 클릭합니다.

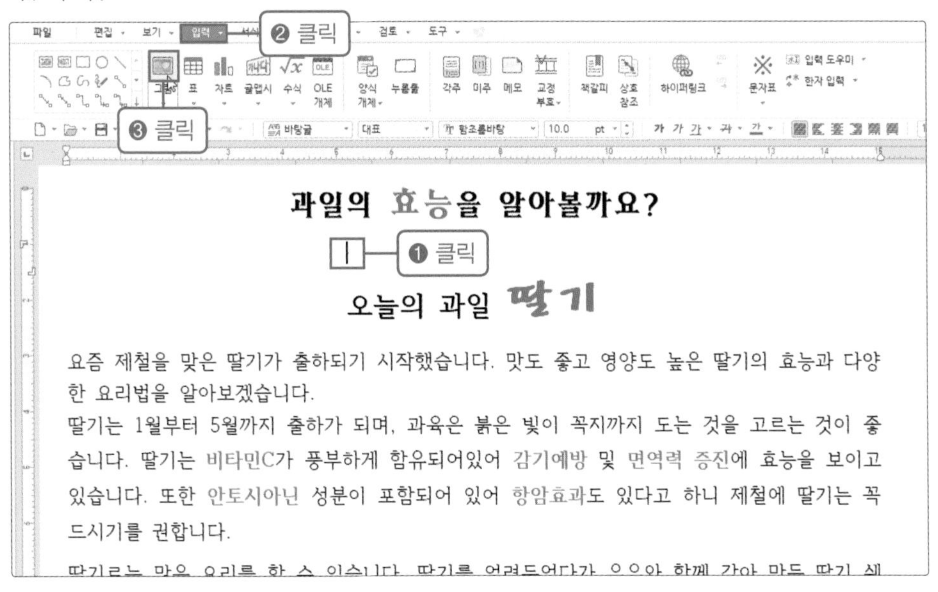

2 [그림 넣기] 대화상자가 열리면 ❶ 그림 파일이 있는 폴더를 선택합니다. ❷ '딸기' 그림을 선택한 후 ❸ '문서에 포함'과 '마우스로 크기 지정'을 선택하고 ❹ [열기]를 누릅니다.

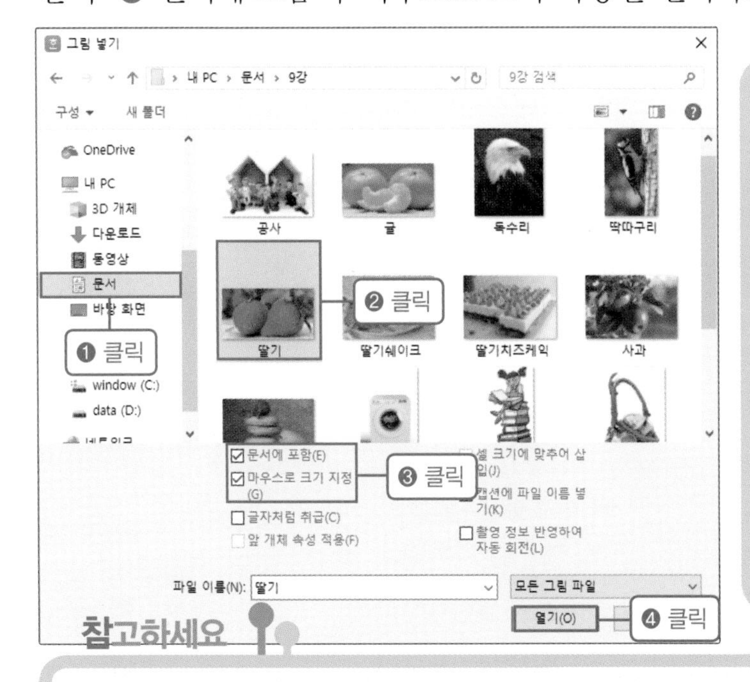

참고하세요

그림이 표시되지 않고 아래 그림처럼 표시된다면 [보기] 탭의 [그림]에 체크를 해주세요.

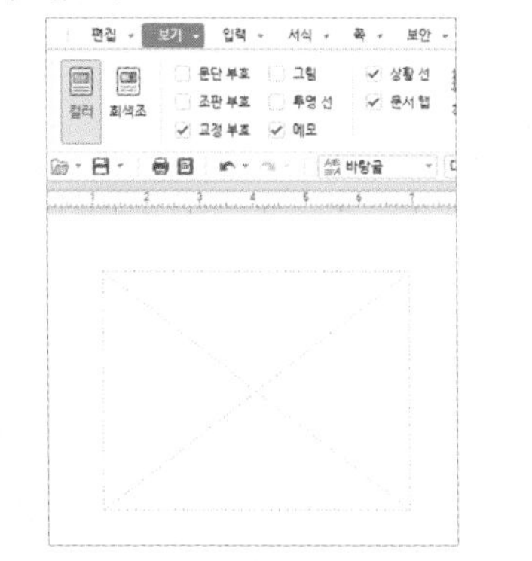

참고하세요

- 문서에 포함 : '문서에 포함'을 선택해제 되면 다른 컴퓨터에서 문서를 열었을 때 그림이 표시되지 않습니다. 반드시 체크하세요.
- 마우스로 크기 지정 : 마우스로 드래그하여 그림을 삽입하려면 체크하세요.

3 마우스 모양이 십자가로 바뀌면 그림을 드래그하여 다음과 같이 삽입합니다. 그림을 텍스트와 배치를 바꾸기 위해 ❶ 그림을 선택한 후 ❷ [그림] 메뉴의 ❸ '자리 차지'를 선택합니다. 그림을 드래그하여 배치를 합니다.

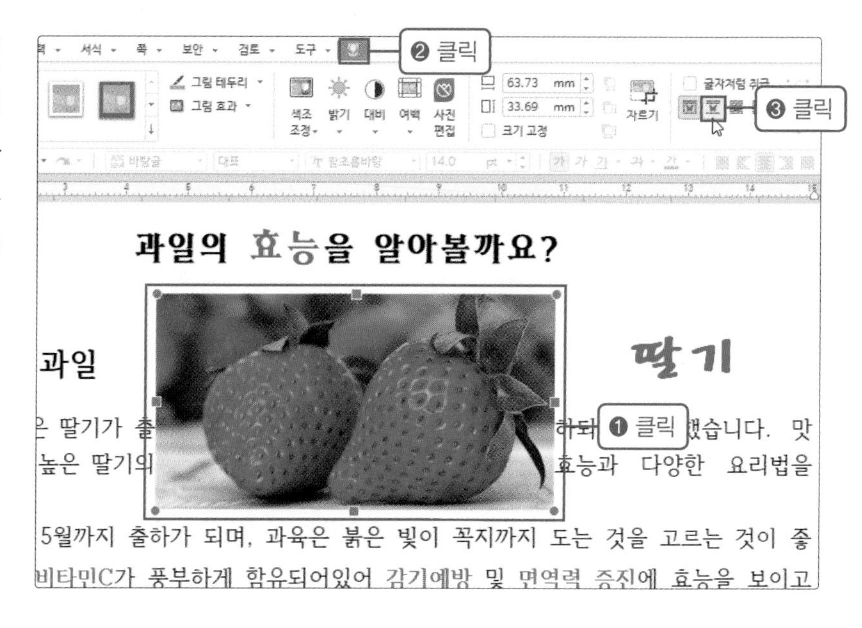

4 그림의 스타일을 적용하기 위해 ❶ 그림을 선택한 후 ❷ [그림] 메뉴의 ❸ [그림 스타일]의 목록 단추를 클릭하고 ❹ '회색 아래쪽 그림자' 스타일을 선택합니다.

참고하세요

① 글자처럼 취급 : 그림을 글자처럼 취급하여 커서 위치에 배치됩니다. 본문의 내용이 수정됨에 따라 그림의 위치가 수정됩니다.

② 어울림 : 그림의 위치에 따라 텍스트가 그림의 좌우에 배치됩니다.

③ 자리 차지 : 그림의 높이만큼 줄을 차지하고, 그림이 차지하고 있는 영역에는 본문의 내용이 오지 못합니다.

④ 글 앞으로 : 그림이 텍스트 앞에 배치됩니다.

⑤ 글 뒤로 : 그림이 텍스트 뒤에 배치됩니다.

글자처럼 취급 ❶
❷ ❸ ❹ ❺

5 다른 그림을 삽입하기 위해 ❶ [입력] 메뉴의 ❷ [그림]을 클릭하여 앞과 동일한 방법으로 '딸기쉐이크' 그림을 선택합니다. ❸ 마우스 모양이 십자가 모양으로 바뀌면 드래그하여 크기를 조절하여 삽입합니다.

6 그림의 배치는 '어울림'을 적용한 후 그림에서 불필요한 부분을 잘라내기 위해 ❶ 그림을 선택한 후 ❷ [그림] 메뉴의 ❸ '자르기'를 클릭합니다.

7 ❶ 그림의 테두리에 생긴 조절점 위에 마우스를 올려 놓고 드래그하여 그림을 자른 후 빈 곳을 클릭하여 [자르기]를 해지합니다.

Shift 를 누르고 그림의 조절점을 드래그하여 잘라낼 수 있습니다.

8 그림 효과를 적용하기 위해 ❶ 그림을 선택한 후 ❷ [그림] 메뉴의 ❸ [그림 효과]를 클릭합니다. [그림 효과] 목록 중에서 ❹ [그림자]를 클릭한 후 ❺ '대각선 왼쪽 아래'를 선택합니다.

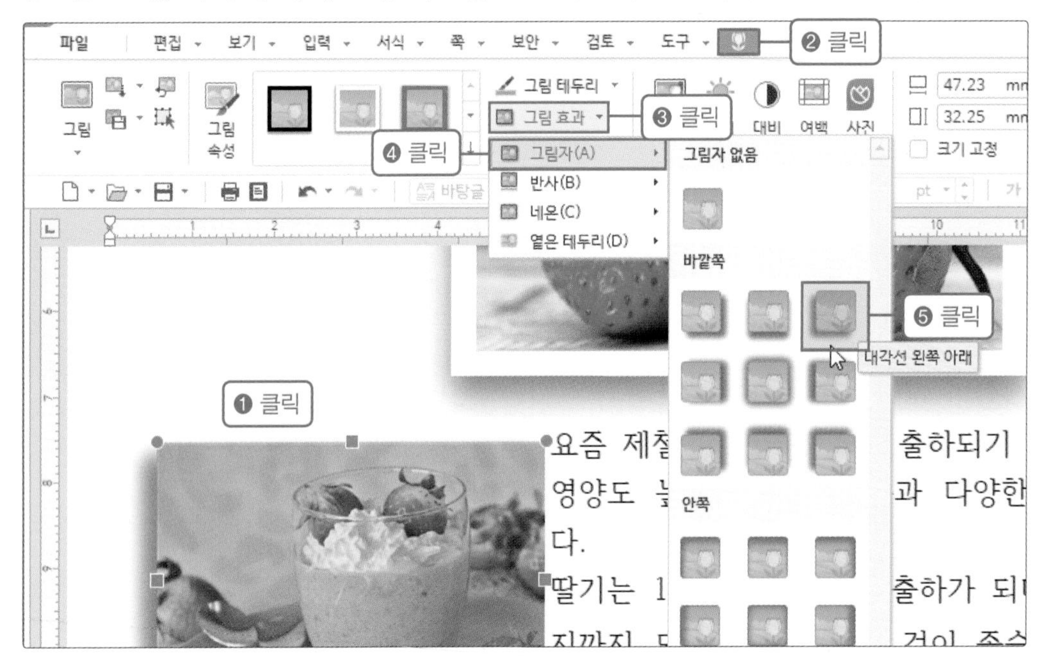

9 '딸기 쉐이크' 그림을 아래 이미지와 같이 배치합니다. 오른쪽에 '딸기치즈케익' 그림을 삽입한 후 ❶ 그림을 선택한 후 ❷ [그림] 메뉴의 배치를 ❸ '어울림'을 선택하여 그림과 텍스트를 배치합니다.

참고하세요

[그림] 또는 [도형]을 하나 이상 삽입했을 때 앞/뒤 정렬을 할 수 있습니다. 정렬 기능을 이용해도 그림이나 도형이 개체나 글 뒤에 배치된 경우에는 '본문과의 배치 :글 앞으로'를 설정합니다.

02 그림 속성 설정하기

1 그림을 삽입한 후 그림의 여백 등을 설정해야 문서가 깔끔하게 작성됩니다. 그림과 텍스트의 간격을 조절하기 위해 ❶ 그림을 선택한 후 ❷ [그림] 메뉴의 ❸ [그림 속성]을 클릭합니다.

참고하세요

- 그림 삽입 : Ctrl + N , I
- 개체 속성 : Ctrl + N , K

2 [개체 속성] 대화상자가 열리면 ❶ [여백/캡션] 메뉴에서 '바깥 여백'의 ❷ '오른쪽'과 '위쪽'의 여백을 입력한 후 ❸ [설정]을 클릭합니다.

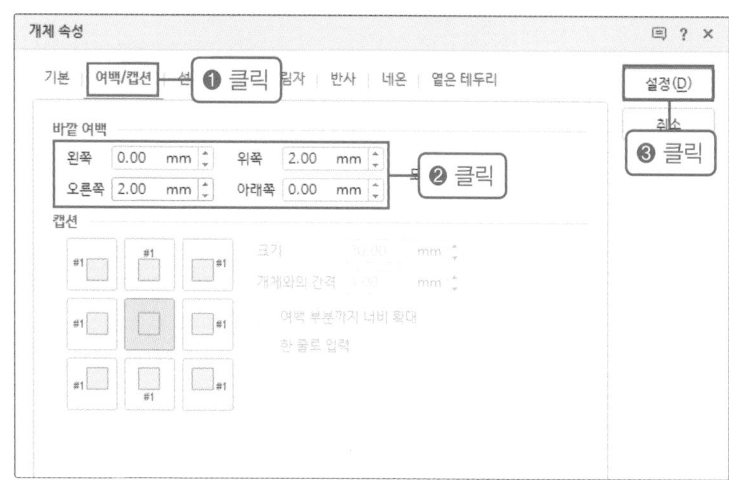

3 캡션 기능을 이용해 그림의 설명글을 추가할 수 있습니다. ❶ 그림을 선택한 후 ❷ [그림] 메뉴에서 ❸ [캡션]의 목록 단추를 누른 후 ❹ '아래'를 선택합니다.

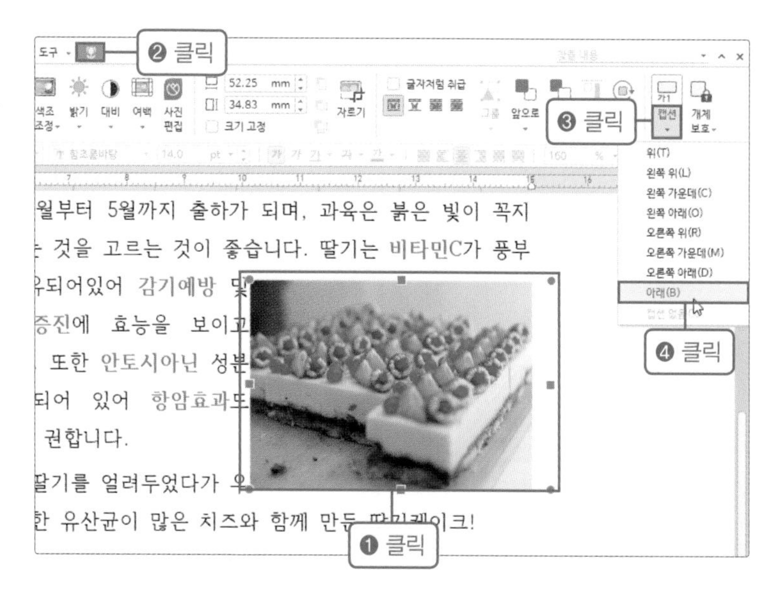

참고하세요

- 캡션 넣기 : Ctrl + N , C

4 그림 아래에 그림 번호가 자동으로 삽입됩니다. 그림 번호를 삭제하기 위해 ❶ '그림3'을 드래그한 후 Delete 를 누릅니다.

5 ❶ '치즈케이크'를 입력한 후 ❷ [서식 도구 모음줄]의 '가운데 정렬'을 누릅니다.

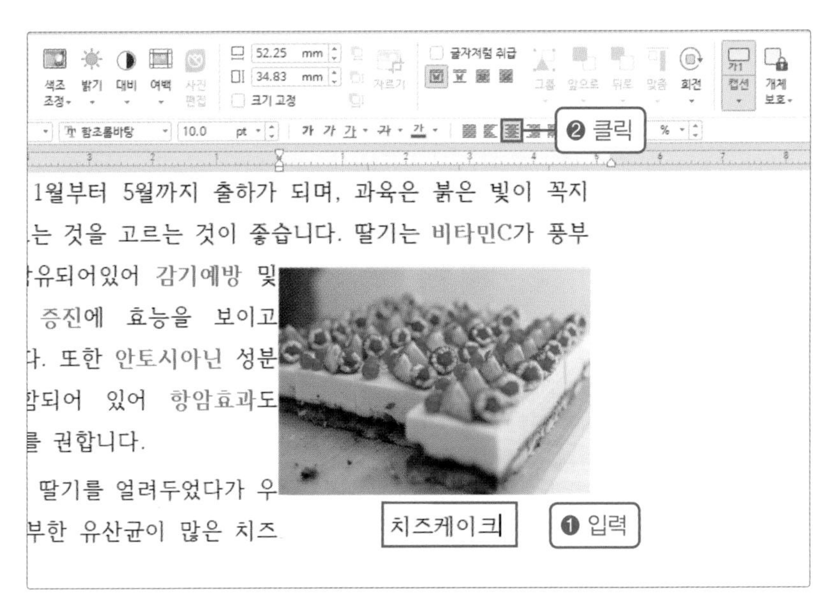

6 그림을 선택한 후 [그림] 메뉴의 [그림 속성]을 클릭합니다. [개체 속성] 대화상자가 열리면 ❶ [여백/캡션] 메뉴에서 '바깥 여백'의 ❷ '왼쪽'과 '위쪽', '아래쪽'의 여백을 입력한 후 ❸ [설정]을 클릭합니다.

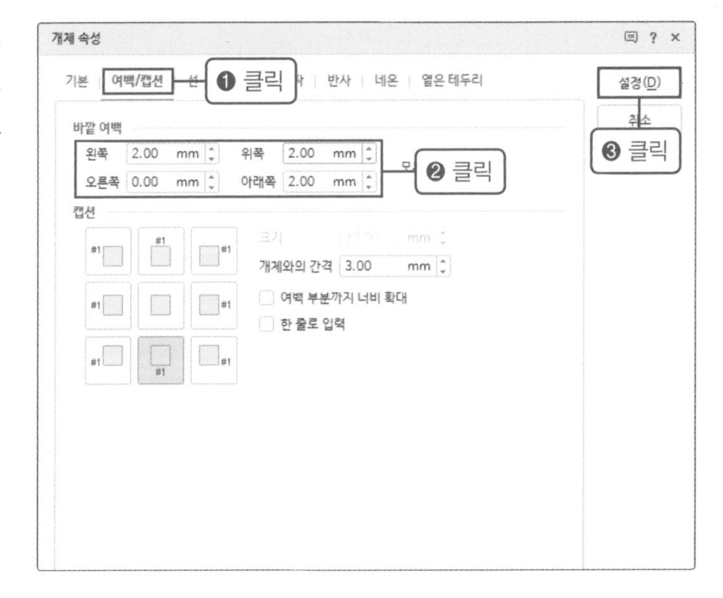

참고하세요

그림 보정과 사진 편집하기

❶ 삽입된 그림의 '밝기'와 대비를 조절할 수 있습니다. [그림] 메뉴의 [밝기]와 [대비]를 클릭합니다.

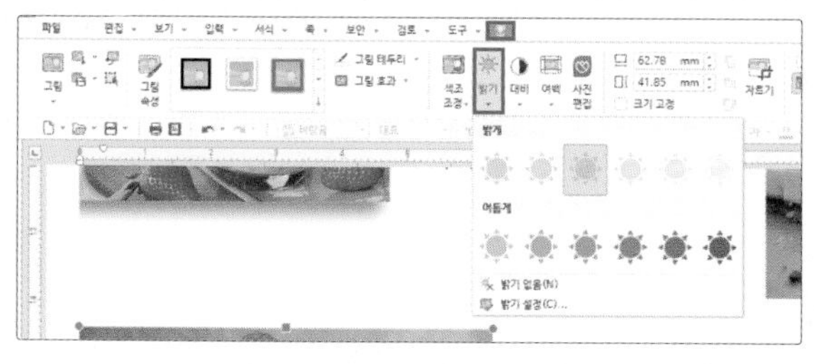

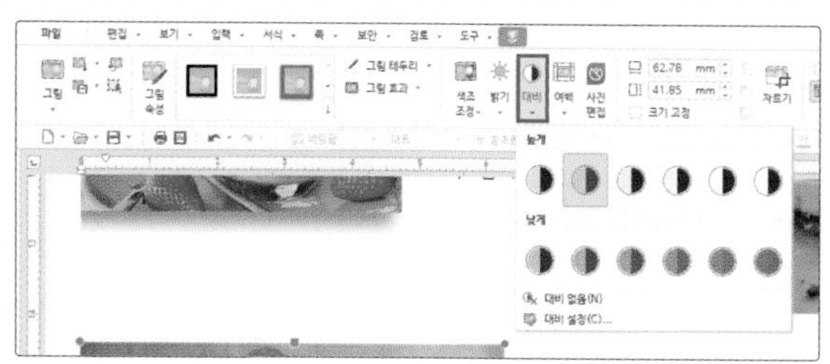

❷ 그림을 포토샵처럼 편집할 수 있습니다. ❶ 그림을 선택한 후 ❷ [그림] 메뉴의 ❸ [사진 편집]을 클릭합니다.

❸ [사진 편집기] 대화상자가 열리면 ❶ [아웃포커싱 효과] 메뉴를 클릭합니다. ❷ '포커스 모양'을 '원형'으로 선택한 후 ❸ 선명하게 보일 부분을 클릭합니다.

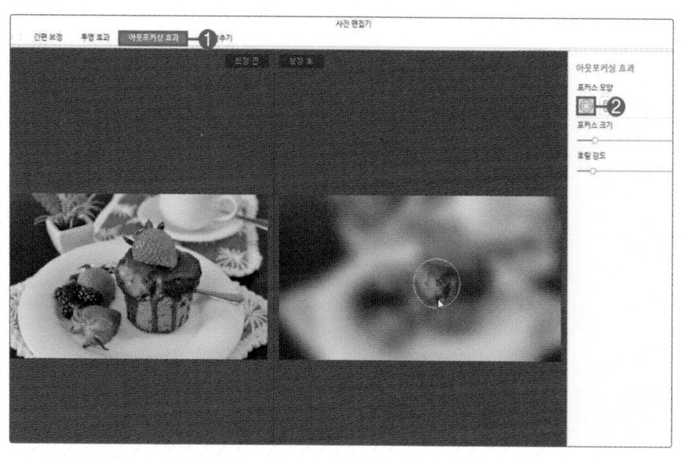

❹ ❶ '포커스 크기'와 '흐림 강도'를 위치를 옮겨 선명하게 부분을 조절한 후 ❷ [적용]을 클릭합니다.

❺ 그림의 테두리는 [그림] 메뉴의 [그림 테두리] – '색', '투명도', '선의 굵기'를 조절할 수 있습니다.

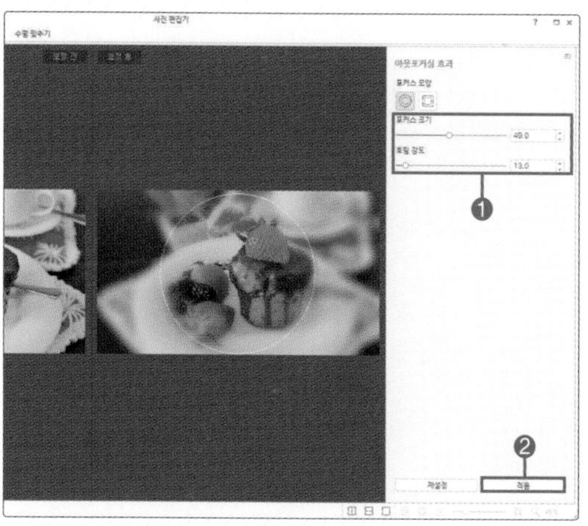

"혼자 풀어 보세요"

1

'배려.hwp' 파일을 불러온 후 그림을 삽입하고 "배려-완성.hwp"로 저장해 보세요.

이웃을 위해 조금만 배려해 주세요.

층간소음은 이웃간에 불편함을 줄 수 있습니다.
세탁기와 **진공청소기**는 밤에는 사용을 자제해주세요.
함께 살아가는 공동주택입니다.
조금씩 **배려**해 주세요.

힌트
그림의 배치 : 어울림

2

'공사안내.hwp' 파일을 불러온 후 그림을 삽입하고 "공사안내-완성.hwp"로 저장해 보세요.

아파트 노후시설 안전 공사 안내

아파트 노후시설 안전 공사가 시행됨을 알립니다.
본 공사로 인해 불편한 사항이 있으시면
담당자에게 연락주세요.
신속히 처리되도록 하겠습니다.

▶ 공사기간 : 2019년 1월 15일
▶ 시 공 사 : ㈜ 내일로
▶ ☎ 010-1234-3214
▶ 담당자 : 김도순대리

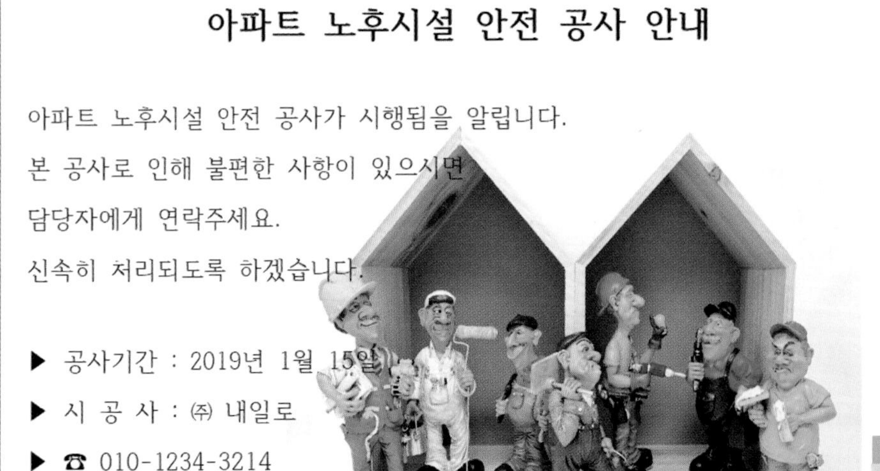

힌트
- 서식 : 글머리표
- 그림의 배치 : 글 뒤로

"혼자 풀어 보세요"

3 '도서관안내.hwp' 파일을 불러온 후 그림을 삽입하고 "도서관안내-완성.hwp"로 저장해 보세요.

꿈드림 작은 도서관

♣ **독서 동아리 안내**
독서동아리 모임을 하고자 하는 분이 계시면
동아리 장소를 대여해 드립니다.
관심있으신 분들은 관리실에 연락주세요.

♣ **도서관 이용안내**
- 이용시간 : 월 ~금 오후 2시 ~7시
- 주말은 오전 10시 ~ 오후 5시

힌트
- 글자모양 : 그림자
- 서식 : 그림 글머리표
- 그림의 배치 : 어울림
- 그림 효과 : 반사

4 '독수리.hwp' 파일을 불러온 후 그림을 삽입하고 "독수리-완성.hwp"로 저장해 보세요.

자연의 보물

독수리는 겨울철새이다. 날개짓을 거의 하지 않고 상승기류를 이용해 비행하며 먹이를 찾으며 세계적으로 유럽 남부, 중앙아시아, 티베트, 몽골에 서식한다. 우리나라에서는 철원, 연천, 파주 등에서 관찰되며, 천연기념물 243호로 지정되어 있다.

독수리

힌트
- 문단 첫 글자 장식
- 그림의 배치 : 어울림, 그림 캡션 : 아래
- 그림의 밝기와 대비, 사진 편집 : 아웃포커싱

도형 삽입과 편집하기

다양한 도형을 삽입하고 서식을 지정하여 문서를 작성할 수 있습니다. 그리기 조각을 함께 사용하여 문서의 표지나 타이틀 등을 제작할 수 있습니다.

- 도형을 삽입하고 서식과 속성을 설정하는 방법에 대해 알아봅니다.
- 다양한 도형을 삽입하는 방법에 대해 알아봅니다.

배울 내용 미리보기

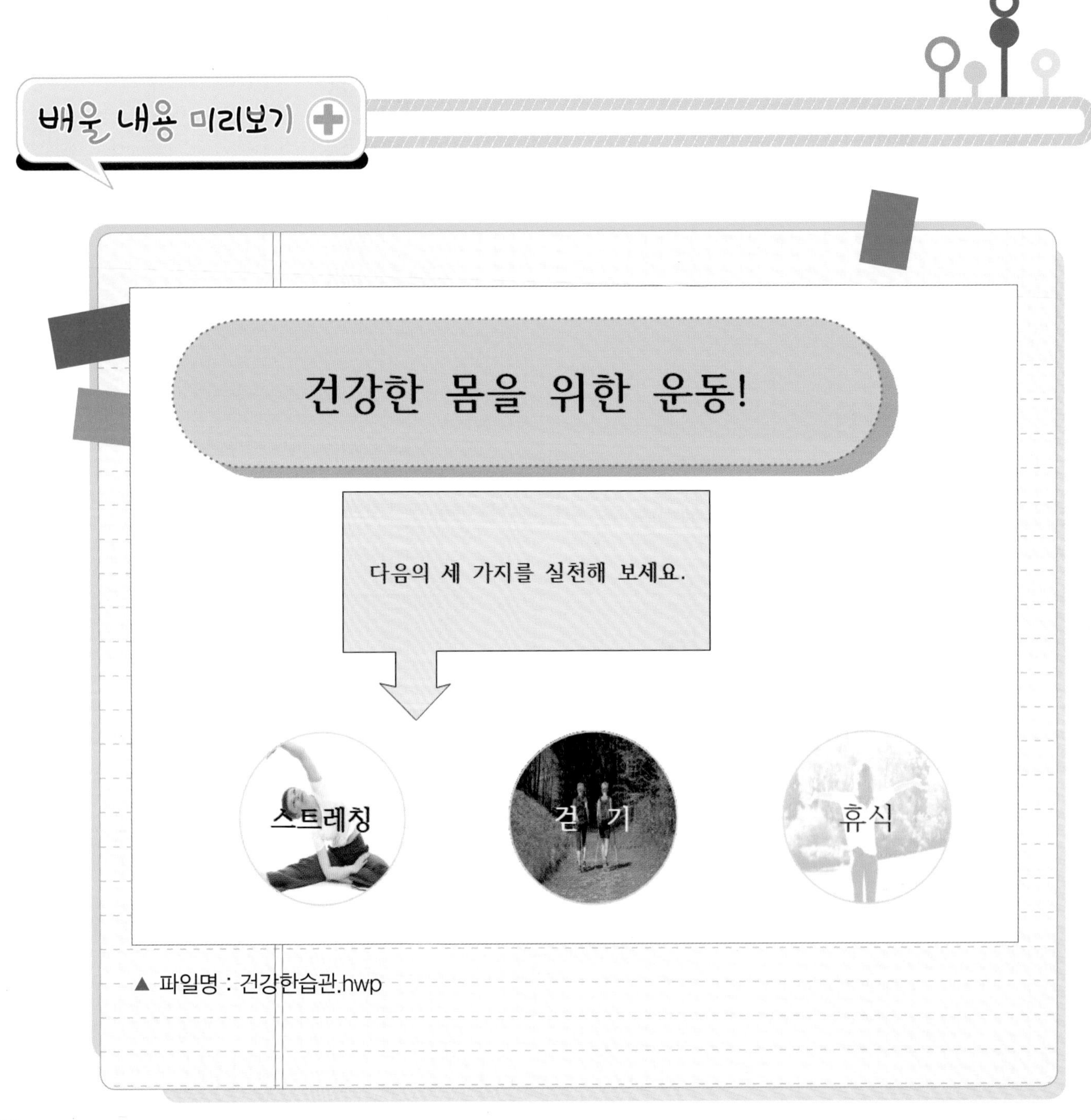

▲ 파일명 : 건강한습관.hwp

01 도형 삽입과 속성 설정하기

1 도형을 삽입하기 위해 ❶ [입력] 메뉴의 ❷ [도형] 모음에서 '직사각형'을 선택한 후 ❸ 마우스 모양이 '십자가' 모양으로 바뀌면 드래그하여 그립니다.

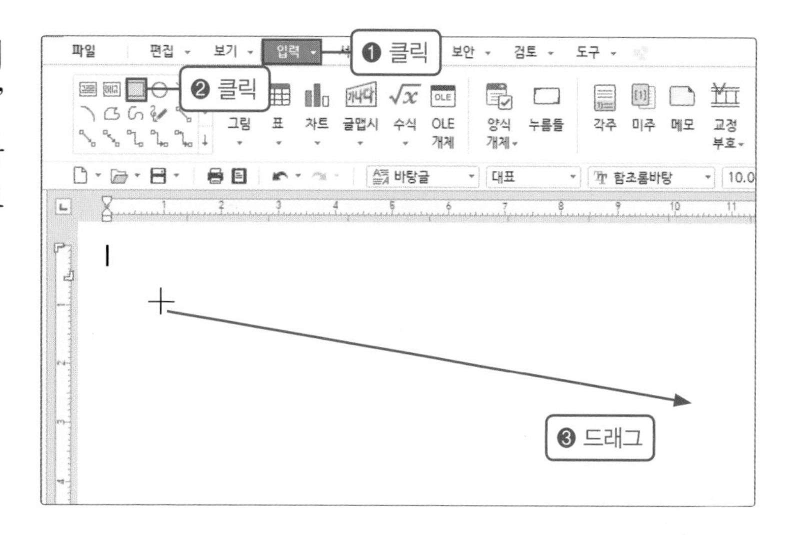

2 도형의 윤곽선을 바꾸기 위해 ❶ 도형이 선택된 상태에서 ❷ [도형] 메뉴의 ❸ [도형 윤곽선]의 목록 단추를 누른 후 ❹ '색'을 임의로 설정합니다. ❺ '선 굵기'를 클릭한 후 ❻ '선의 굵기 : 0.3mm'를 선택합니다.

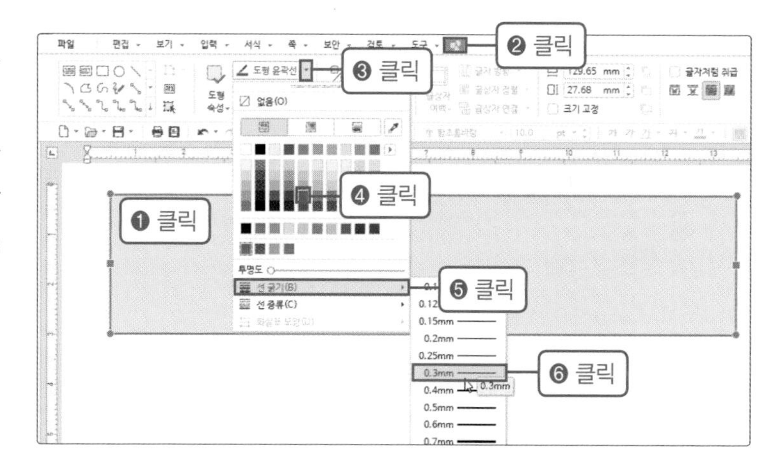

3 ❶ '선 종류'를 클릭한 후 ❷ '점선'을 선택합니다.

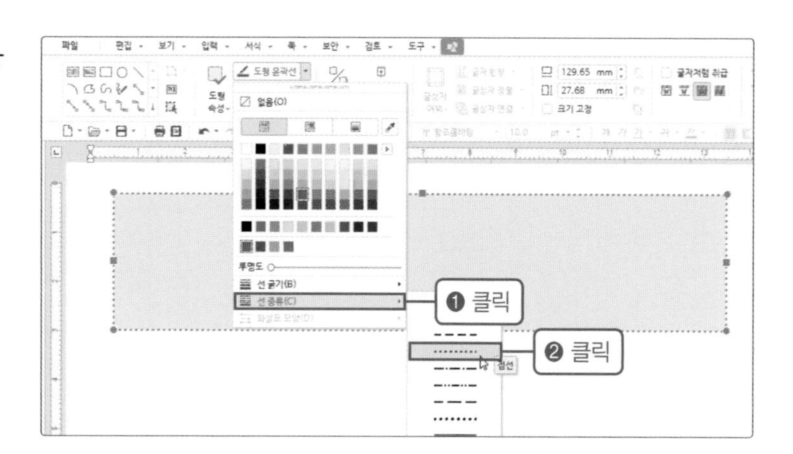

4 ❶ [도형 채우기]의 목록 단추를 누른 후 ❷ '색'을 '주황'으로 선택합니다.

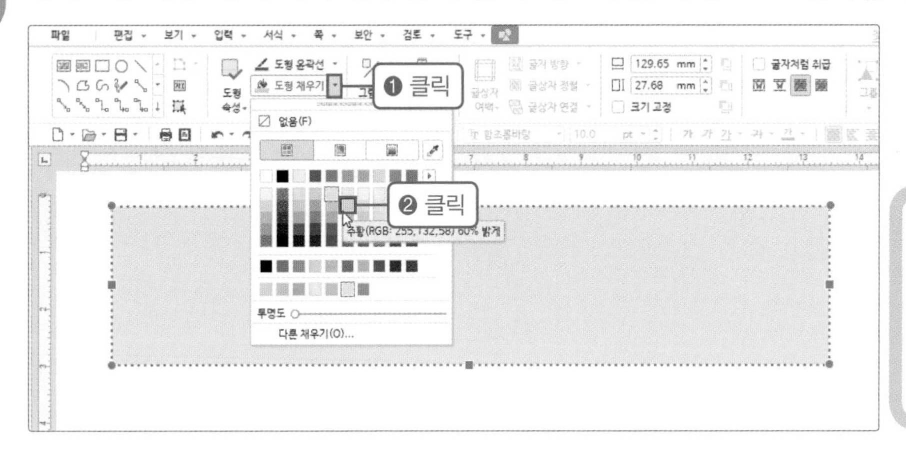

참고하세요

'표준 색상표' 이외의 색을 선택하려면 [다른 채우기]를 클릭하여 선택합니다.

5 도형에 그림자를 적용하기 위해 도형이 선택된 상태에서 ❶ [그림자 모양]의 목록 단추를 클릭하여 ❷ '오른쪽 아래'를 선택합니다.

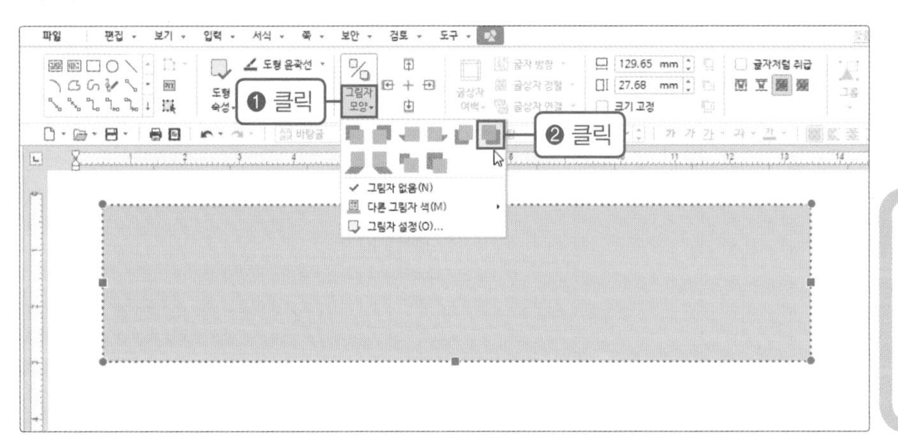

참고하세요

그림자의 색을 바꾸려면 [그림자 모양] - [다른 그림자 색]을 클릭하여 바꿀 수 있습니다.

6 그림자의 위치를 변경하기 위해 도형이 선택된 상태에서 ❶ '그림자 오른쪽으로 이동'과 '그림자 아래로 이동'을 클릭하여 조절합니다.

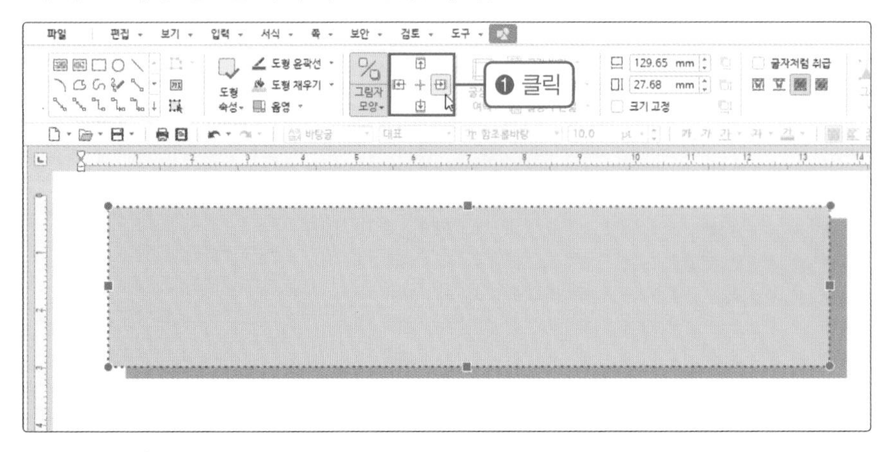

7 도형 안에 글자를 넣기 위해 ❶ 도형이 선택된 상태에서 ❷ 마우스 오른쪽 단추를 눌러 '도형 안에 글자 넣기'를 클릭합니다.

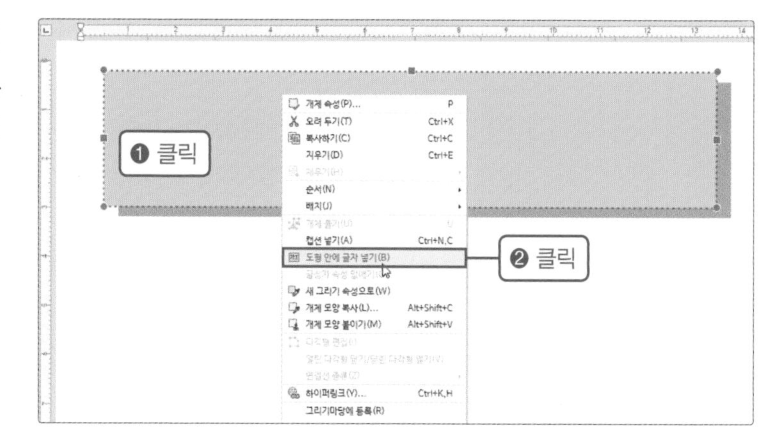

8 ❶ 텍스트를 입력하고 '글자 모양'을 수정하고 '가운데 정렬'을 합니다. 도형의 선 모양을 변경하기 위해 ❷ [도형 속성]의 목록 단추를 누른 후 ❸ '도형 속성'을 클릭합니다.

참고하세요

도형을 더블클릭하여 [개체 속성]을 불러올 수 있습니다.

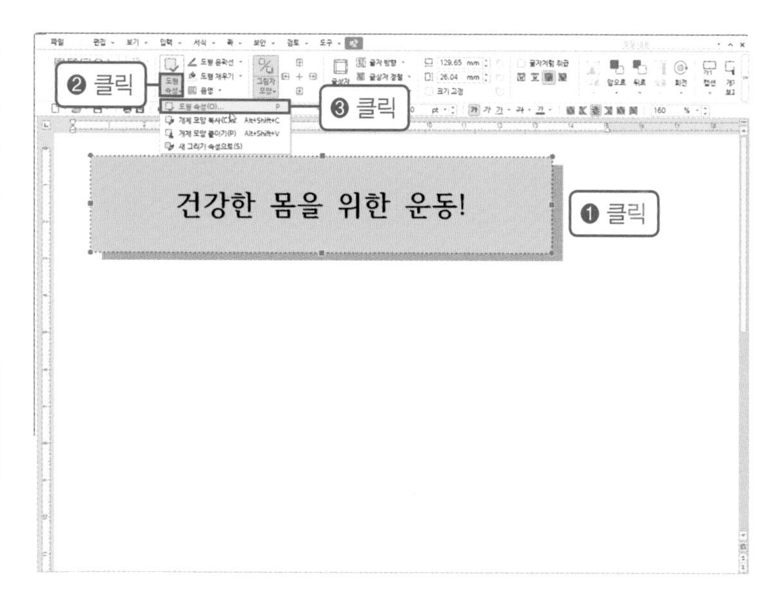

9 [개체 속성] 대화상자가 열리면 ❶ [선] 탭의 ❷ '사각형 모서리 곡률'에서 '반원'을 선택한 후 ❸ [설정]을 누릅니다. '사각형' 도형이 '반원'으로 변경됩니다.

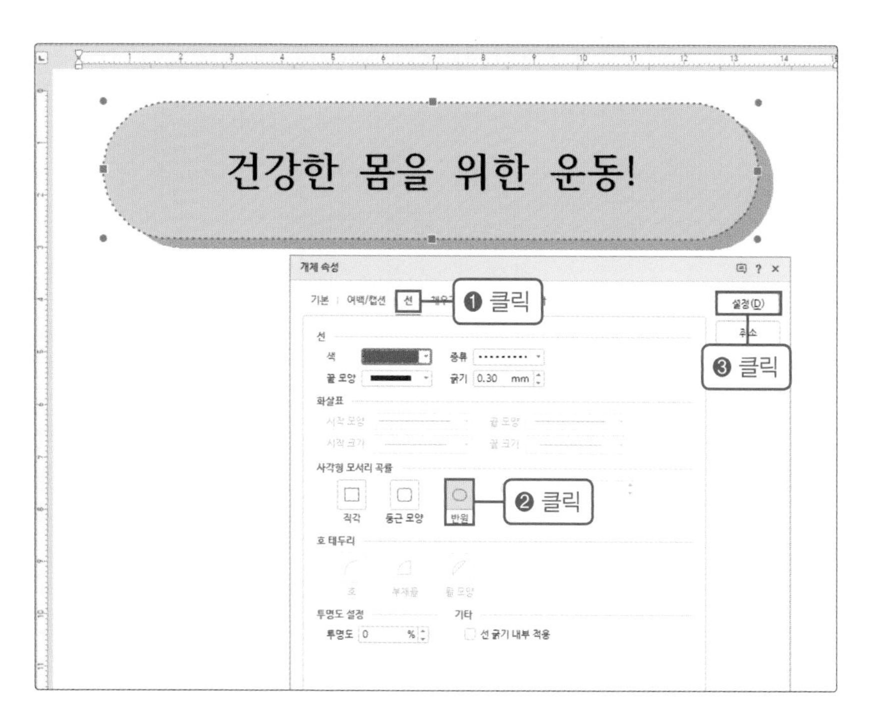

02 다양한 도형 삽입하기

1 다양한 다른 도형을 삽입하기 위해 ❶ [입력] 메뉴의 ❷ [그리기 개체]의 '자세히' 단추를 누른 후 ❸ '다른 그리기 조각'을 클릭합니다.

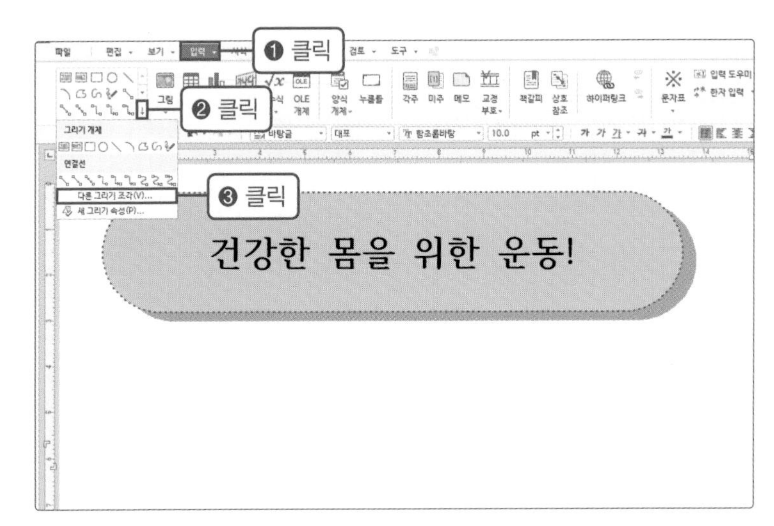

2 [그리기마당] 대화상자의 ❶ [그리기 조각] 탭의 ❷ '설명선'에서 ❸ '사각형 아래 화살표 설명선'을 선택한 후 ❹ [넣기]를 클릭합니다.

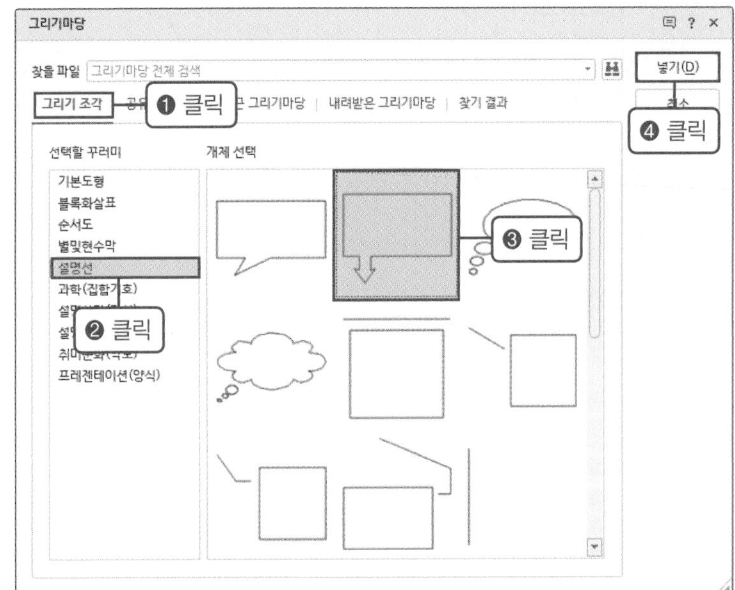

3 드래그하여 다음과 같이 도형을 삽입하고 ❶ 도형에 텍스트를 입력합니다. ❷ [도형 채우기]의 목록 단추를 클릭하여 ❸ 임의의 '색'을 설정합니다.

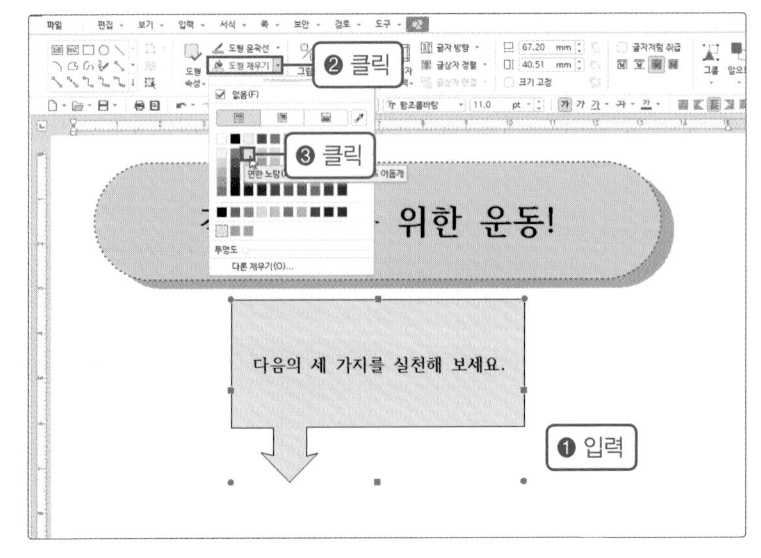

4 원형을 그리기위해 ❶ [그리기 개체]에서 '타원'을 선택하고 Shift 를 누른 채 다음과 같이 하단에 그립니다. 삽입된 도형의 면 색과 테두리 색이 다를 경우 별도로 색상 설정을 합니다.

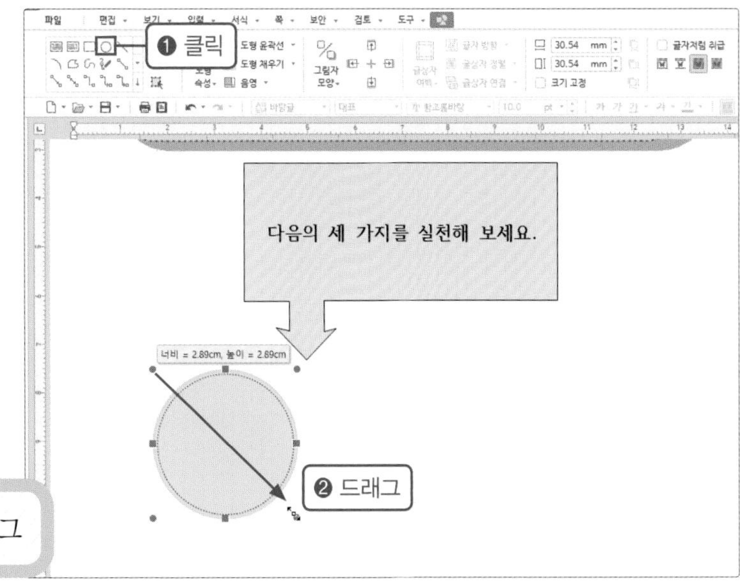

참고하세요

정원 · 정사각형 그리기 : Shift +드래그

5 ❶ 첫 번째 원형을 선택한 후 Ctrl + Shift 를 누른 채로 오른쪽으로 드래그하여 그림과 같이 도형 두개를 복사합니다.

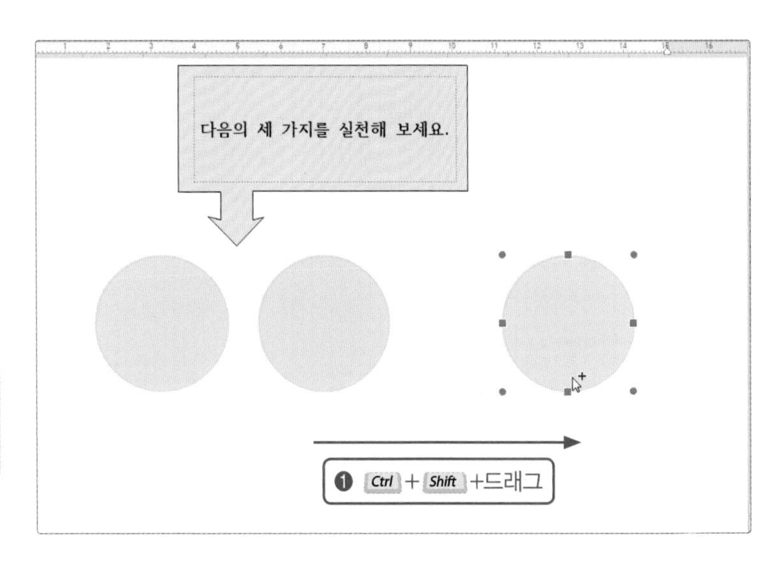

참고하세요

수평 · 수직 복사 : Ctrl + Shift + 드래그

6 첫 번째 도형과 마지막 도형을 기준으로 가로 간격을 동일하게 맞추기 위해 ❶ 첫 번째 원형을 선택하고 Shift 를 누른 채 두 도형을 클릭하여 모두 선택합니다. ❷ 메뉴의 [도형] 메뉴의 [맞춤]을 클릭하여 ❸'가로 간격을 동일하게'를 선택합니다.

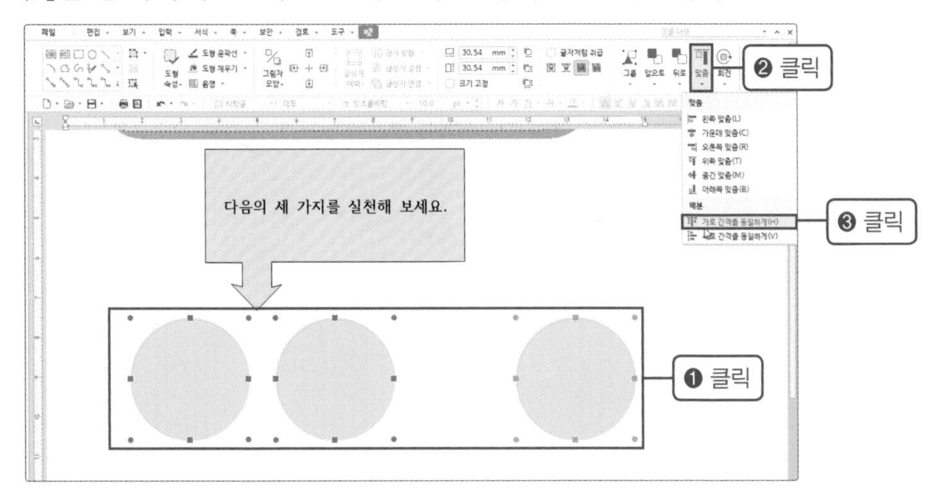

7 첫 번째 도형을 그림으로 채우기 위해 ❶ 첫 번째 도형을 선택한 후 ❷ [도형 채우기]의 목록 단추를 눌러 ❸ '다른 채우기'를 클릭합니다.

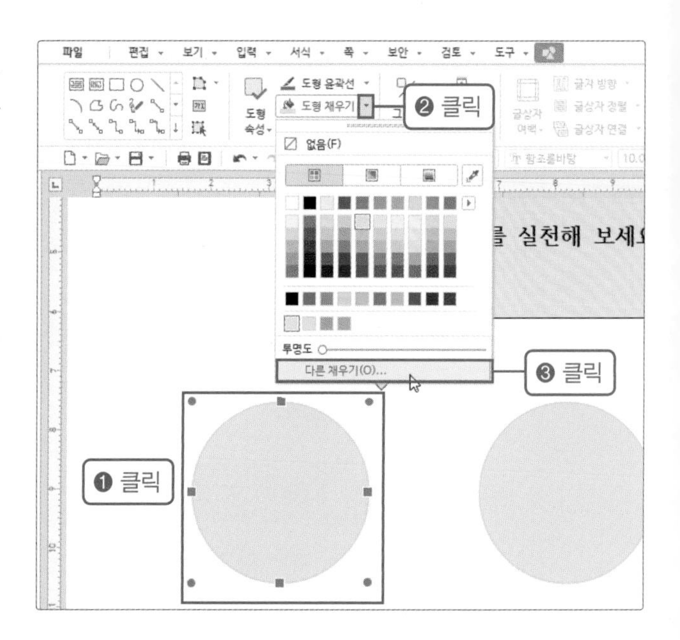

8 [개체 속성] 대화상자에서 ❶ [채우기] 탭의 ❷ '그림'을 체크합니다. ❸ [그림 넣기] 대화상자에서 그림이 있는 폴더를 선택하고 삽입할 그림을 선택한 후 ❹ [열기]를 클릭합니다. 다시 [개체 속성] 대화상자로 돌아오면 ❺ [설정]을 클릭합니다.

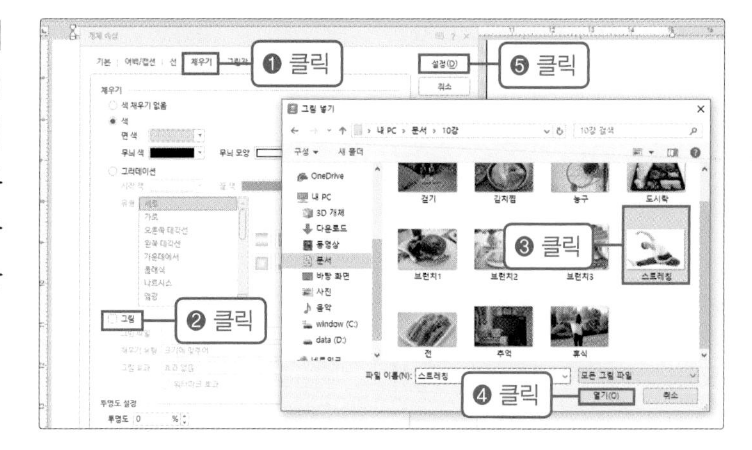

9 두 번째 도형을 더블클릭합니다. [개체 속성] 대화상자에서 ❶ [채우기] 탭의 ❷ '그림'을 체크합니다. ❸ '그림 선택' 단추를 클릭하여 [그림 넣기] 대화상자에서 그림이 있는 ❹ 폴더를 선택하고 삽입할 그림을 선택한 후 ❺ [열기]를 클릭합니다. ❻ '문서에 포함'이 체크되었는지 확인하고 ❼ [설정]을 클릭합니다.

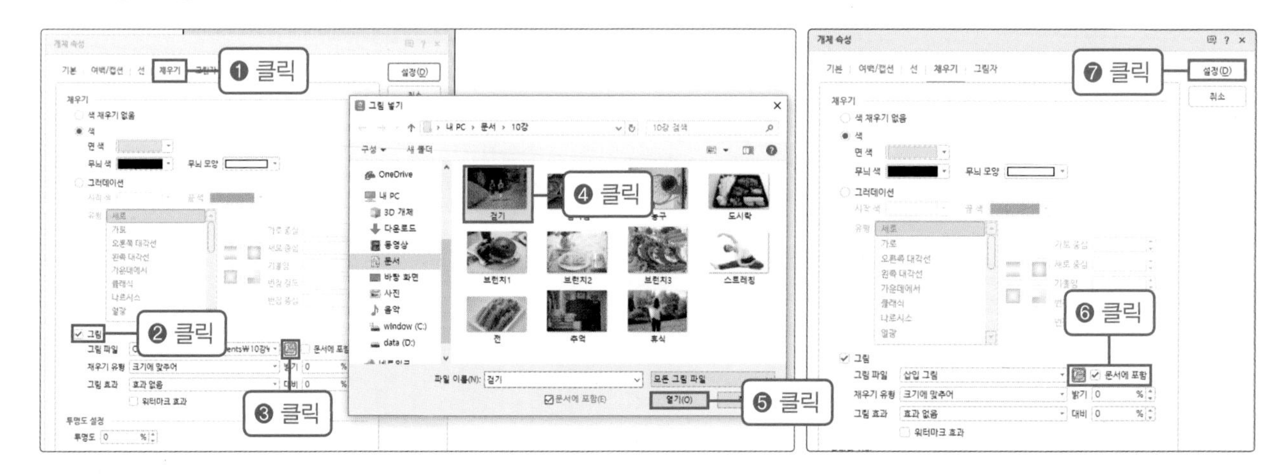

10 세 번째 그림은 '휴식.jpg' 그림을 삽입합니다. 세 번째 그림은 ❶ '워터마크 효과'를 적용한 후 ❷ [설정]을 클릭합니다.

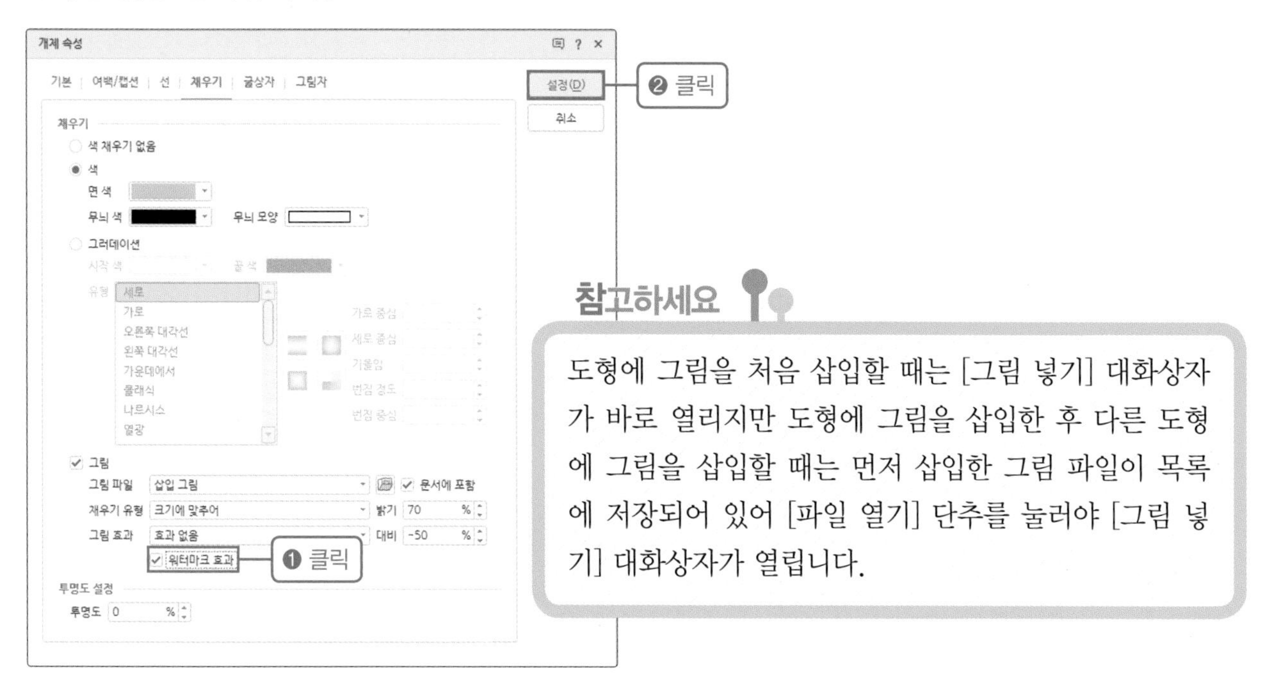

참고하세요

도형에 그림을 처음 삽입할 때는 [그림 넣기] 대화상자가 바로 열리지만 도형에 그림을 삽입한 후 다른 도형에 그림을 삽입할 때는 먼저 삽입한 그림 파일이 목록에 저장되어 있어 [파일 열기] 단추를 눌러야 [그림 넣기] 대화상자가 열립니다.

11 다음 그림처럼 텍스트를 각 각 입력하여 완성합니다.

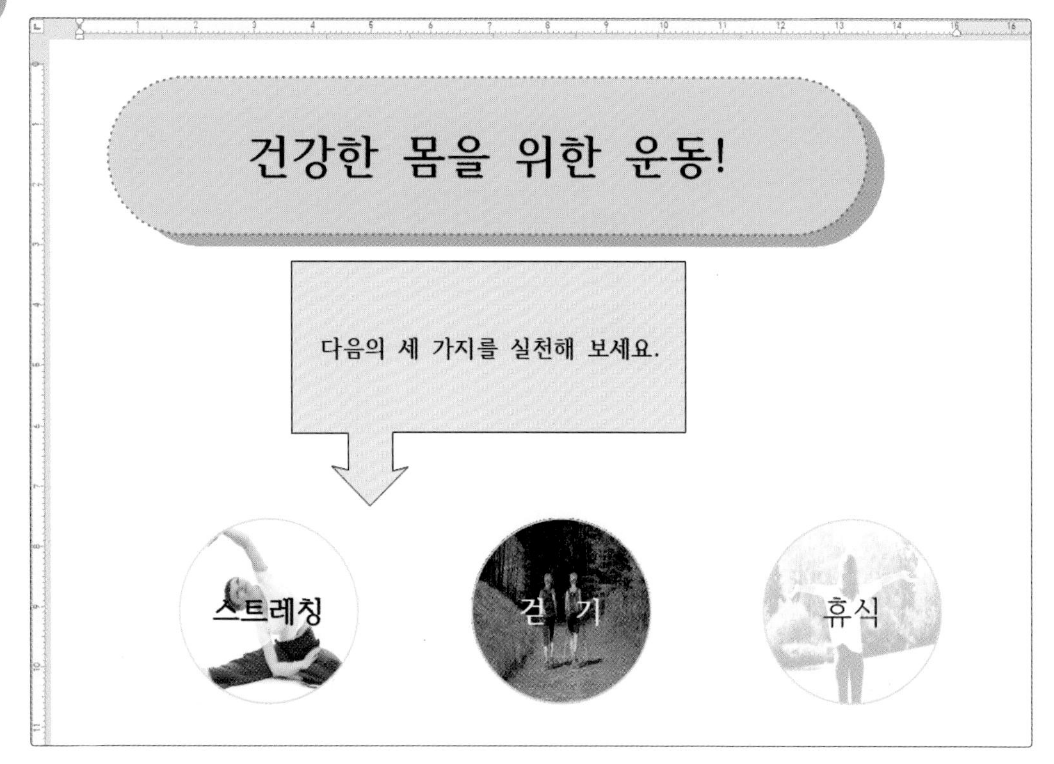

"혼자 풀어 보세요"

1 도형을 이용하여 다음 그림을 그려보고 "운동.hwp"로 저장해 보세요.

힌트
Shift 를 누르고 원 그리기

2 도형을 이용하여 다음 그림을 그려보고 "봄꽃여행안내.hwp"로 저장해 보세요.

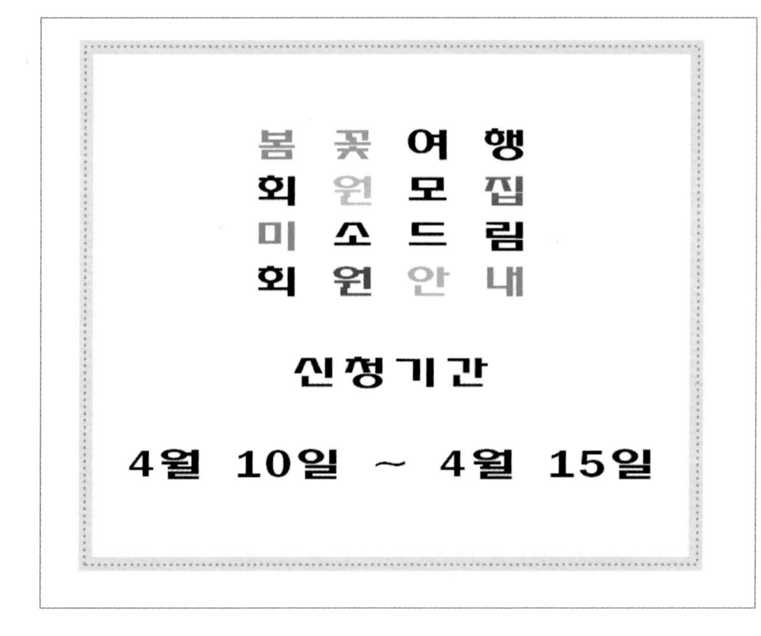

힌트
- 첫 번째 사각형 그리기 – 선굵기 : 3.0mm, 도형 채우기 : 없음
- 두 번째 사각형 – 선 종류 :점선, 도형 채우기 : 없음

"혼자 풀어 보세요"

3 '자유선'을 이용하여 다음 그림을 그려보고 "도시락.hwp"로 저장해 보세요.

4 '다각형'을 이용하여 다음 그림을 그려보고 "사은품.hwp"로 저장해 보세요.

글상자의 활용하기

글상자를 활용하여 그림이나 도형위에 텍스트를 입력할 수 있습니다. 가로 글상자, 세로 글상자를 활용할 수 있으며, 도형의 속성을 활용하여 편집할 수 있습니다.

- 글상자를 삽입하고 속성을 설정하는 방법에 대해 알아봅니다.
- 개체의 정렬 방법에 대해 알아봅니다.

배울 내용 미리보기

신청서 작성 후 메일로 접수하세요.
선착순 마감합니다.

▲ 파일명 : 문화공간안내-완성.hwp

01 글상자 삽입하기

1 '문화공간안내.hwp' 파일을 불러옵니다. ❶ [입력] 메뉴의 ❷ '가로 글상자'를 클릭한 후 회색 도형 위쪽에 ❸ 대각선 방향으로 드래그하여 그립니다.

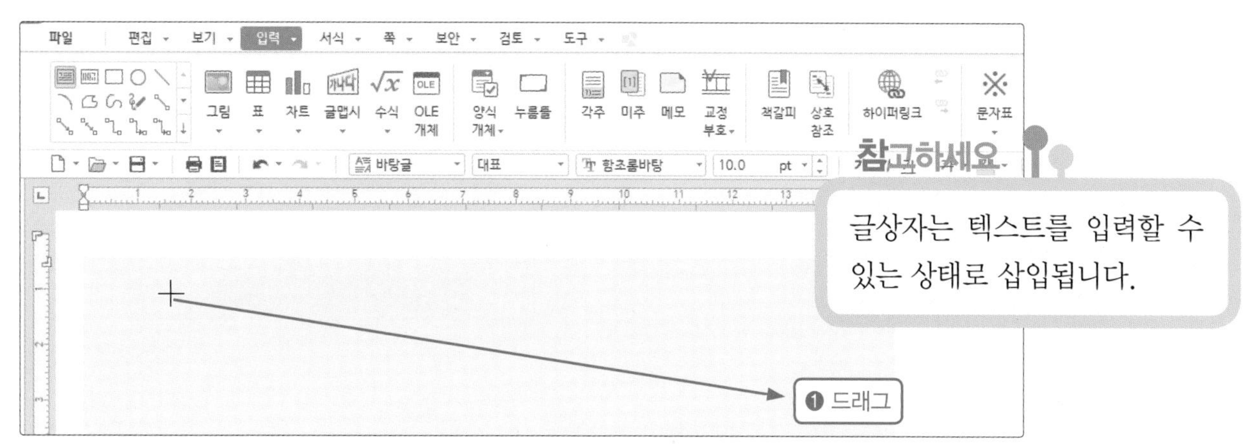

참고하세요

글상자는 텍스트를 입력할 수 있는 상태로 삽입됩니다.

2 글상자가 삽입되면 글상자 안에 커서가 바로 들어갑니다. 텍스트를 입력한 후 '글꼴'과 '글자색', '가운데 정렬'을 임의로 설정합니다.

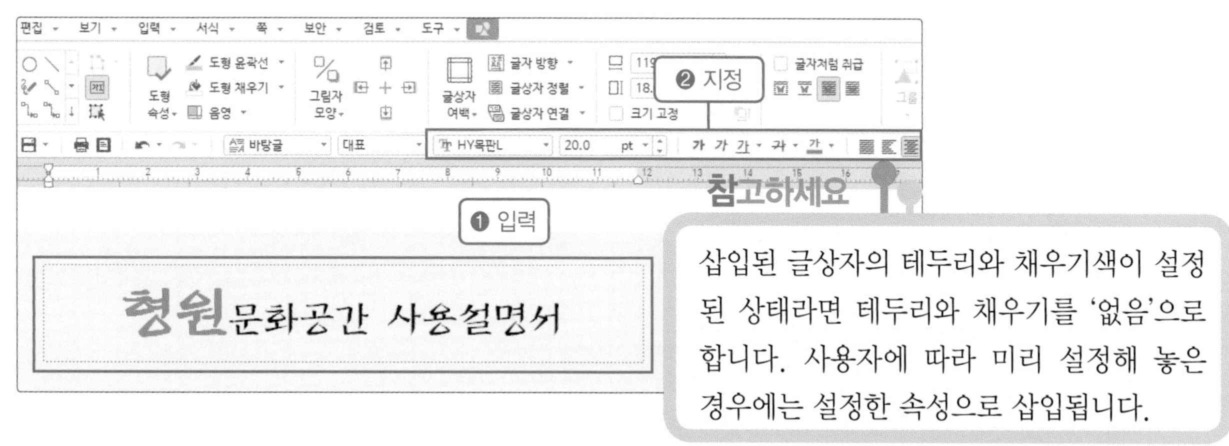

참고하세요

삽입된 글상자의 테두리와 채우기색이 설정된 상태라면 테두리와 채우기를 '없음'으로 합니다. 사용자에 따라 미리 설정해 놓은 경우에는 설정한 속성으로 삽입됩니다.

3 [입력] 메뉴의 ❶ '가로 글상자'를 클릭한 후 ❷ 그림 하단에 드래그하여 그립니다.

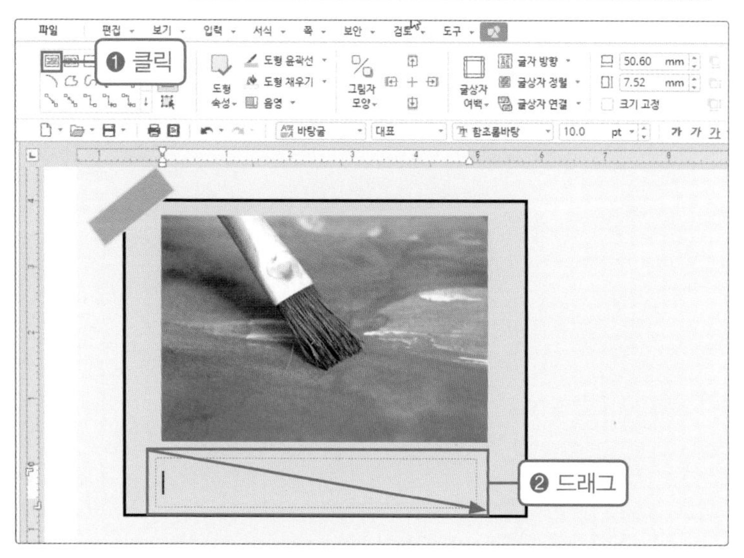

4 글상자에 텍스트를 입력한 후 블록을 설정하고 '글꼴'과 '가운데 정렬'을 임의로 설정합니다.

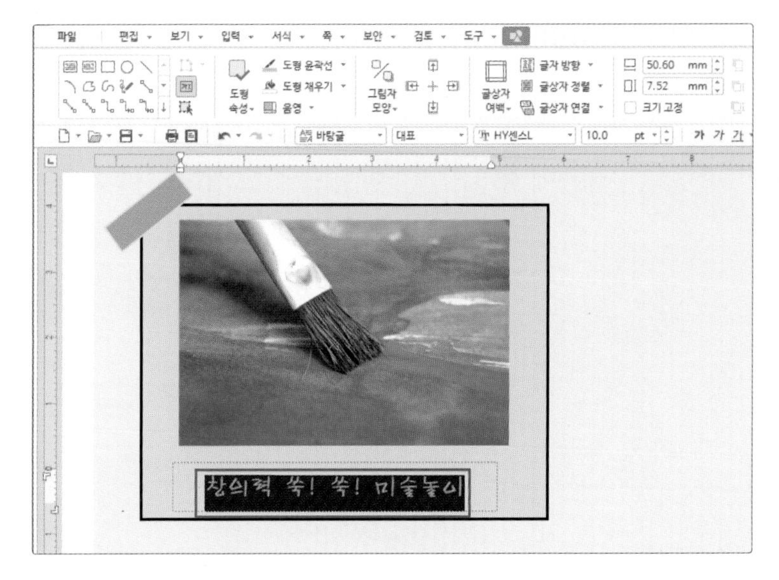

5 ❶ 왼쪽의 글상자를 선택한 후 ❷ Ctrl + Shift 를 누르고 오른쪽으로 드래그하여 수평 복사를 합니다.

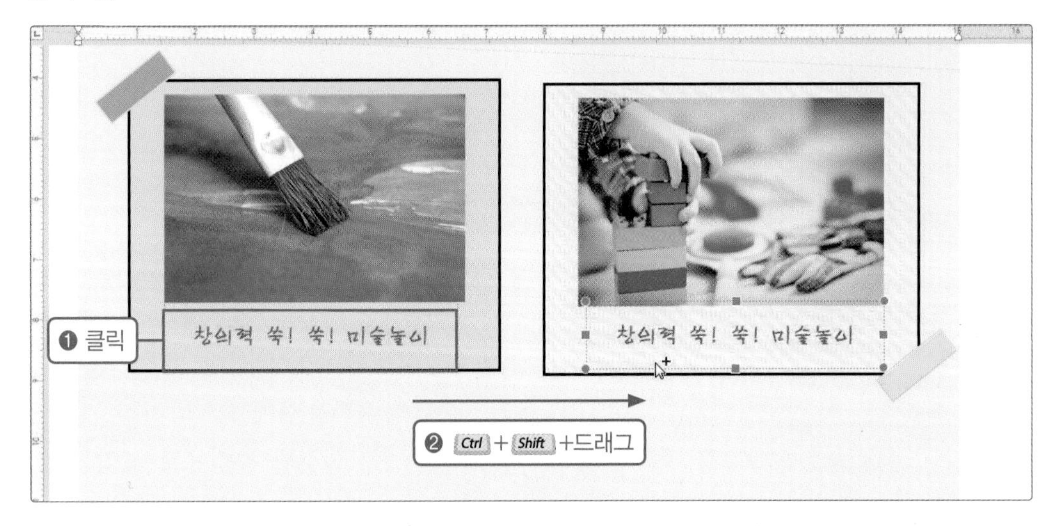

6 복사된 '가로 글상자'의 내용을 수정합니다.

7 [입력] 메뉴에서 ❶ [가로 글상자]를 클릭한 후 ❷ 드래그하여 그린 후 내용을 입력합니다.

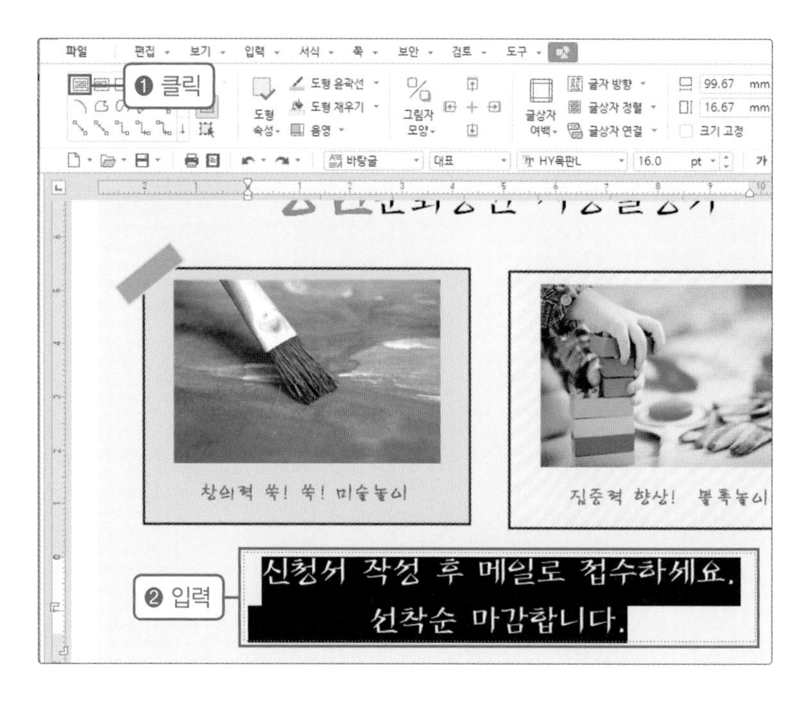

8 ❶ '가로 글상자'를 선택하고 ❷ [도형] 메뉴의 [도형 채우기]에서 ❸ '색'을 변경합니다. 글상자도 도형의 속성과 같이 '윤곽선', '채우기' 등을 편집할 수 있습니다.

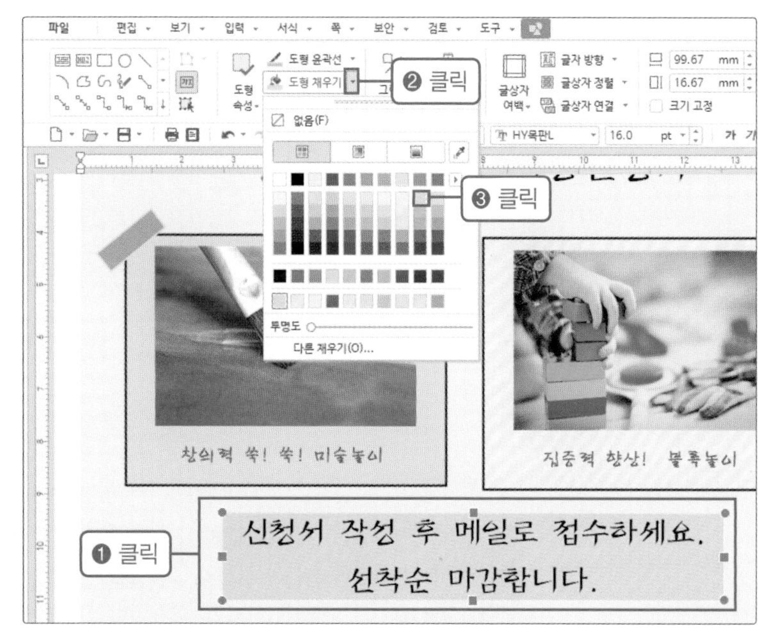

참고하세요

도형을 그릴 때 테두리 색과 채우기 색을 고정하고 싶으면 도형 또는 글상자에 원하는 테두리와 채우기색을 설정한 후 마우스 오른쪽 단추의 '새 그리기 속성으로'를 클릭하세요. 설정한 속성으로 모든 도형이 삽입됩니다.

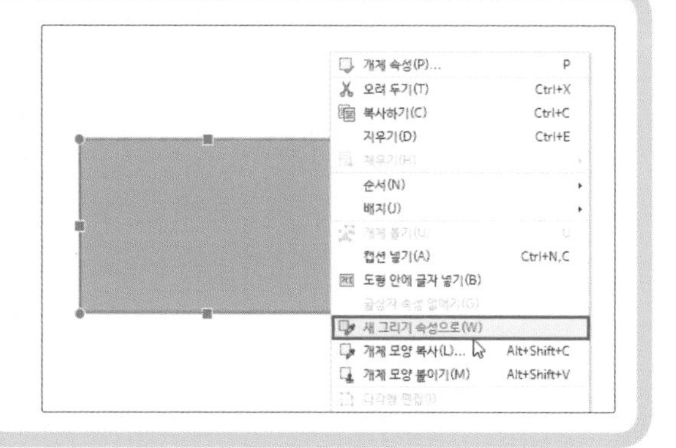

“혼자 풀어 보세요”

1 도형과 가로 글상자를 이용하여 다음과 같이 작성한 후 “시간표.hwp”로 저장해 보세요.

차근차근 기초부터 다시 배우는 영어교실

내가 알려주고 싶은 독서 이야기

자기긍정, 나를 돌아보는 시간

힌트

Shift 를 누르고 원형 그리기, 글상자 삽입, 글상자 맨앞으로, 글 앞으로 배치

2 그림과 가로 글상자를 이용하여 다음과 같이 작성한 후 “추억.hwp”로 저장해 보세요.

추억의 도시락

어릴적 추억 하나

석탄가루 날리는 난로위에는

우리들의 도시락이 데워지고 있다.

보리밥, 분홍소시지, 멸치볶음, 김치

그때 그 시절 친구들은 어디있을까?

보고싶다. 친구야!

힌트

그림 삽입, 글상자 삽입 - 어울림 배치

“혼자 풀어 보세요”

3 그림과 세로 글상자를 이용하여 다음과 같이 작성한 후 “드로잉.hwp”로 저장해 보세요.

힌트
세로 글상자 삽입

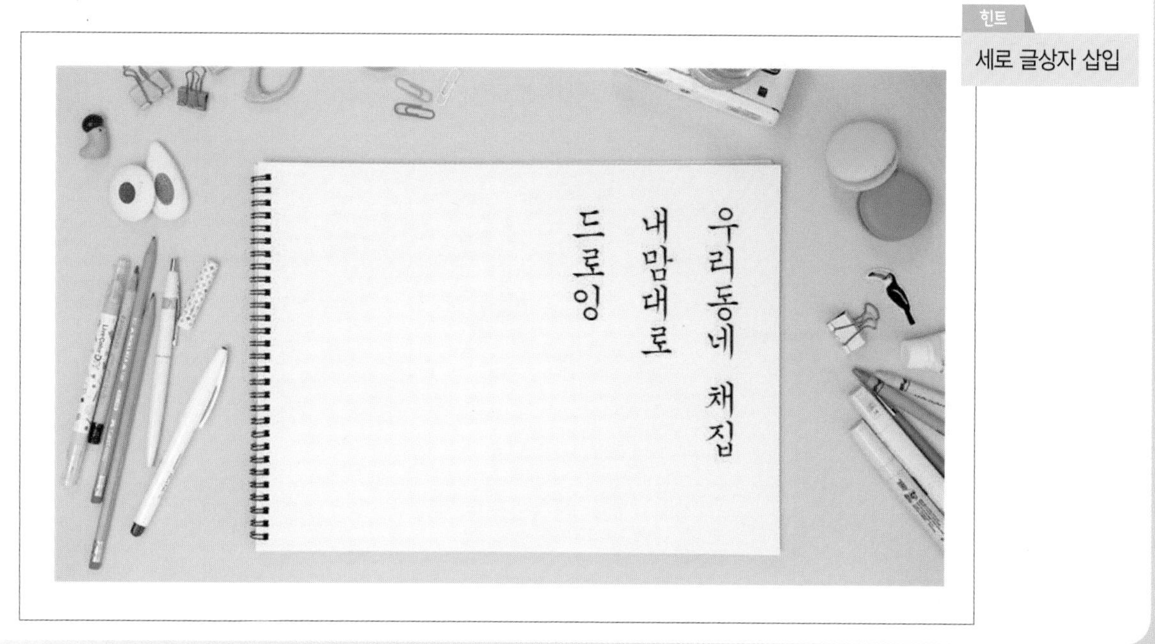

4 그림과 가로 글상자를 이용하여 다음과 같이 작성한 후 “표지.hwp”로 저장해 보세요.

12 글맵시 디자인하기

글맵시를 활용하여 텍스트의 모양이나 텍스트 채우기 색을 설정할 수 있으며 개체로 인식되어 크기 조절과 위치를 자유롭게 설정할 수 있습니다.

- 글맵시를 삽입하는 방법에 대해 알아봅니다.
- 글맵시 속성을 설정하는 방법에 대해 알아봅니다.

배울 내용 미리보기

우리 마을공동체에서는 '누구나 강사'를 모집합니다. 누구에게나 한 가지씩 잘하는 것은 있습니다. 커피를 맛있게 내릴 줄 알며, 나만의 특별한 살림 노하우가 있기도 합니다. 운동화끈을 멋지게 메는 방법을 알고 있다면 그 방법도 전해 주세요. 무엇이든 가능합니다.
각 자 가지고 있는 재능을 마음껏 펼치실 여러분들의 많은 참여를 기다립니다.

☆ 모집 기간 : 언제나
☆ 대 상 : 누구나

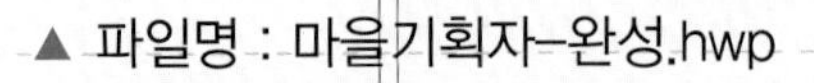
▲ 파일명 : 마을기획자-완성.hwp

01 글맵시 삽입하기

1 텍스트를 다양하게 꾸밀 수 있습니다. ❶ [입력] 메뉴의 ❷ '글맵시'를 클릭합니다.

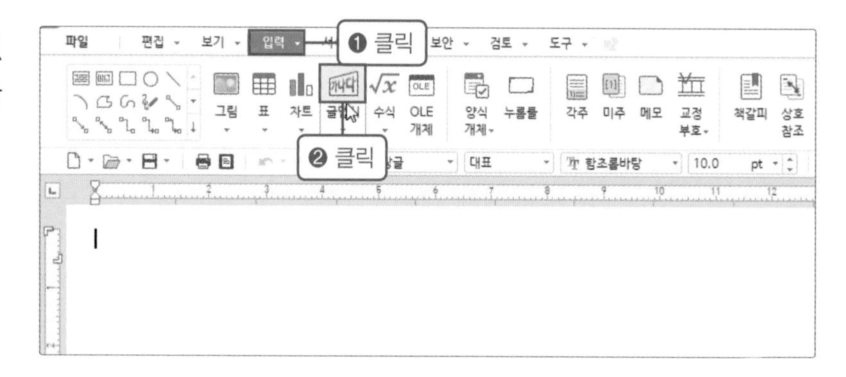

2 [글맵시 만들기] 대화상자에서 ❶ '내용'에 '도전!'을 입력합니다. ❷ '글맵시 모양'을 ❸ '볼록하게 아래쪽으로 팽창'을 선택합니다. ❹ '글꼴 : HY견고딕'을 선택한 후 ❺ [설정]을 클릭합니다.

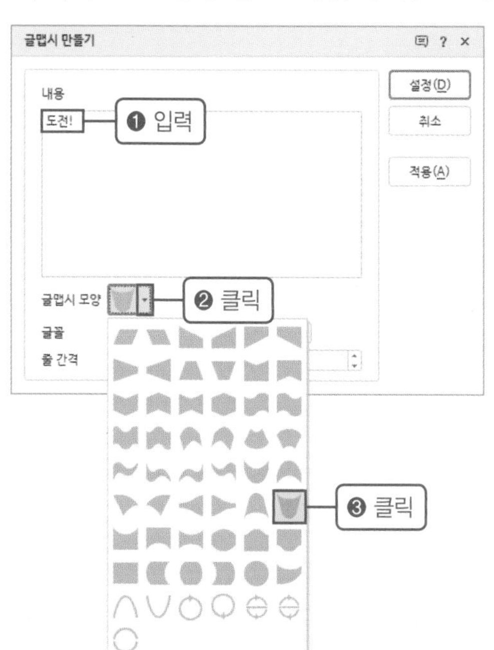

참고하세요

글맵시를 더블클릭하여 [개체 속성]에서 변경이 가능합니다.

3 글맵시를 선택하고 테두리의 사각점을 드래그하여 크기를 크게 조절한 후 ❶ [글맵시] 메뉴의 '글맵시 윤곽선'을 선택하고 ❷ '글맵시 채우기'의 목록 단추를 누른 후 ❸ '색 :주황'을 선택합니다.

참고하세요

그림으로 채우려면 [다른 채우기]에서 '그림'을 선택합니다.

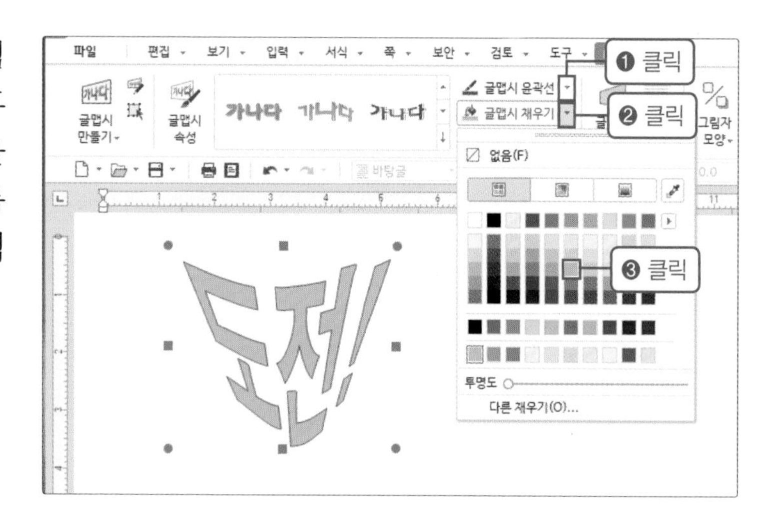

4 글맵시 이미지 꾸러미에서 선택하여 입력할 수 있습니다. ❶ [입력] 메뉴의 ❷ [글맵시]의 목록 단추를 클릭합니다. ❸ '채우기-진한 자주색 그라데이션'을 선택합니다.

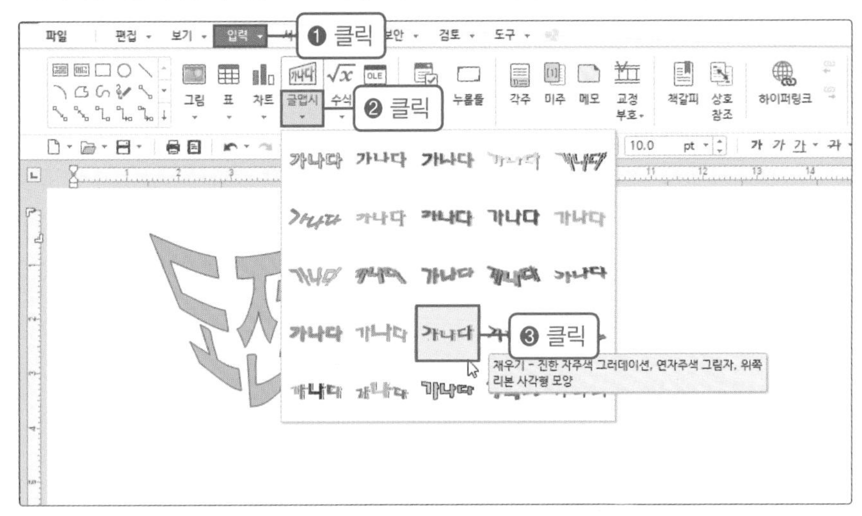

5 [글맵시 만들기] 대화상자가 열리면 ❶ '내용'에 '나도 마을기획자'를 입력한 후 ❷ [설정]을 클릭합니다.

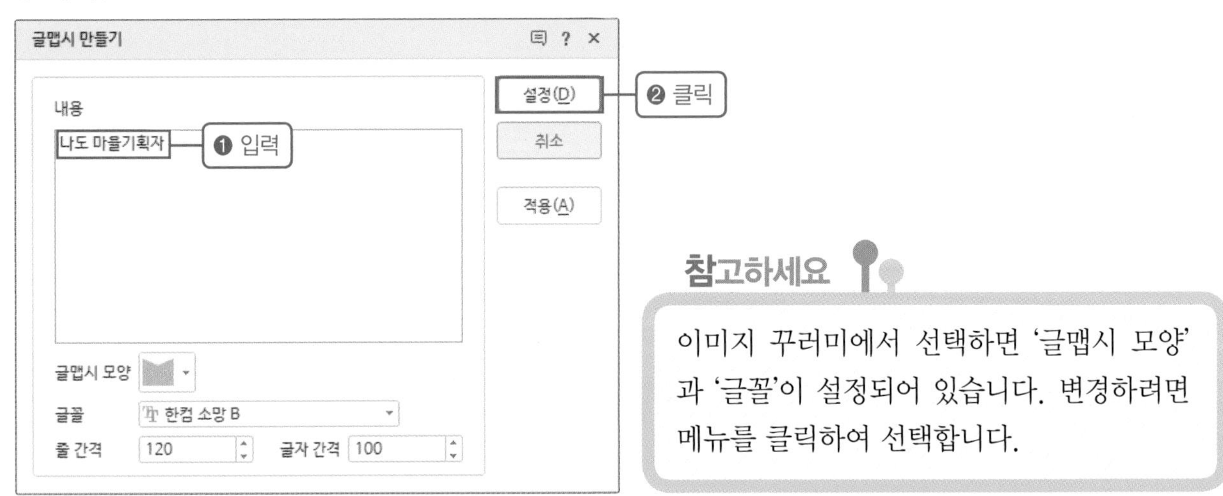

참고하세요

이미지 꾸러미에서 선택하면 '글맵시 모양'과 '글꼴'이 설정되어 있습니다. 변경하려면 메뉴를 클릭하여 선택합니다.

6 글맵시를 선택하여 위치를 그림과 같이 이동하고 ❶ 모서리의 조절점을 이용해 크기를 조절합니다.

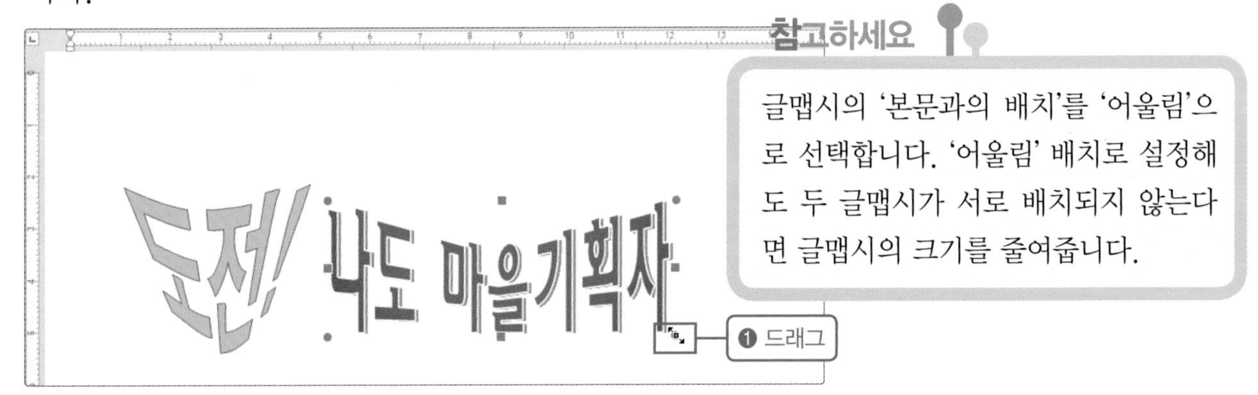

참고하세요

글맵시의 '본문과의 배치'를 '어울림'으로 선택합니다. '어울림' 배치로 설정해도 두 글맵시가 서로 배치되지 않는다면 글맵시의 크기를 줄여줍니다.

7 이미 입력된 글맵시의 모양을 바꾸기 위해 글맵시를 선택한 후 ❶ [글맵시] 메뉴의 [글맵시 모양]을 클릭한 후 ❷ '육각형'을 선택합니다.

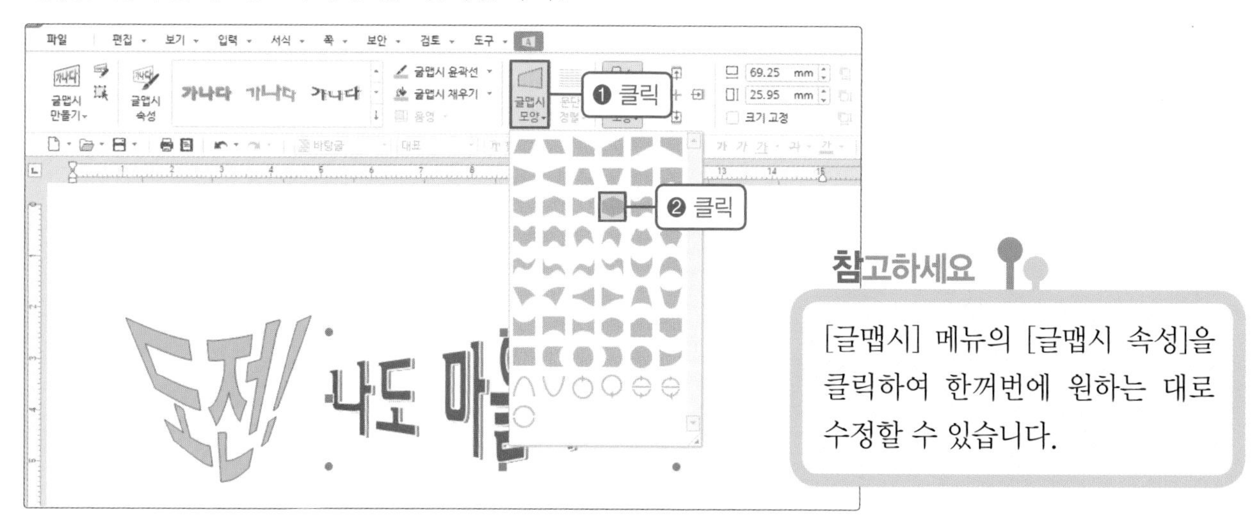

참고하세요

[글맵시] 메뉴의 [글맵시 속성]을 클릭하여 한꺼번에 원하는 대로 수정할 수 있습니다.

8 두 글맵시를 선택한 후 Ctrl + G 를 눌러 그룹화 한 후 ❶ '글자처럼 취급'을 선택합니다.

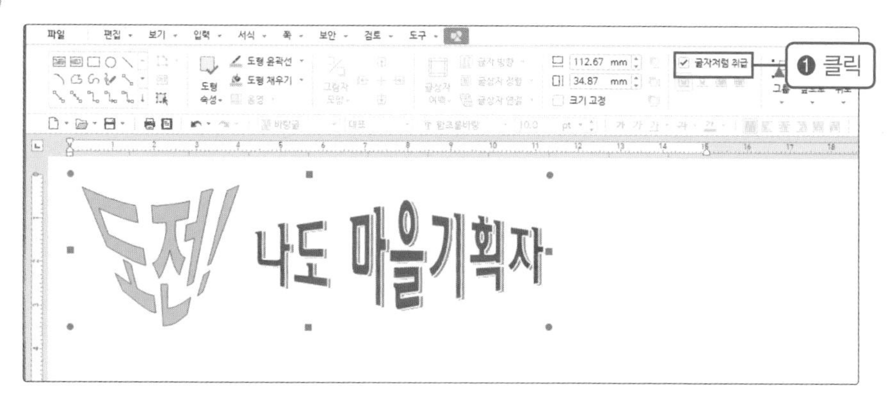

9 글맵시를 '가운데 정렬'하고 다음 내용을 입력합니다.

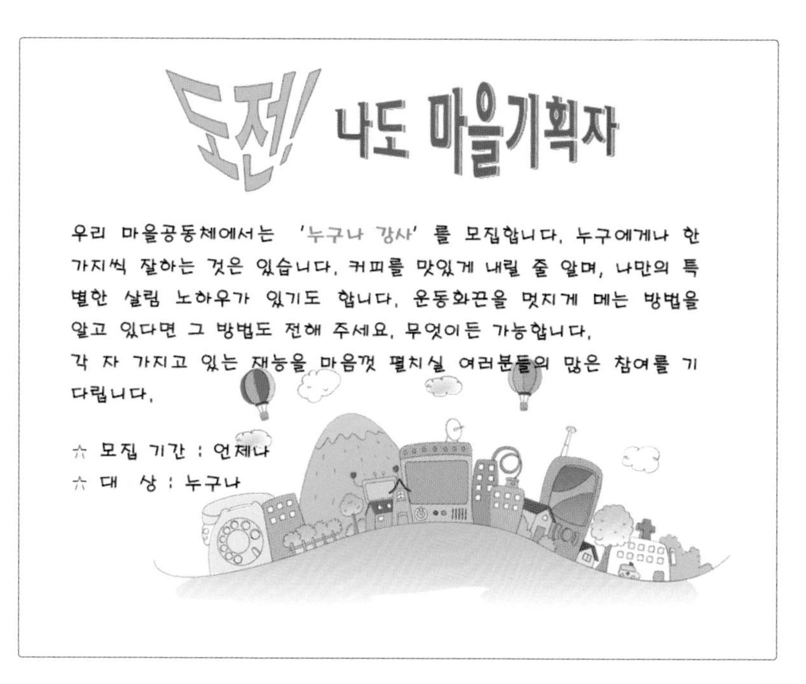

“혼자 풀어 보세요”

1 글맵시와 그림을 이용하여 다음과 같이 문서를 작성하고 “멘토링.hwp”로 저장해 보세요.

청년들의 올바른 인성 함양과 소통을 위해 각 사회 분야에서 다양한 경험과 인성을 겸비한 멘토가 멘티에게 삶의 지혜를 나누는 역량개발 프로그램을 실시합니다.
사회리더로의 성장을 돕는 세대간 멘토-멘티 매칭 많은 관심 부탁합니다.

힌트

- 글맵시 : 위쪽 원호
- 글꼴 : HY바다L
- 글맵시와 그림을 그룹화한 후 글자처럼 취급
- 본문과의 배치 : 자리 차지 또는 가운데 정렬

2 글맵시와 그림을 이용하여 다음과 같이 문서를 작성하고 “반려동물.hwp”로 저장해 보세요.

힌트

❶ 글맵시
- 글맵시 : 글맵시 이미지 꾸러미의 채우기 갈색그라데이션, 진한 회색 그림자, 물결 4 모양

❷ 글맵시
- 글맵시 : 글맵시 이미지 꾸러미의 ‘채우기-고동색 그라데이션, 연한양 회색 그림자, 육각형 모양’ 두 줄 원형
- 글꼴 : HY센스L
- 원형 : Shift+드래그
- 도형 채우기 : 다른 색 채우기 – 그림

"혼자 풀어 보세요"

3 글맵시와 그림을 이용하여 다음과 같이 문서를 작성하고 "분리수거.hwp"로 저장해 보세요.

힌트
- 글맵시 : 세 줄 원형 1, 그림자 적용
- 글꼴 : 복숭아
- 글맵시 내용란에 입력할 때 세 줄로 입력하세요.
- 글맵시 : 본문과의 배치는 '글 앞으로'

4 글맵시와 그림, 글상자를 이용하여 다음과 같이 문서를 작성하고 "제철과일.hwp"로 저장해 보세요.

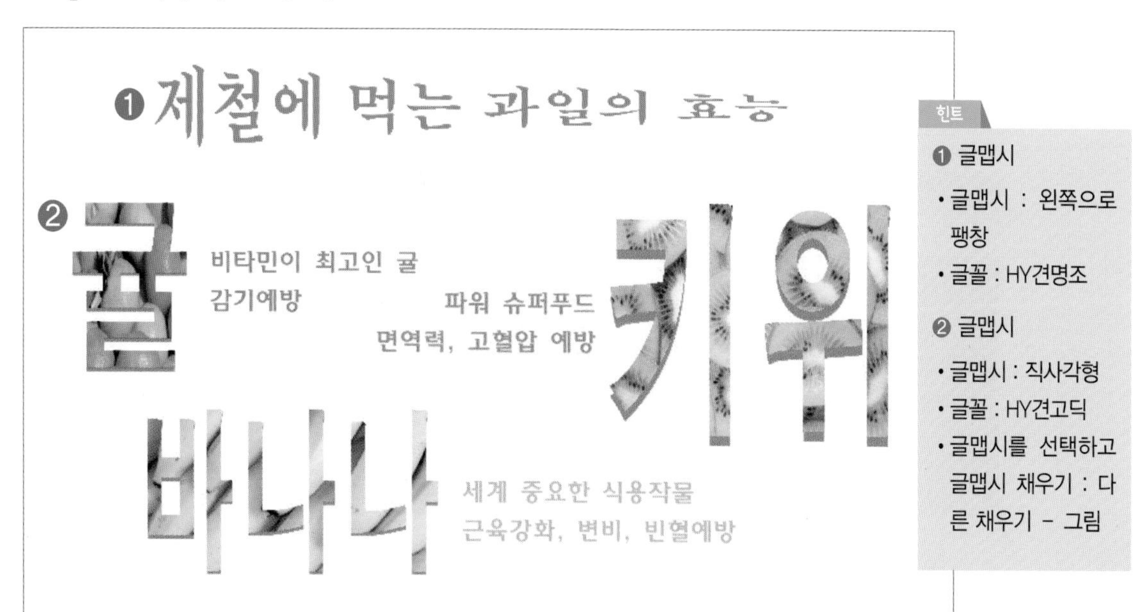

13 표 요약하기

표 기능을 이용하여 나열된 내용을 요약하고 정리할 수 있습니다. 또한 표 계산 기능을 활용할 수 있으며, 표 스타일로 쉽게 표를 디자인할 수 있습니다.

- 표를 삽입하고 스타일을 적용하는 방법에 대해 알아봅니다.
- 표 계산 방법에 대해 알아봅니다.
- 표 레이아웃 설정 방법에 대해 알아봅니다.

배울 내용 미리보기

상반기 세미나 결산

일 시 및 장소	2019. 05.10. 전북 임실군 필봉마을	담당자	노형원
항목	수입	지출	비고
회비	600,000	0	
신규회원비	300,000	0	
식대		350,000	
행사비		200,000	
간식비		100,000	
진행비		150,000	
차량유지비		100,000	
총계	900,000	900,000	
사 진 모 음			

▲ 파일명 : 세미나결산.hwp

01 표 삽입과 스타일 설정하기

1 제목을 입력한 후 ❶ [입력] 메뉴의 ❷ [표]를 클릭합니다. ❸ [표 만들기] 대화상자에서 '줄 개수 :11, 칸 개수 : 4'를 입력합니다. ❹ '글자처럼 취급'을 체크한 후 ❺ [만들기]를 클릭합니다.

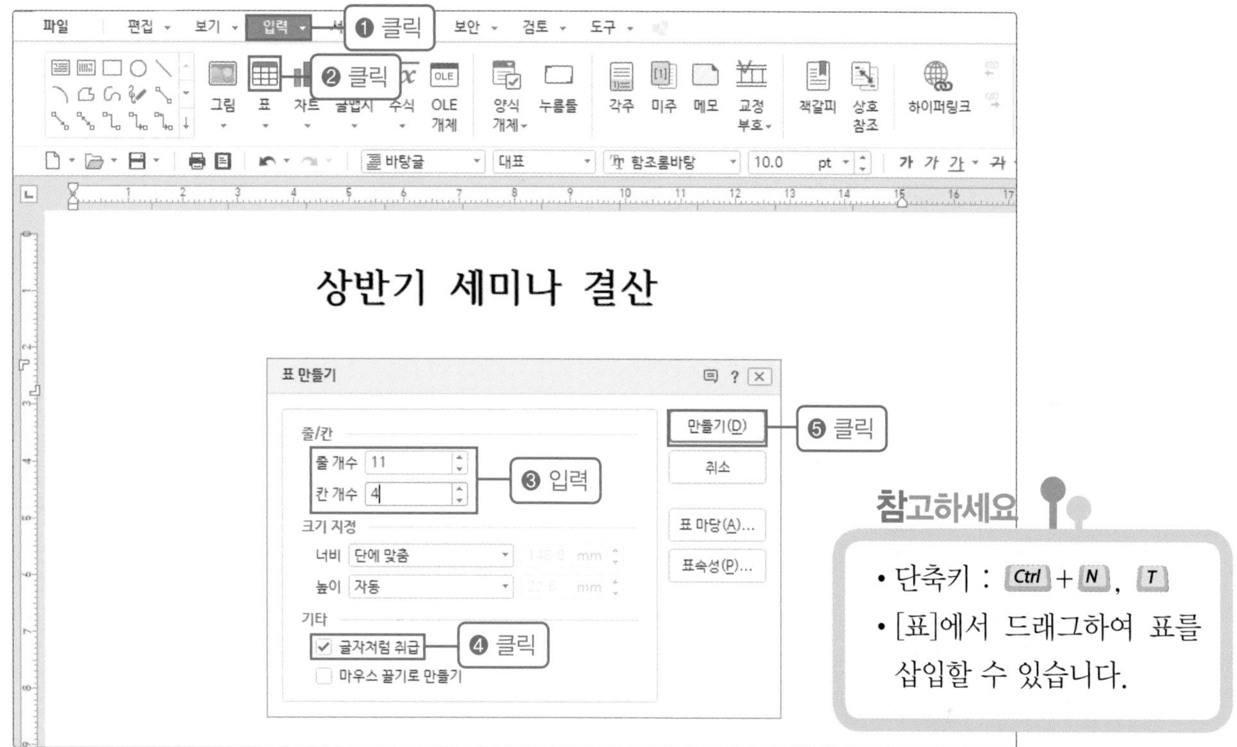

참고하세요

- 단축키 : Ctrl + N, T
- [표]에서 드래그하여 표를 삽입할 수 있습니다.

2 다음 내용을 입력한 후 제목 행은 '진하게'를 설정합니다. 마우스로 표안 전체를 드래그하여 블록 설정한 후 글자 크기를 11pt로 설정합니다.

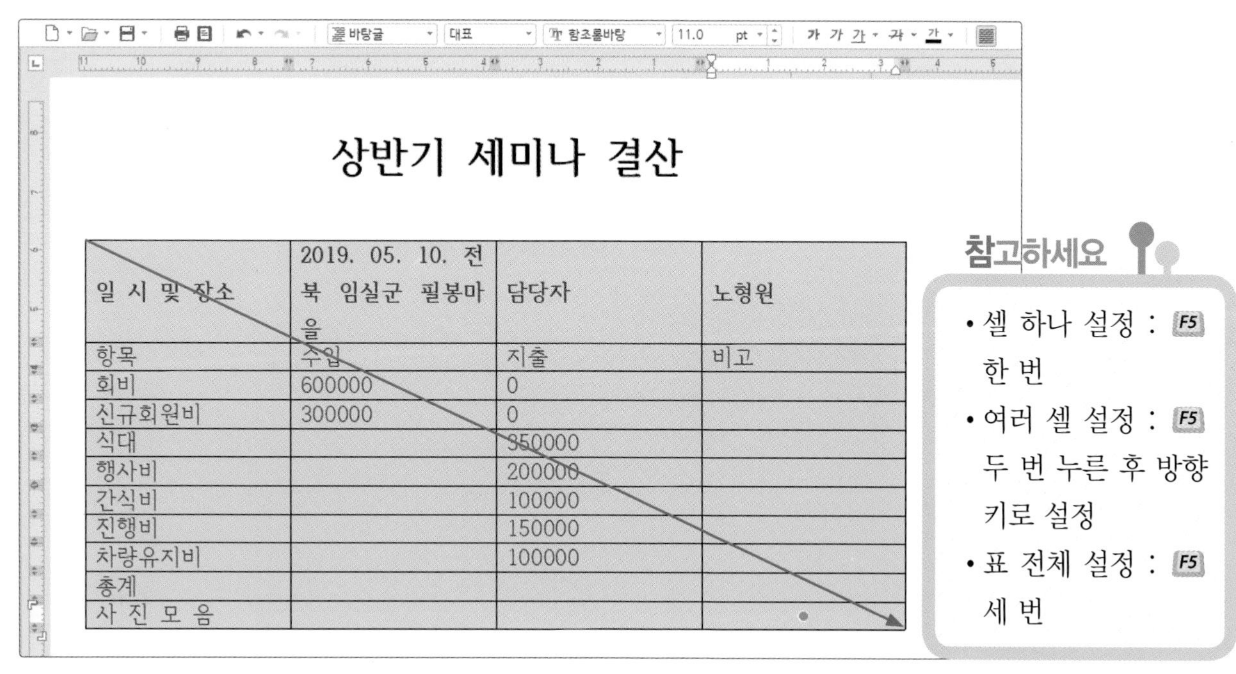

상반기 세미나 결산

일 시 및 장소	2019. 05. 10. 전북 임실군 필봉마을	담당자	노형원
항목	수입	지출	비고
회비	600000	0	
신규회원비	300000	0	
식대		350000	
행사비		200000	
간식비		100000	
진행비		150000	
차량유지비		100000	
총계			
사 진 모 음			

참고하세요

- 셀 하나 설정 : F5 한 번
- 여러 셀 설정 : F5 두 번 누른 후 방향키로 설정
- 표 전체 설정 : F5 세 번

3 Ctrl + ←, ←, ←, ↓를 이용해 표 전체 크기를 조절합니다.

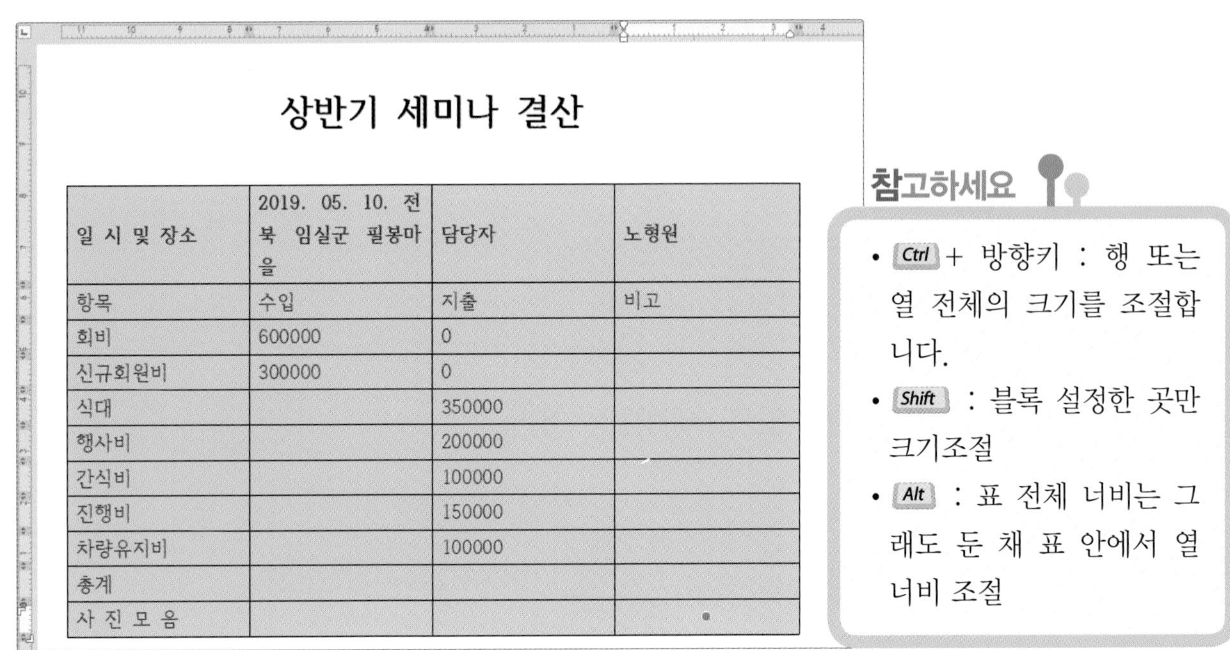

상반기 세미나 결산

일 시 및 장소	2019. 05. 10. 전북 임실군 필봉마을	담당자	노형원
항목	수입	지출	비고
회비	600000	0	
신규회원비	300000	0	
식대		350000	
행사비		200000	
간식비		100000	
진행비		150000	
차량유지비		100000	
총계			
사 진 모 음			

참고하세요

- Ctrl + 방향키 : 행 또는 열 전체의 크기를 조절합니다.
- Shift : 블록 설정한 곳만 크기조절
- Alt : 표 전체 너비는 그대로 둔 채 표 안에서 열 너비 조절

4 표 스타일을 설정하기 위해 ❶ [표 디자인] 메뉴의 ❷ [표 마당]의 '자세히' 단추를 누른 후 '기본 스타일 1 – 분홍 색조'를 클릭합니다.

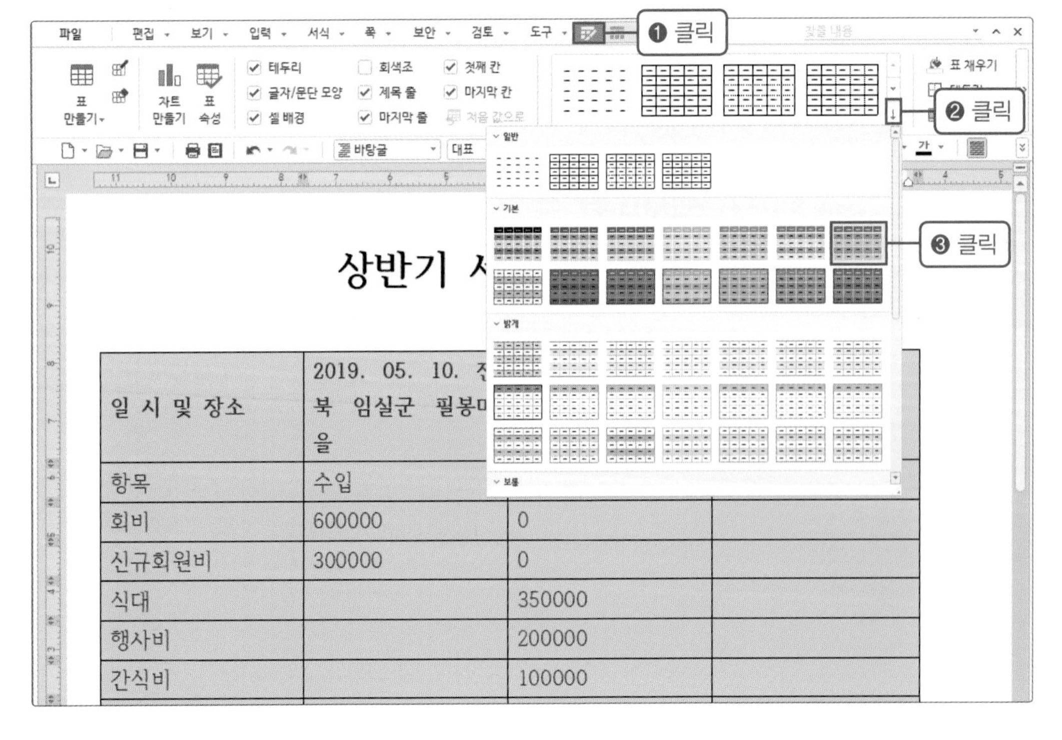

5 Esc 를 눌러 표 전체 블록을 해제한 후 '담당자' 셀을 클릭합니다. ❶ F5 를 한 번 누른 후 Shift + → 으로 셀 크기를 조절합니다.

참고하세요

Shift : 블록 설정한 곳만 크기를 조절합니다.

상반기 세미나 결산

일 시 및 장소	2019. 05. 10. 전북 임실군 필봉마을	담당자	노형원
항목	수입	지출	
회비	600000	0	
신규회원비	300000	0	
식대		350000	
행사비		200000	
간식비		100000	
진행비		150000	
차량유지비		100000	
총계			
사 진 모 음			

❶ Shift + →

6 블록이 설정된 상태에서 왼쪽 방향키를 이용하여 '2019. 05. 10. 전북 임실군 필봉마을' 셀로 이동합니다. ❶ Shift + → 으로 셀 크기를 조절합니다. Ctrl + ↑ 를 눌러 행 높이를 조절한 후 Esc 를 눌러 블록을 해제합니다.

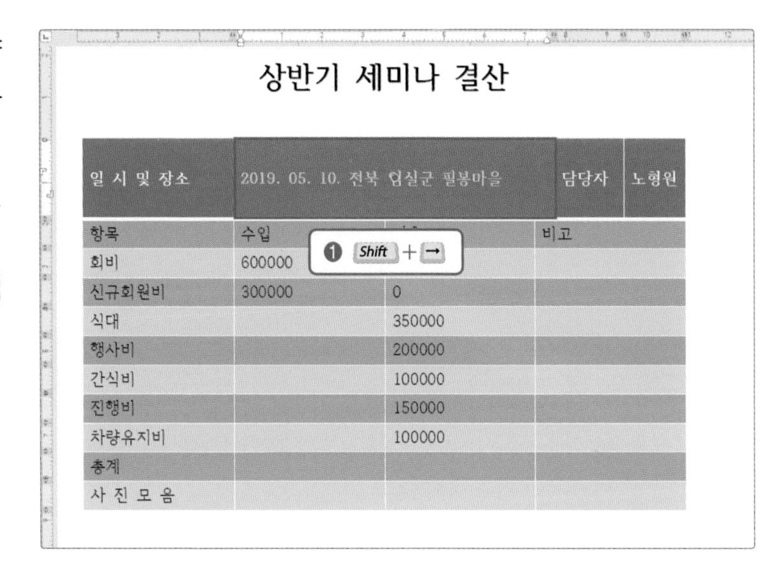

7 그림처럼 블록을 설정한 후 [표 디자인] 메뉴의 [표 채우기]의 목록 단추를 누른 후 '색'을 선택합니다.

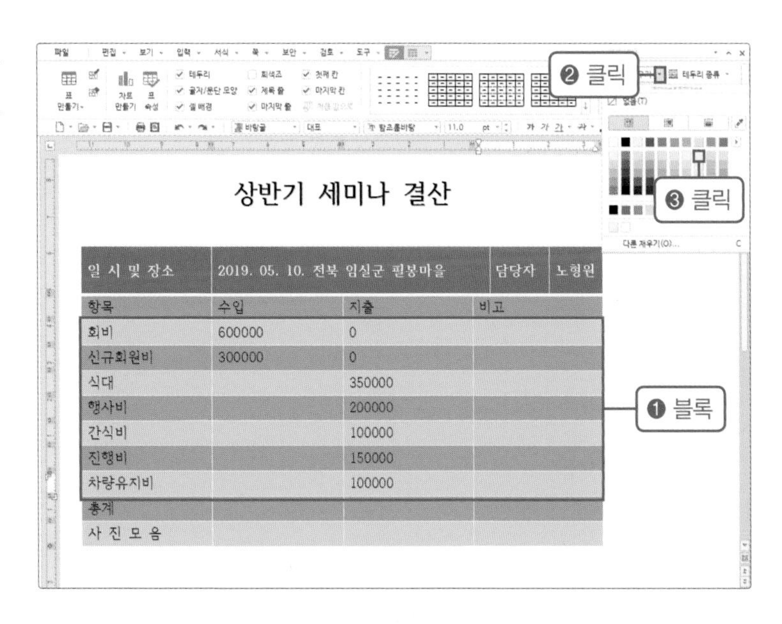

02 표 계산하기

1 ❶ '수입'과 '지출' 항목, '총계' 줄의 숫자가 있는 셀을 마우스로 드래그하여 블록을 설정한 후 ❷ [표 레이아웃] 메뉴에서 ❸ [1,000 단위 구분 쉼표]의 목록 단추를 눌러 ❹ '자릿점 넣기'를 클릭합니다.

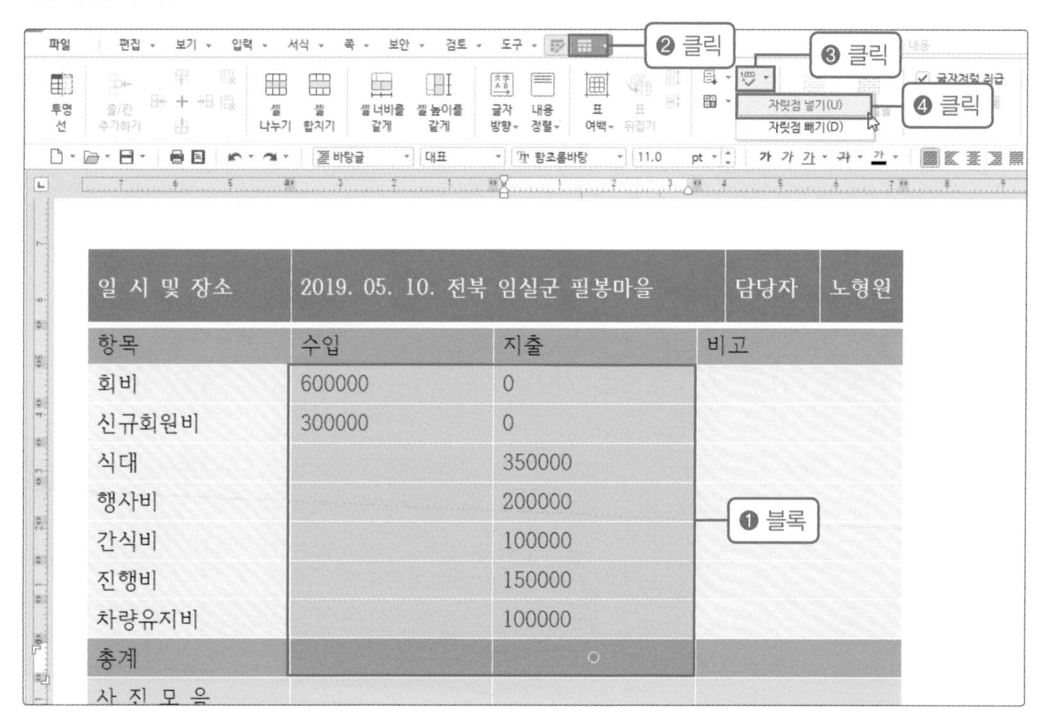

2 계산식을 넣기 위해 ❶ [표 레이아웃] 메뉴에서 ❷ [계산식]의 목록 단추를 눌러 ❸ '블록 합계'를 클릭합니다. 숫자는 '오른쪽 정렬'을 합니다.

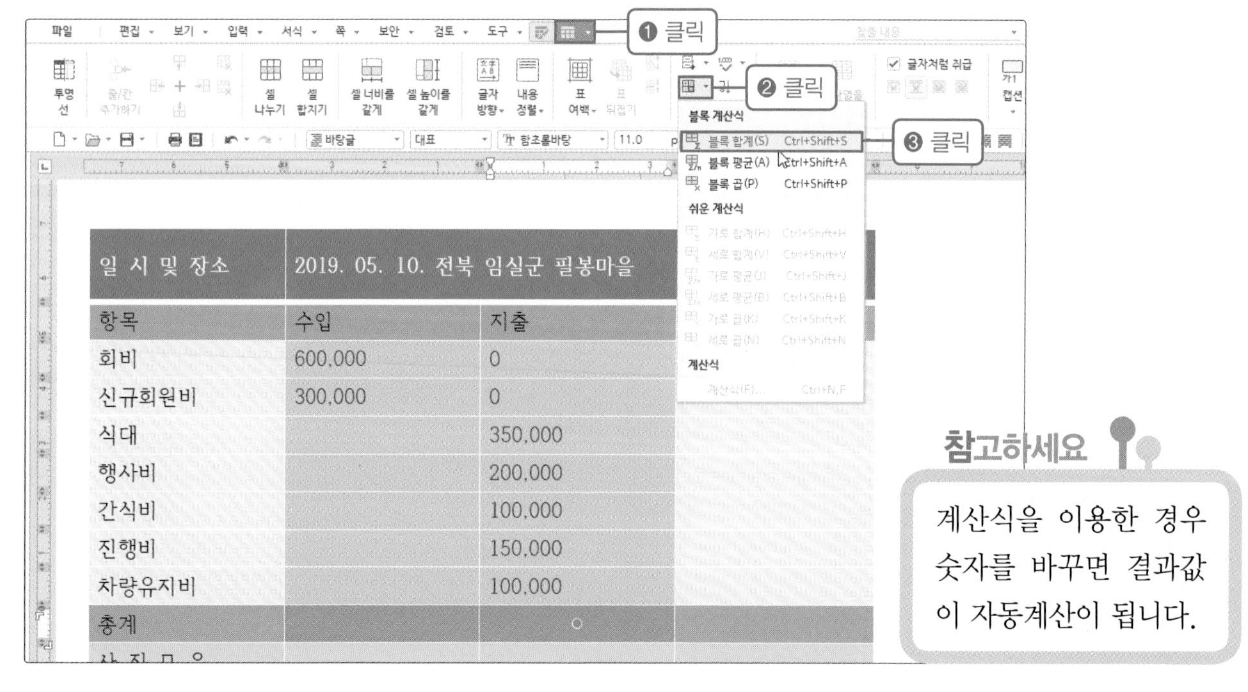

참고하세요

계산식을 이용한 경우 숫자를 바꾸면 결과값이 자동계산이 됩니다.

03 표 레이아웃과 사진 넣기

1 ❶ 마지막 행을 드래그하여 블록 설정한 후 ❷ [표 레이아웃] 메뉴의 ❸ [셀 합치기]를 클릭합니다.

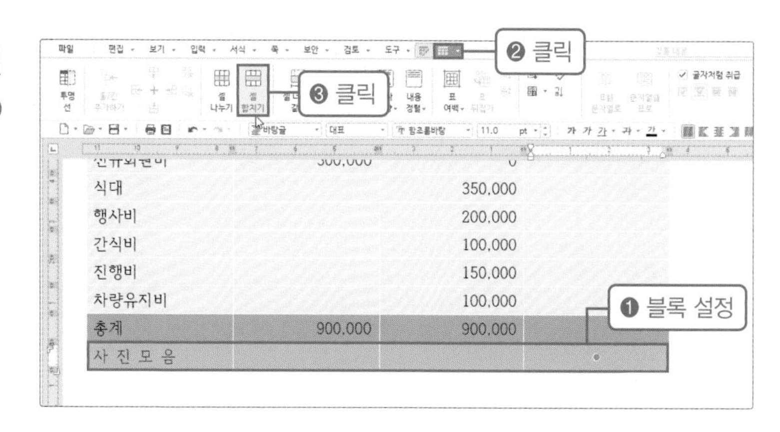

참고하세요

셀 합치기 : 

2 ❶ '사진모음' 셀을 '가운데 정렬'한 후 ❷ [표 레이아웃] 메뉴의 ❸ [아래에 줄 추가하기]를 클릭합니다.

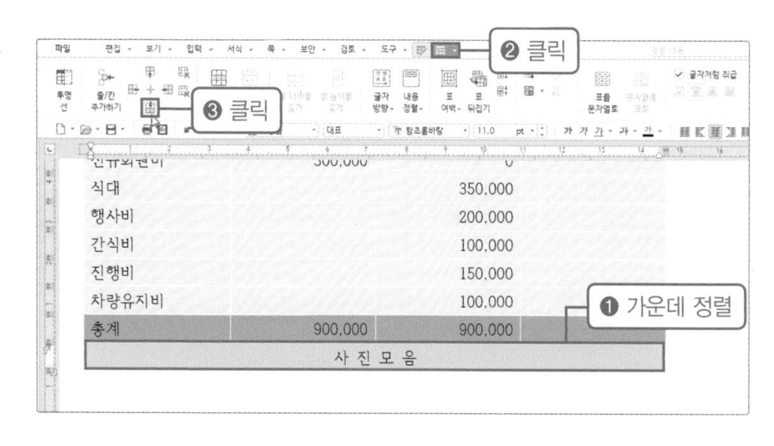

3 ❶ 삽입된 행을 클릭한 후 ❷ [표 레이아웃] 메뉴의 ❸ [셀 나누기]를 클릭합니다. ❹ [셀 나누기] 대화상자에서 '칸 개수 : 2'를 입력한 후 ❺ [나누기]를 클릭합니다.

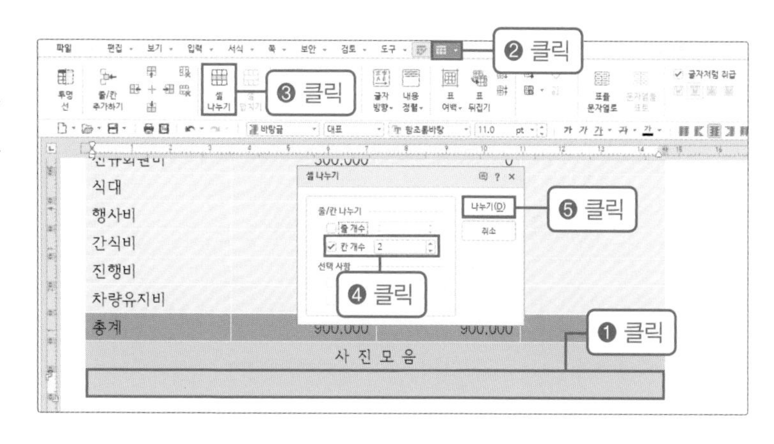

4 '테두리 종류'와 '선 모양'을 바꿀 수 있습니다. 삽입된 행을 ❶ 마우스로 드래그하여 블록 설정한 후 ❷ [표 디자인] 메뉴의 ❸ [테두리 종류]를 클릭한 후 ❹ '실선'을 선택합니다.

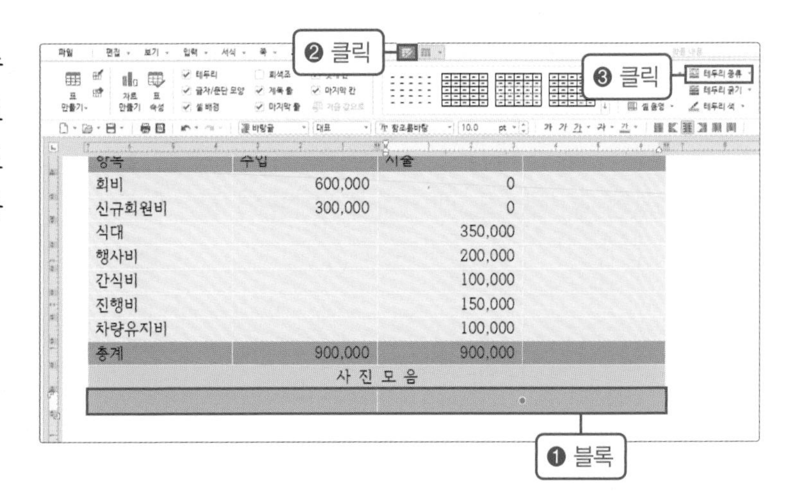

5 ❶ [테두리 굵기]와 [테두리 색]을 선택합니다.

참고하세요

블록 설정 후 : C

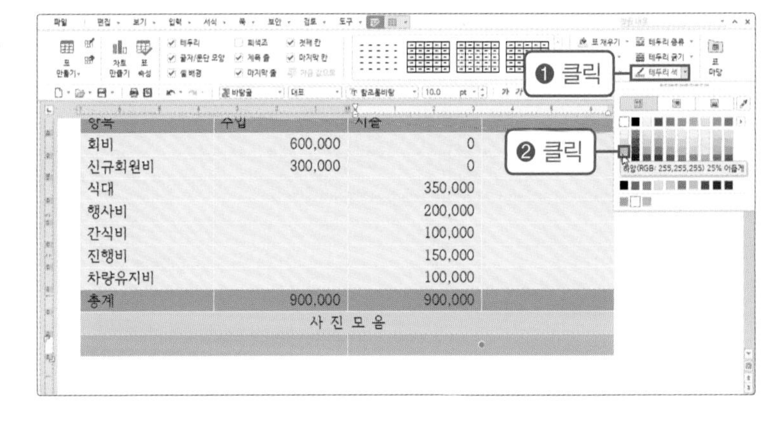

6 ❶ [테두리]를 클릭하여 '안 테두리'를 선택합니다.

참고하세요

블록 설정 후 : L

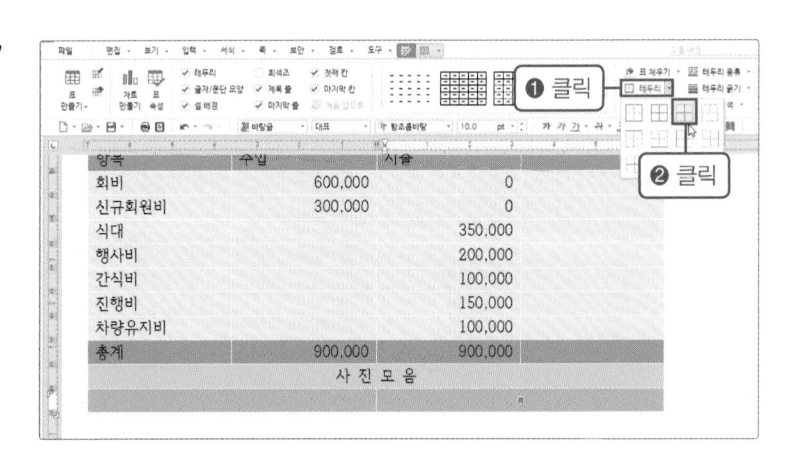

7 Ctrl + ↓ 로 행 높이를 조절한 후 ❶ 첫 번째 셀을 클릭한 후 ❷ [표 디자인] 메뉴에서 ❸ [표 채우기]의 목록 단추를 눌러 [다른 채우기]를 클릭합니다.

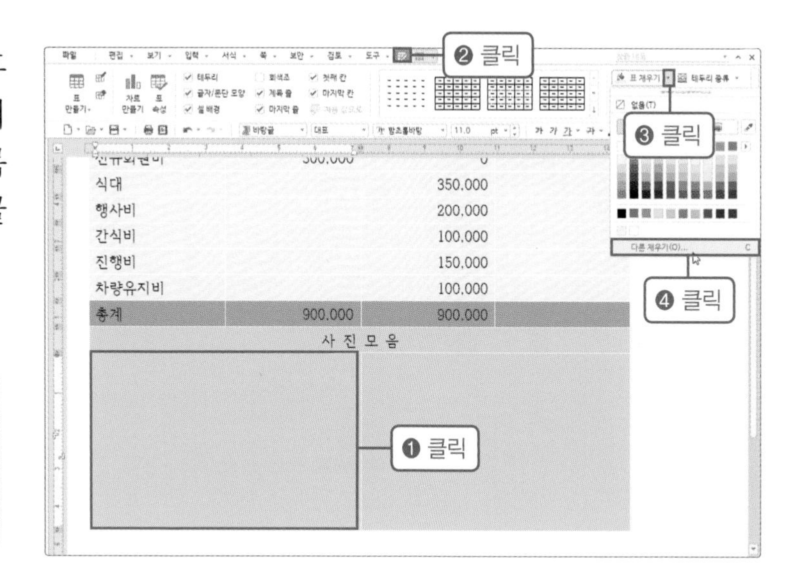

참고하세요

마우스 오른쪽 단추를 누른 후 [셀/테두리 배경]-[각 셀마다 적용]을 눌러 설정할 수 있습니다.

8 [셀 테두리/배경] 대화상자가 열리면 ❶ [배경] 탭의 ❷ '그림'을 선택한 후 ❸ '그림 선택' 단추를 클릭합니다. ❹ [그림 넣기] 대화상자에서 '브레인스토밍.jpg'를 선택한 후 ❺ [열기]를 클릭합니다. ❻ [셀 테두리/배경] 대화상자로 돌아오면 [설정]을 클릭합니다.

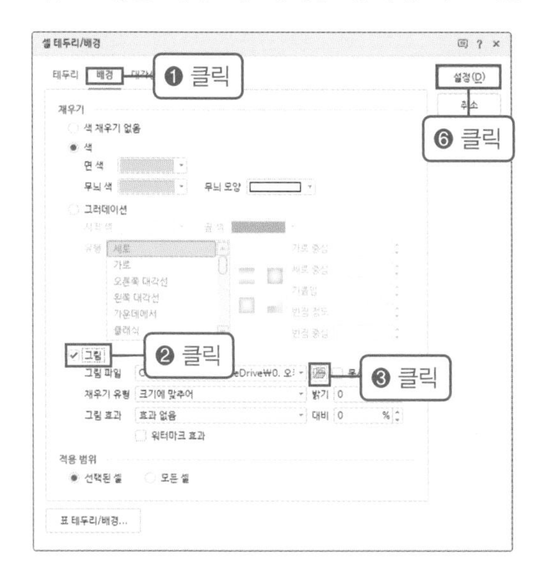

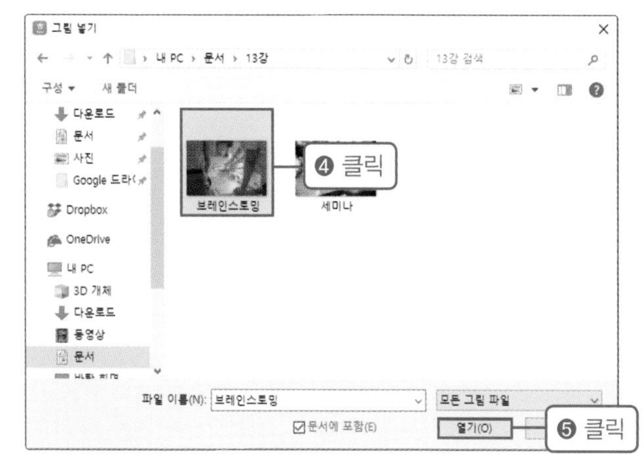

9 오른쪽 셀에는 '세미나.jpg' 파일을 채웁니다. 각 제목 행은 '가운데 정렬'하고, '진하게'를 설정합니다.

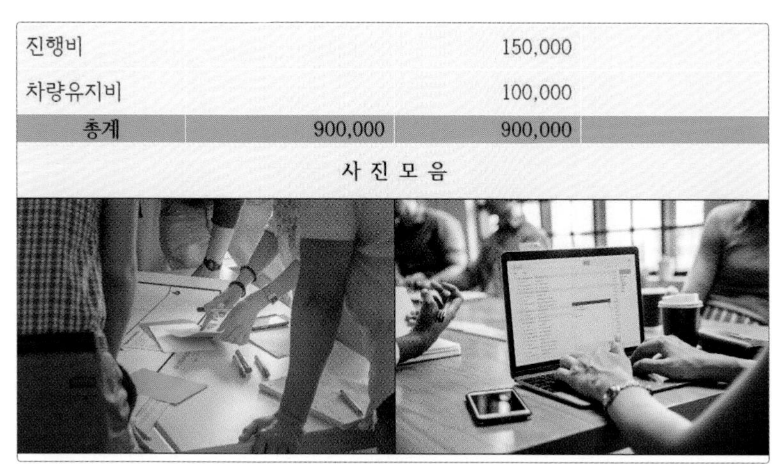

“혼자 풀어 보세요”

1 다음과 같이 표를 만들고 “스피치.hwp”로 저장해 보세요.

토요 스피치 #02

08.10(토)	• 스피치의 기본 이해	1h
08.17(토)	• 논리적 스피치 글쓰기	2h
08.24(토)	• 상황에 맞는 스피치 • 보이스 트레이닝	3h
08.31(토)	• 나에게 맞는 컬러 스피치 • 감동적인 스피치 구성	3h

2 다음과 같이 표를 만들고 “바리스타.hwp”로 저장해 보세요.

나누면 행복해지는 시간 활용법			
주 제	⇢ 나도 홈 바리스타		
강 사	⇢ 바리스타 / 김희정, 노형원 ⇢ 진행/ 진수향, 도원영		
날 짜	⇢ 2019. 10. 12	장 소	⇢ 나눔공감 3층 305호
내 용	⇢ 강사 및 프로그램 소개 ⇢ 커피의 역사와 종류 ⇢ 도구 설명과 시연		
준비물	⇢ 강사 별도 준비		

“혼자 풀어 보세요”

3 다음과 같이 표를 만들고 “단원모집.hwp”로 저장해 보세요.

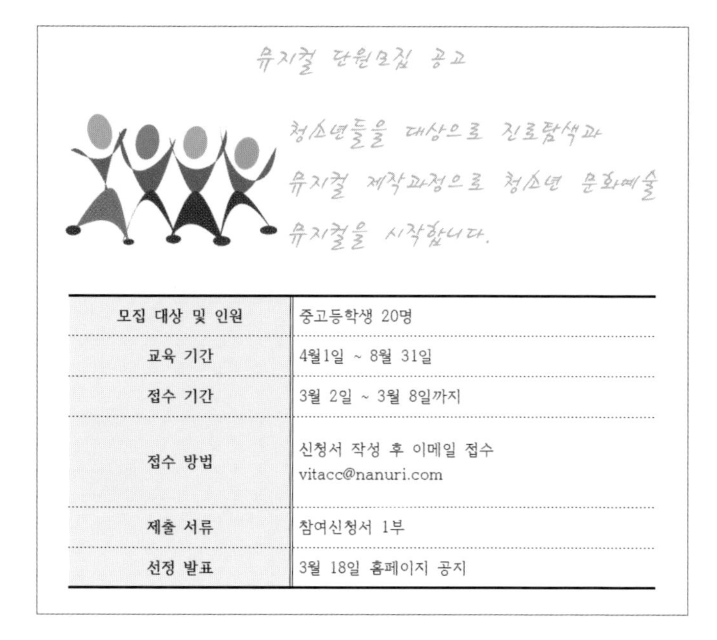

뮤지컬 단원모집 공고

청소년들을 대상으로 진로탐색과
뮤지컬 제작과정으로 청소년 문화예술
뮤지컬을 시작합니다.

모집 대상 및 인원	중고등학생 20명
교육 기간	4월1일 ~ 8월 31일
접수 기간	3월 2일 ~ 3월 8일까지
접수 방법	신청서 작성 후 이메일 접수 vitacc@nanuri.com
제출 서류	참여신청서 1부
선정 발표	3월 18일 홈페이지 공지

힌트

테두리 종류, 테두리 굵기를 선택한 후 표 블록 설정 - 테두리 선택

4 다음과 같이 표를 만들고 “프로그램안내.hwp”로 저장해 보세요.

교육 프로그램 안내

<table>
<tr><th>교육시간</th><th>1일차</th><th>2일차</th><th>관련 사진</th></tr>
<tr><td>09:00 - 10:00</td><td>등록 및 안내</td><td rowspan="3">텃밭가꾸기
실천</td><td rowspan="3"></td></tr>
<tr><td>10:00 - 10:50</td><td rowspan="2">로컬 푸드란</td></tr>
<tr><td>11:00 - 11:50</td></tr>
<tr><td>12:00 - 13:00</td><td colspan="3">중 식</td></tr>
<tr><td>13:00 - 13:50</td><td rowspan="2">우리의 농촌</td><td>우리땅
지키미의 역할</td><td rowspan="3"></td></tr>
<tr><td>14:00 - 14:50</td><td rowspan="2">분임 토의</td></tr>
<tr><td>15:00 - 16:50</td><td>분임 토의</td></tr>
</table>

14 차트 만들기

차트 기능을 이용하여 수치화된 내용을 시각적 그래픽으로 요약 · 정리할 수 있습니다. 용도에 맞는 차트를 삽입하여 가독성을 높일 수 있습니다.

- 차트를 삽입하고 차트 레이아웃 설정 방법에 대해 알아봅니다.
- 차트 속성 설정 방법에 대해 알아봅니다.

배울 내용 미리보기

우리집 전기료 년도별 그래프

년도	1월	2월	3월	합계
2018년	25,000	32,000	21,000	78,000
2019년	27,500	35,000	19,000	81,500

▲ 파일명 : 전기세그래프.hwp

01 차트 삽입과 차트 레이아웃 설정

1 다음과 같이 표를 삽입하고 내용을 입력합니다. [표 디자인] 메뉴의 [표 스타일] 목록 단추를 클릭하고 '기본 스타일 1-초록 색조'를 선택합니다. 차트를 만들 범위를 다음과 같이 블록 설정합니다.

우리집 전기료 년도별 그래프

년도	1월	2월	3월	합계
2018년	25000	32000	21000	78,000
2019년	27500	35000	19000	81,500

힌트

표를 이용하여 차트를 입력하는 경우 표 데이터는 숫자만 입력하세요. 차트 삽입이 완료된 후 숫자에 천단위 구분 쉼표 자리점을 넣거나 쉼표를 넣으면 됩니다.

2 ❶ [입력] 메뉴의 ❷ [차트]를 클릭하여 ❸ '세로 막대형'의 '묶은 세로막대형'을 클릭합니다.

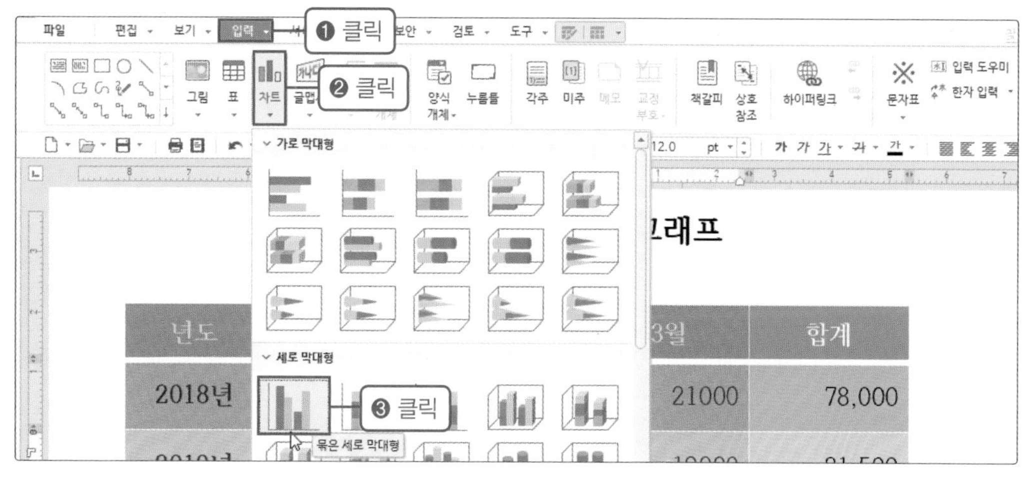

3 [차트 데이터 편집] 대화상자는 오른쪽 상단의 ❶ '닫기' 단추를 눌러 창을 닫습니다.

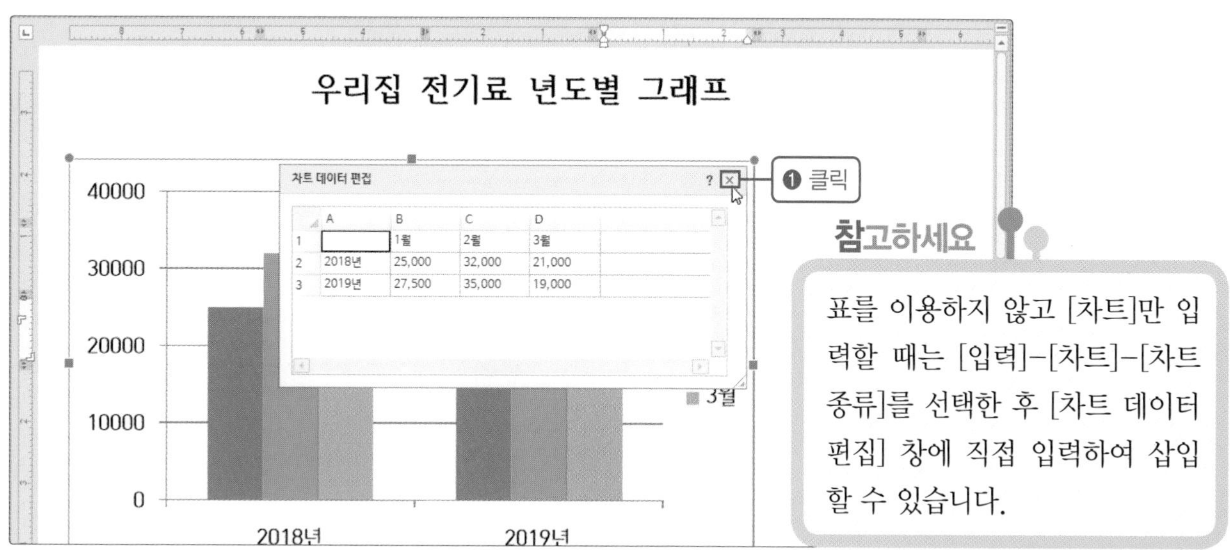

참고하세요

표를 이용하지 않고 [차트]만 입력할 때는 [입력]-[차트]-[차트 종류]를 선택한 후 [차트 데이터 편집] 창에 직접 입력하여 삽입할 수 있습니다.

4 ❶ '차트'를 선택한 후 ❷ [차트 디자인] 메뉴의 ❸ [차트 레이아웃]에서 ❹ '레이아웃 9'를 선택합니다.

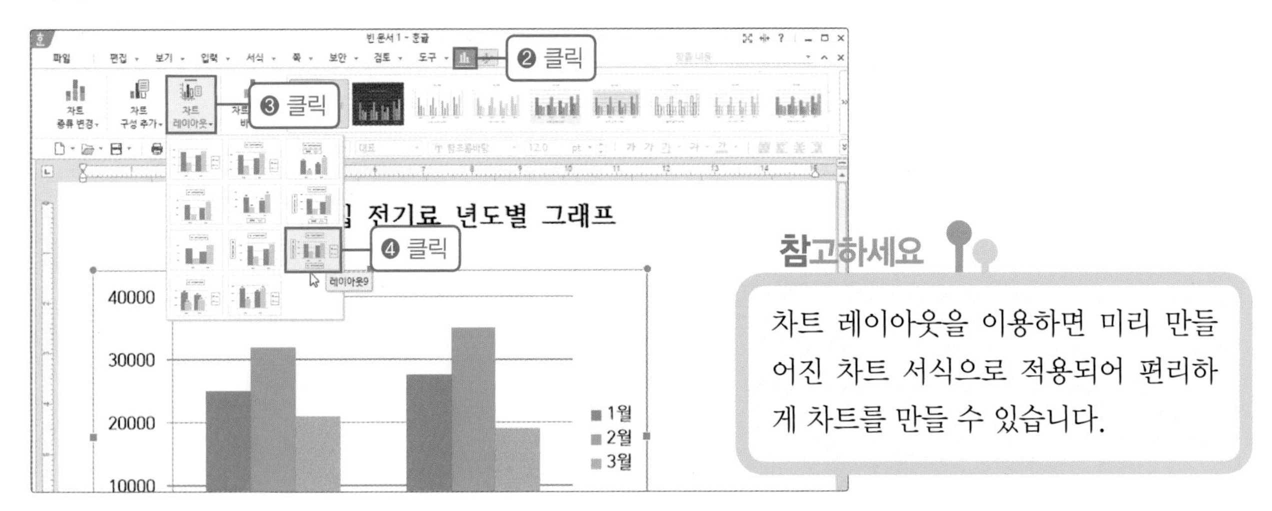

참고하세요

차트 레이아웃을 이용하면 미리 만들어진 차트 서식으로 적용되어 편리하게 차트를 만들 수 있습니다.

5 차트가 선택된 상태에서 ❶ [차트 디자인] 메뉴의 ❷ [차트 계열색 바꾸기]에서 ❸ '색4'를 선택합니다.

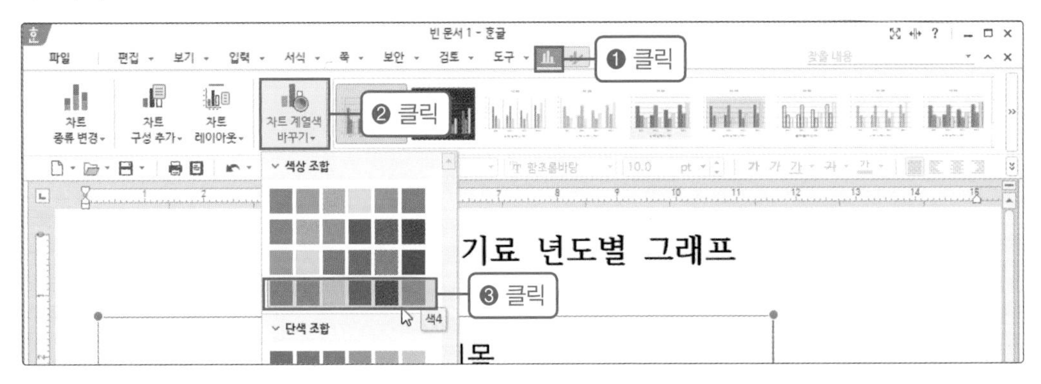

6 차트의 스타일을 바꾸기 위해 ❶ [차트 디자인] 메뉴의 ❷ 차트 스타일에서 '스타일5'를 선택합니다.

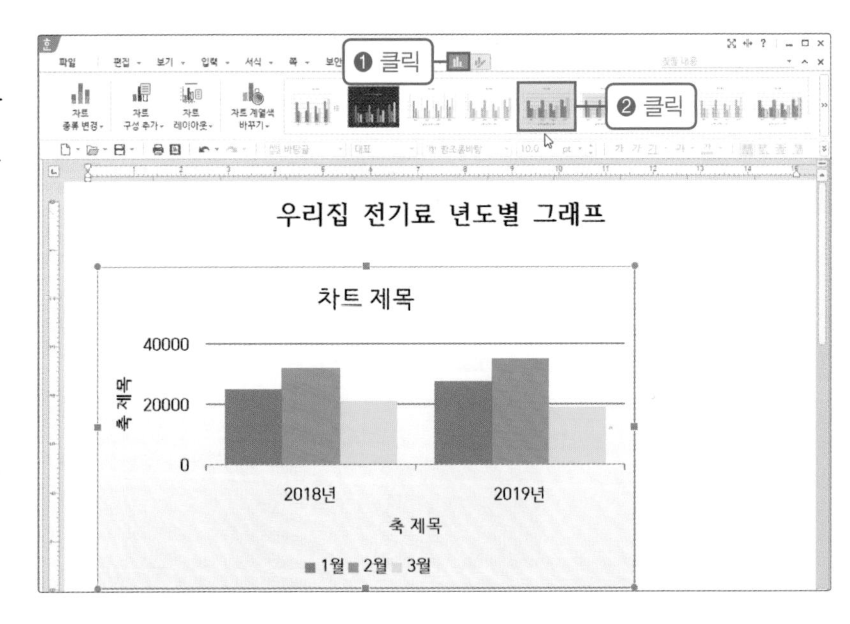

02 차트 속성 설정하기

1. 차트 제목을 수정하기 위해 ❶ '차트 제목'을 선택한 후 마우스 오른쪽 단추를 눌러 ❷ '제목 편집'을 클릭합니다.

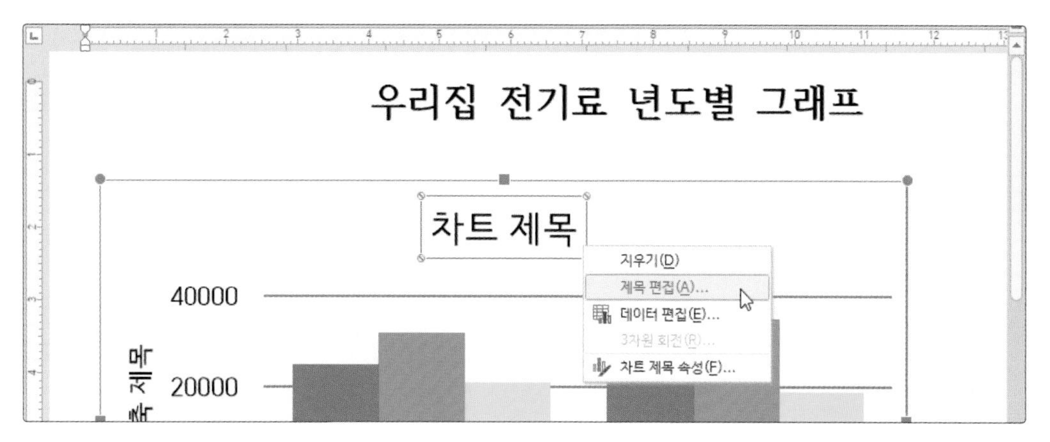

2. [차트 글자 모양] 대화상자가 열리면 ❶ '글자 내용 : 전년도대비 전기사용료'를 입력하고 ❷ '진하게'와 ❸ '글자 색 : 주황'을 선택한 후 ❹ [설정]을 클릭합니다.

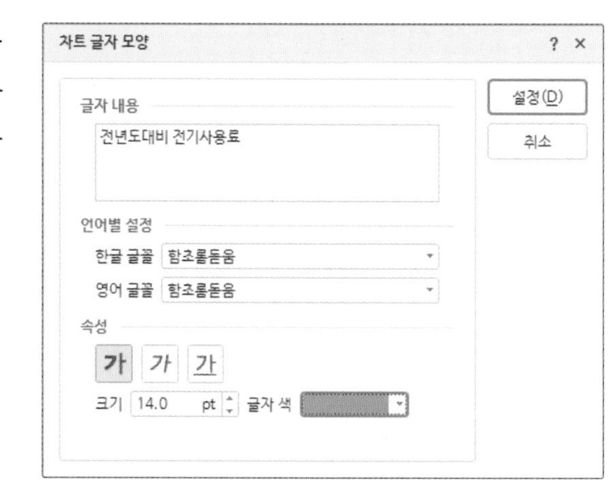

3. ❶ '축 제목'을 선택한 후 마우스 오른쪽 단추를 눌러 ❷ '제목 편집'을 클릭합니다. ❸ [차트 글자 모양] 대화상자에서 '글자 내용 : 금액'을 입력한 후 ❹ [설정]을 클릭합니다.

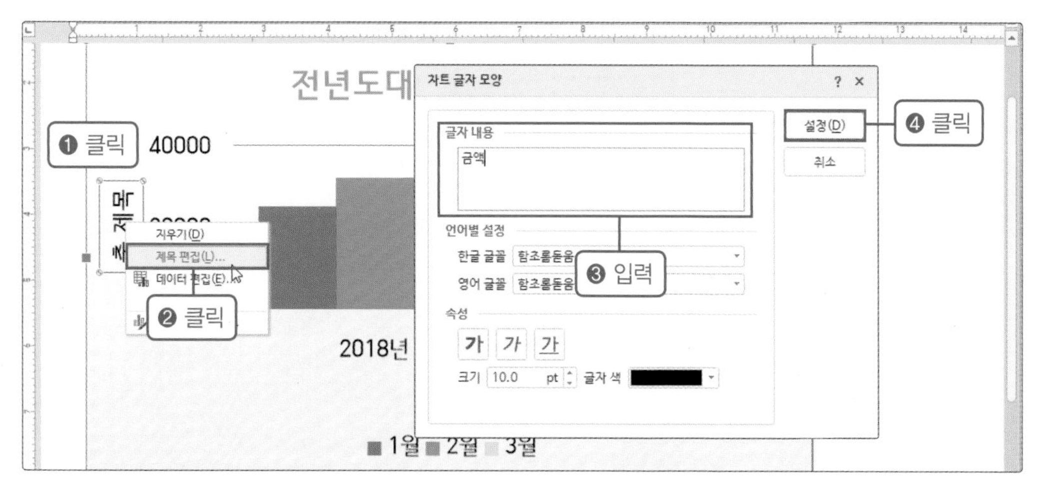

4

❶ '금액'축 제목을 선택한 후 ❷ [글자 속성]을 클릭하여 ❸ [차트 서식] 메뉴의 '크기 및 속성'에서 ❹ '글자 방향 : 세로'를 선택합니다. ❺ '가로 축 제목'은 '년도'로 수정합니다.

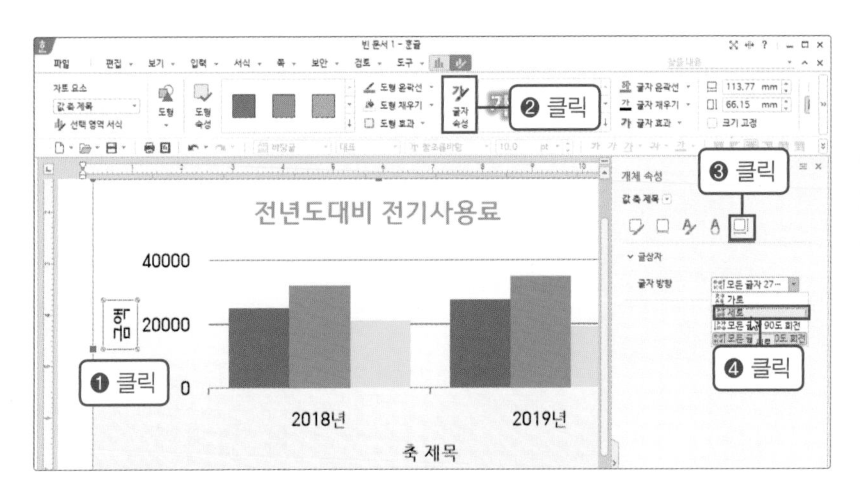

5

'축 값'을 수정하기 위해 ❶ '세로 축 값'을 선택한 후 ❷ 마우스 오른쪽 단추를 클릭하여 '축 속성'을 선택합니다.

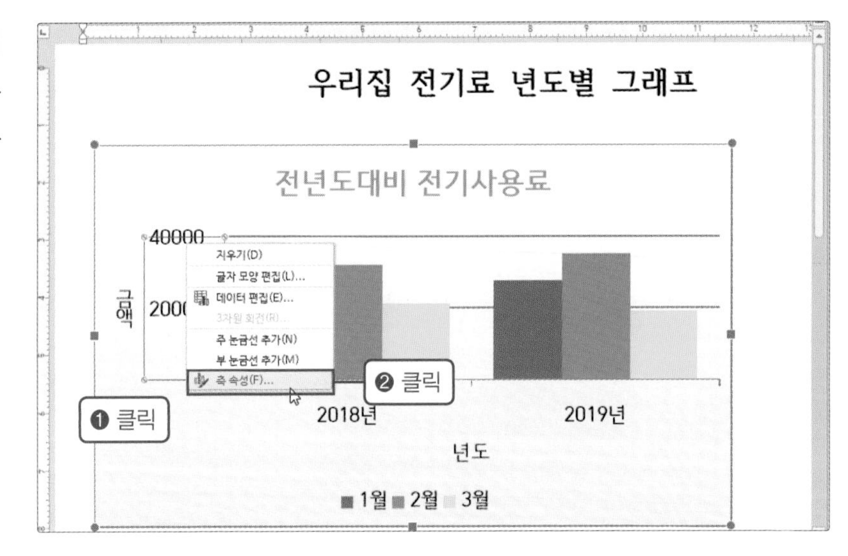

6

[개체 속성] 창이 열리면 ❶ '주 단위 : 10000'으로 수정하고 ❷ '표시 형식'에서 '범주 : 숫자'를 선택하고 ❸ '1000단위 구분기호(,) 사용'에 체크를 합니다. 차트를 드래그하여 표 아래로 위치를 변경하여 완료합니다.

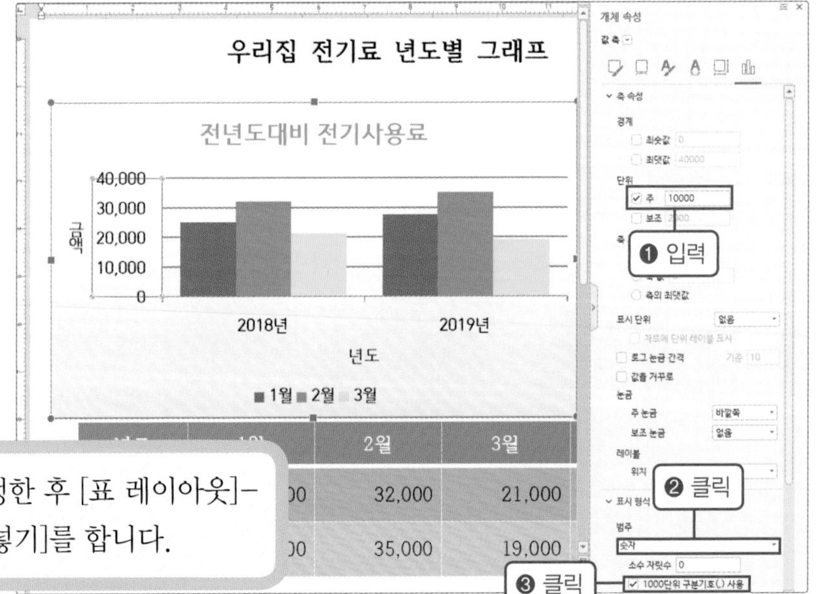

참고하세요

표 안의 숫자 데이터를 영역 설정한 후 [표 레이아웃]–[천 단위 구분 쉼표] – [자리점 넣기]를 합니다.

참고하세요 

차트 종류변경

차트를 선택한 후 ❶ [차트 디자인] 메뉴의 ❷ [차트 종류변경]에서 ❸ 변경할 차트를 선택합니다.

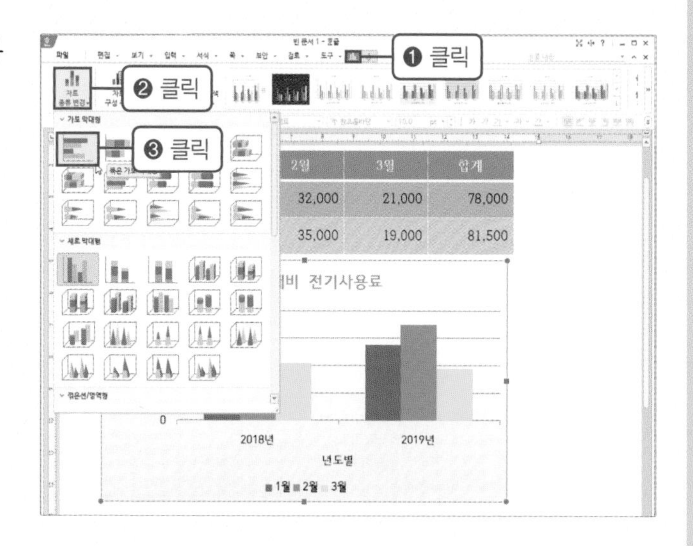

차트 줄/칸 전환

차트의 줄/칸을 변경할 수 있습니다. [차트 디자인] 메뉴의 [줄/칸 변환]을 클릭하면 '세로 축'과 '가로 축 항목'이 변경됩니다.

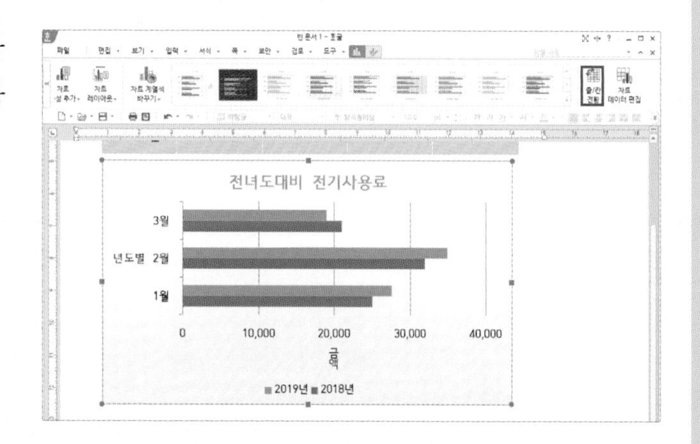

차트 데이터 편집

차트의 데이터를 편집하려면 ❶ [차트 디자인] 메뉴의 [차트 데이터 편집]에서 ❷ 데이터를 수정할 수 있습니다.

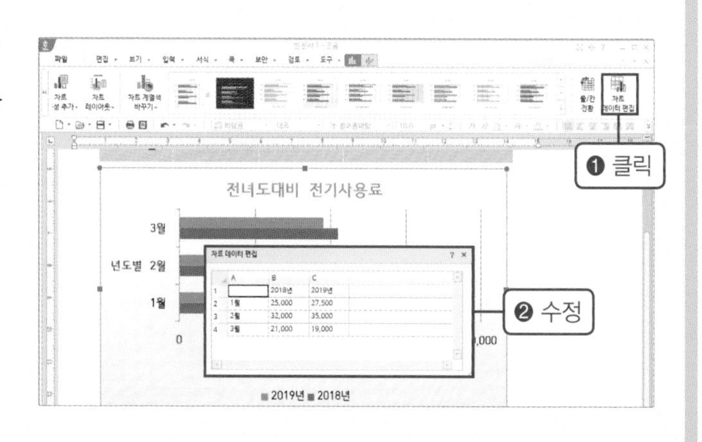

"혼자 풀어 보세요"

1 다음과 같이 표를 작성한 후 차트를 삽입하고 "달래마트.hwp"로 저장해 보세요.

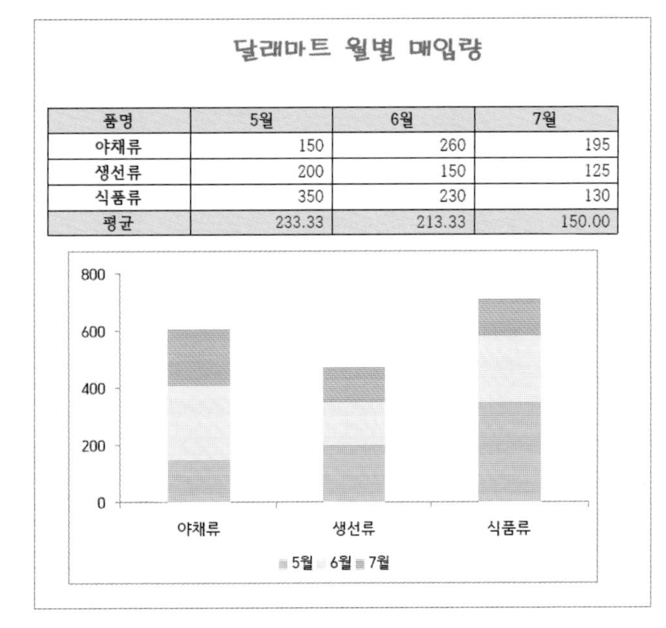

달래마트 월별 매입량

품명	5월	6월	7월
야채류	150	260	195
생선류	200	150	125
식품류	350	230	130
평균	233.33	213.33	150.00

힌트

차트 : 누적 세로막대형

2 다음과 같이 표를 작성한 후 차트를 삽입하고 "남여비율.hwp"로 저장해 보세요.

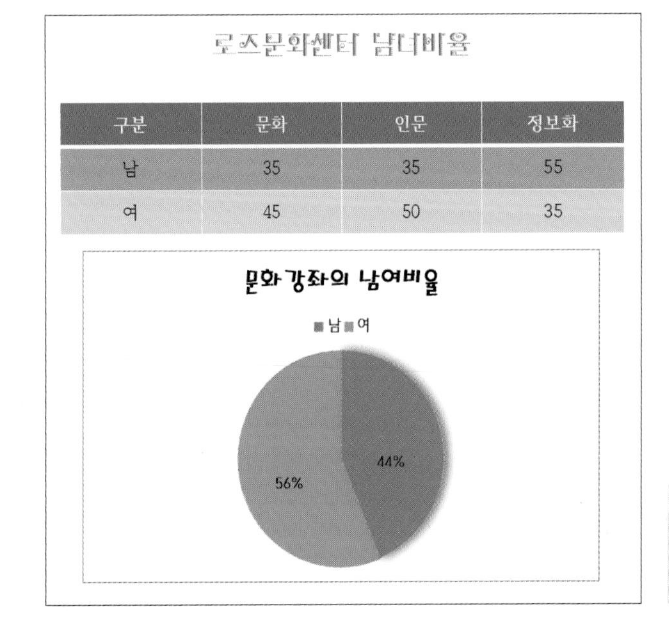

로즈문화센터 남녀비율

구분	문화	인문	정보화
남	35	35	55
여	45	50	35

힌트

차트 : 2차원 원형, 차트 레이아웃2
차트 구성요소 추가 : 범례(위쪽)

"혼자 풀어 보세요"

3 다음과 같이 표를 작성한 후 차트를 삽입하고 "발표성적.hwp"로 저장해 보세요.

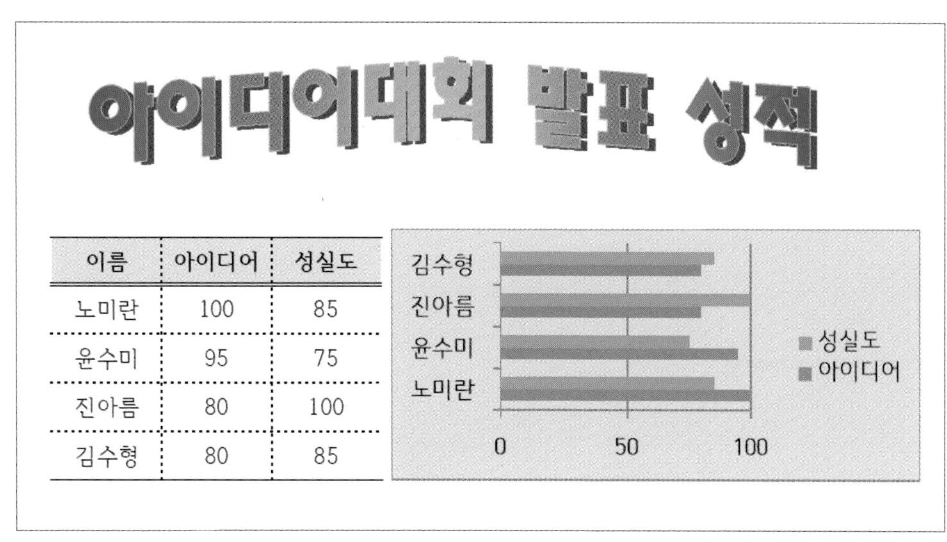

이름	아이디어	성실도
노미란	100	85
윤수미	95	75
진아름	80	100
김수형	80	85

힌트

가로막대형, 축 속성 : 최댓값-100, 주 단위-50

4 다음과 같이 표를 작성한 후 차트를 삽입하고 "독서현황.hwp"로 저장해 보세요.

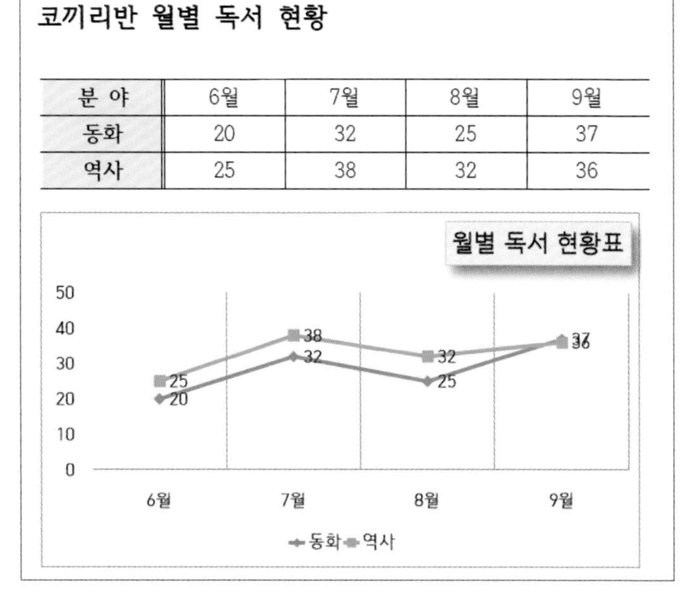
코끼리반 월별 독서 현황

분 야	6월	7월	8월	9월
동화	20	32	25	37
역사	25	38	32	36

힌트

차트 레이아웃 7, 차트 스타일 8,
줄/칸 전환

모양복사와 스타일 지정하기

모양 복사 기능은 글자 모양과 문단 모양을 복사해서 다른 문장에 그대로 적용하여 사용합니다. 스타일은 글자 모양과 문단 모양 등을 저장해 두었다가 언제든지 불러와 다른 문장에 일괄 적용할 수 있습니다.

- 모양 복사 방법에 대해 알아봅니다.
- 스타일 설정 방법에 대해 알아봅니다.

배울 내용 미리보기

영동고등학교 교복 구매 신청서

동복 구매 신청표(추가수량만 표기)

구분	자켓	셔츠	조끼	바지	타이
기본수량					
추가수량					

하복 및 체육복 구매

구분	생활티	하복바지	체육복상의	체육복하의	비고
기본수량					
추가수량					

◎ 입 금 안 내 ◎

입금은행 : 두리은행 123-6589-9874

입금방법 : 온라인 입금 및 현금납부 가능

입금기간 : 2019년 1월 22일(화) ~ 1월 26일(토)

▲ 파일명 : 교복구매신청서.hwp

01 모양 복사하기

1 다음과 같이 내용을 입력한 후 글자 모양과 문단 모양을 설정합니다.

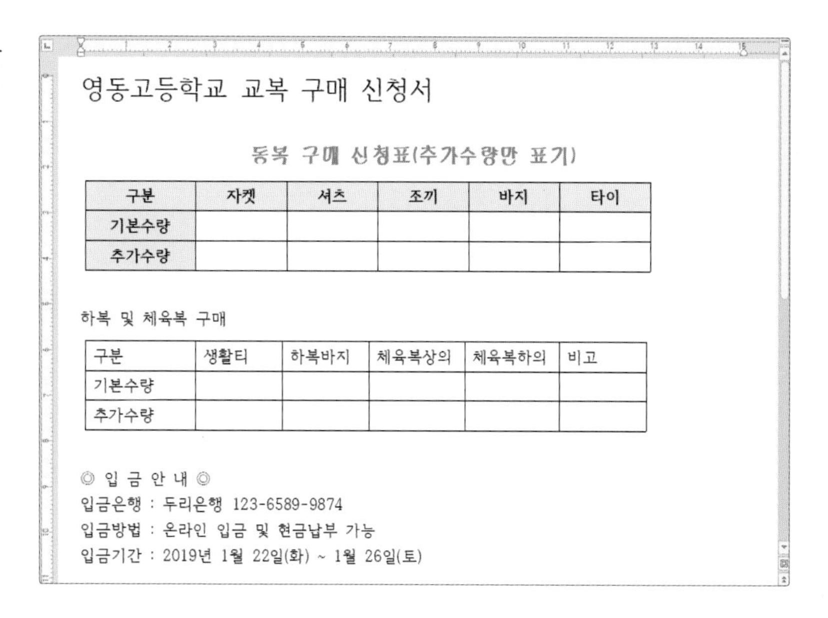

영동고등학교 교복 구매 신청서

동복 구매 신청표(추가수량만 표기)

구분	자켓	셔츠	조끼	바지	타이
기본수량					
추가수량					

하복 및 체육복 구매

구분	생활티	하복바지	체육복상의	체육복하의	비고
기본수량					
추가수량					

◎ 입 금 안 내 ◎
입금은행 : 두리은행 123-6589-9874
입금방법 : 온라인 입금 및 현금납부 가능
입금기간 : 2019년 1월 22일(화) ~ 1월 26일(토)

2 글자 모양을 복사할 ❶ '영동고등학교'를 클릭합니다. ❷ [편집] 메뉴에서 ❸ [모양 복사]를 클릭합니다.

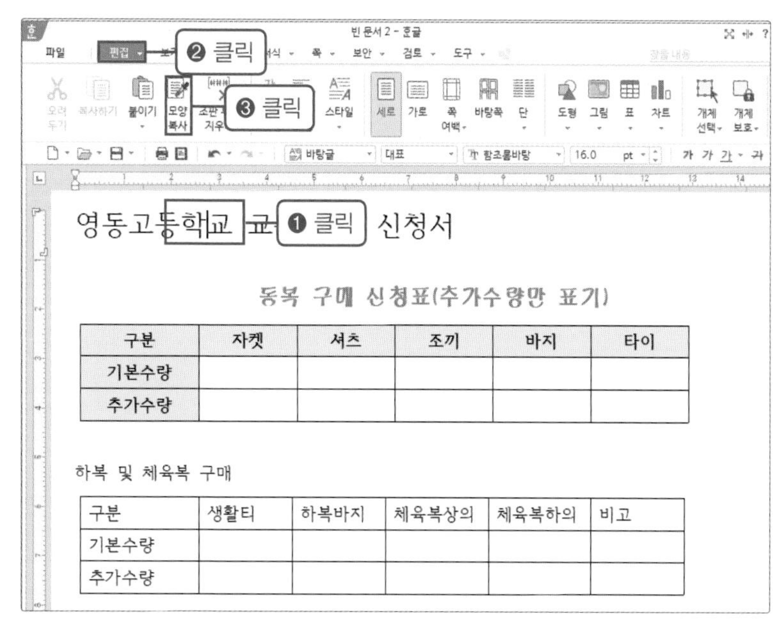

참고하세요

모양 복사 : Alt + C

3 [모양 복사] 대화상자에서 ❶ '글자 모양'을 선택한 후 ❷ [복사]를 클릭합니다.

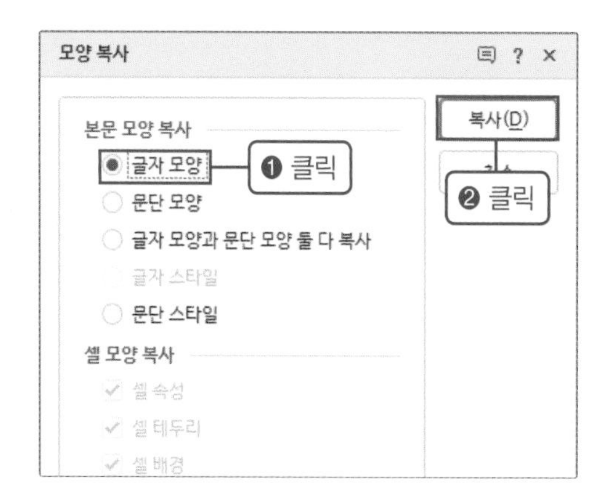

4

복사한 글자 모양을 적용할 ❶ '◎ 입 금 안 내 ◎' 부분을 블록 설정한 후 ❷ [편집] 메뉴에서 ❸ [모양 복사]를 클릭합니다. 또는 Alt + C 를 누릅니다.

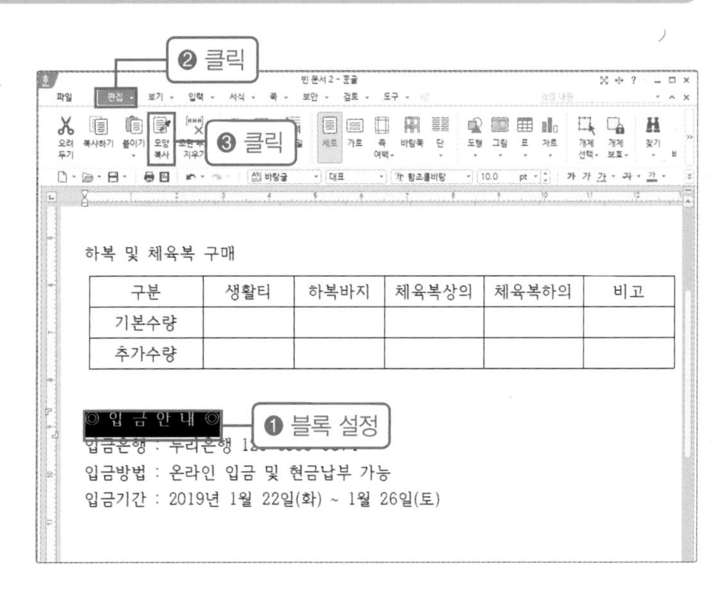

참고하세요

모양 복사 붙여넣기 : Alt + C

5

표의 '본문 모양 복사'와 '셀 모양 복사'를 하기 위해 ❶ 표 안의 복사할 부분에 클릭한 후 Alt + C 를 누릅니다. ❷ '글자 모양과 문단 모양 둘 다 복사'를 선택하고 ❸ '셀 모양 복사'의 목록을 모두 선택한 후 ❹ [복사]를 클릭합니다.

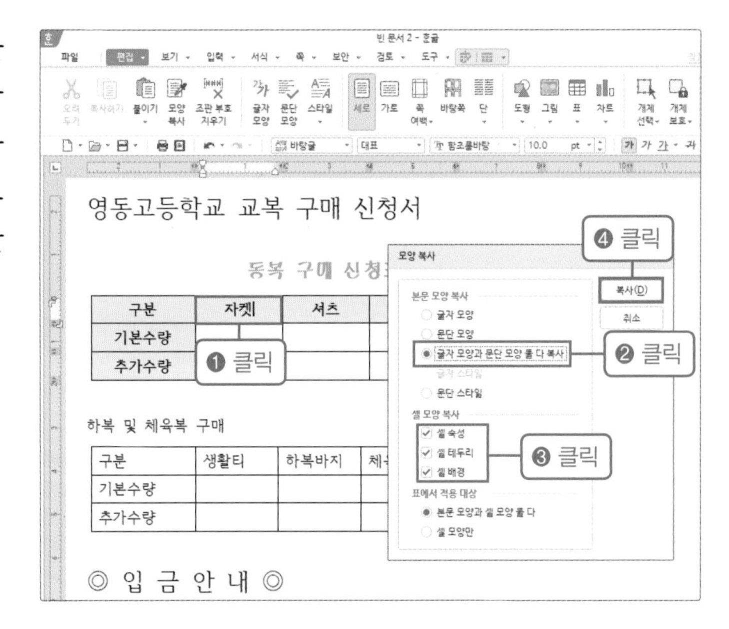

참고하세요

[표에서 적용 대상]을 '셀 모양만'에 체크하면 표의 '셀 모양'만 복사됩니다.

6

❶ 두 번째 표의 첫 행을 블록 설정한 후 Alt + C 를 누릅니다. ❷ '구분'칸도 Alt + C 를 눌러 서식을 적용합니다.

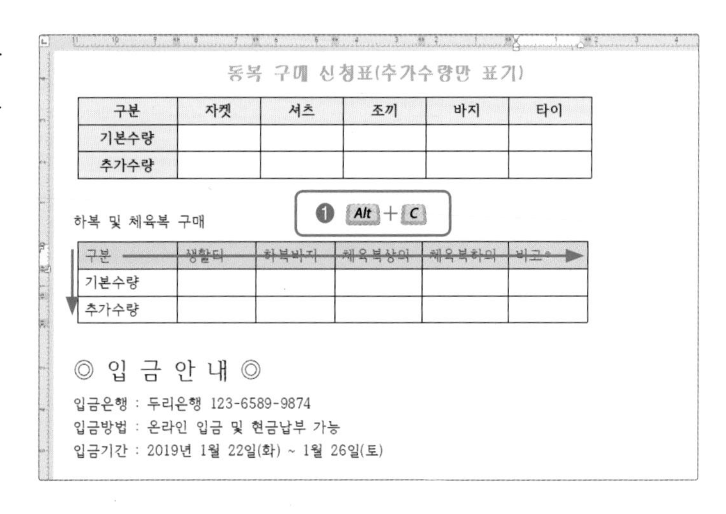

참고하세요

모양 복사 기능은 마지막 복사한 모양만 저장하므로 매번 새로 복사해야합니다.

02 스타일 적용하기

1 글자 모양과 문단 모양을 저장해 두었다가 일괄 적용할 수 있습니다. 글자 모양과 문단 모양이 적용된 곳을 스타일로 추가하기 위해 ❶ '동복 구매 신청표' 제목 안에 클릭한 후 ❷ [서식] 메뉴에서 ❸ '자세히' 단추를 누른 후 ❹ '스타일'을 클릭합니다.

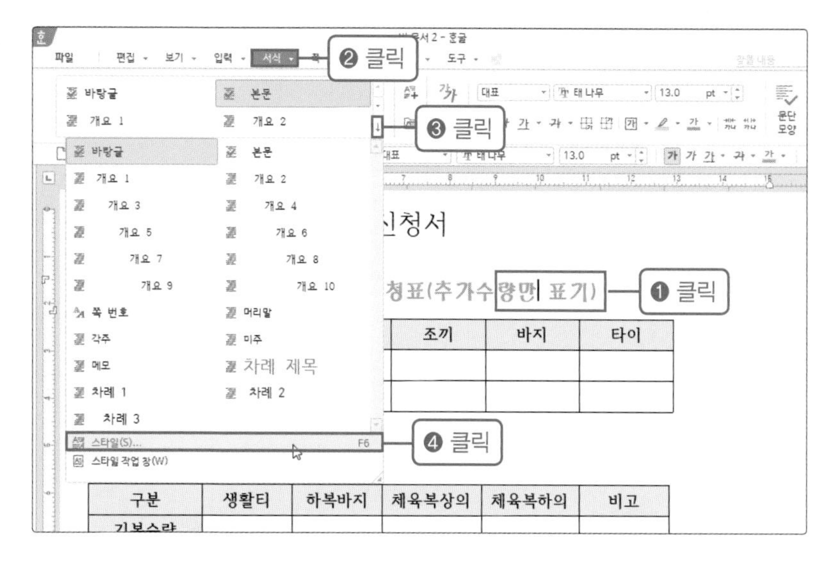

2 [스타일] 대화상자가 열리면 ❶ '스타일 추가하기'를 클릭합니다. ❷ [스타일 추가하기] 대화상자가 열리면 '스타일 이름 : 큰제목'을 입력하고 ❸ [추가]를 클릭하여 [스타일 추가하기] 대화상자를 닫습니다.

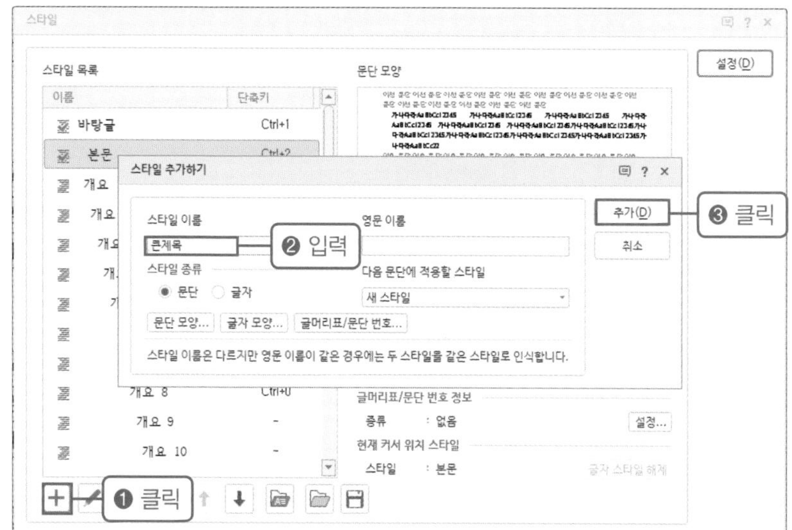

3 ❶ [스타일] 대화상자의 [스타일 목록]에 추가한 스타일 목록이 추가되었습니다. ❷ [스타일] 대화상자를 닫습니다.

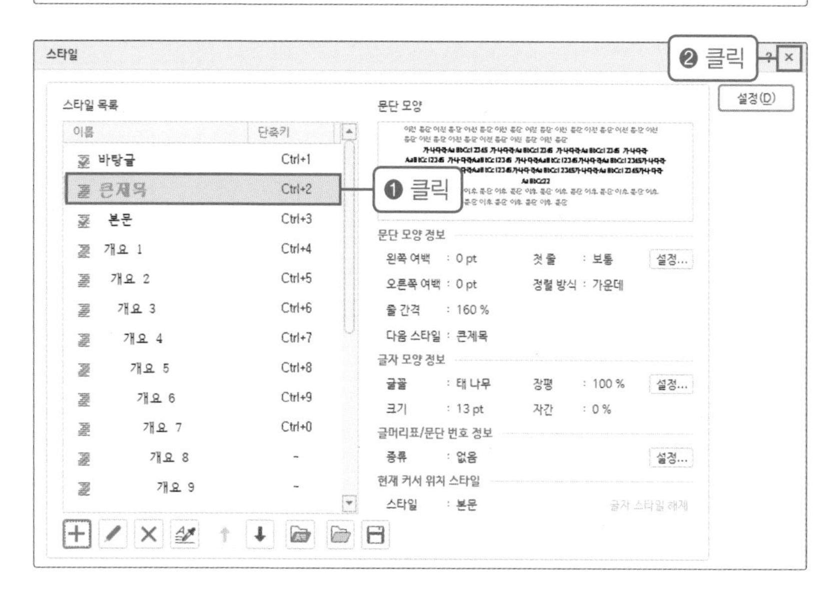

4 ❶ 스타일을 적용할 문단을 블록 설정한 후 ❷ [[서식 도구 모음줄]]의 [스타일] 목록에서 ❸ '큰제목'을 클릭합니다.

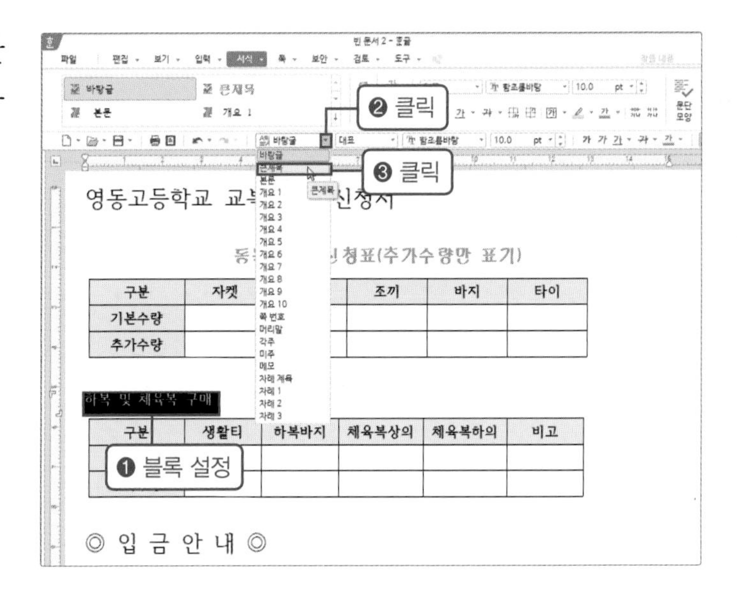

5 ❶ 스타일이 적용될 문단을 블록 설정한 후 F6 을 누릅니다. [스타일] 대화상자가 열리면 하단의 ❷ [스타일 추가하기]를 클릭한 후 [스타일 추가하기]의 ❸ '스타일 이름 : 은행정보'를 입력하고 ❹ [글자 모양]을 클릭합니다.

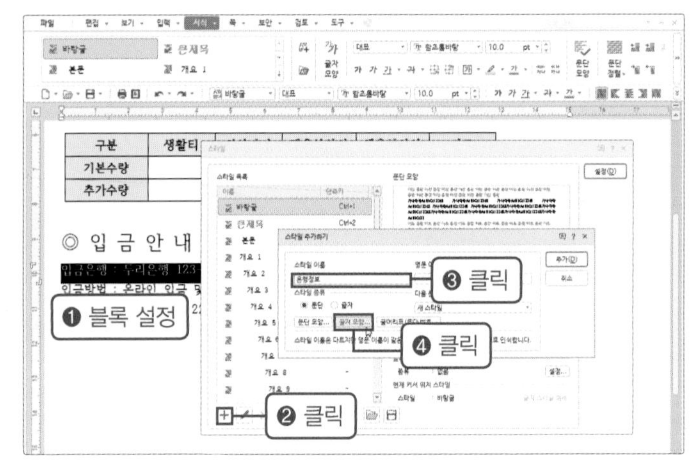

6 [글자 모양] 대화상자가 열리면 다음과 같이 설정한 후 [설정]을 클릭합니다. [스타일 추가하기] 대화상자의 [추가]를 클릭하고 [스타일] 대화상자의 [설정]을 클릭합니다. [스타일 추가하기] 대화상자에서 [추가]를 클릭하고 [스타일] 대화상자의 [설정]을 클릭합니다.

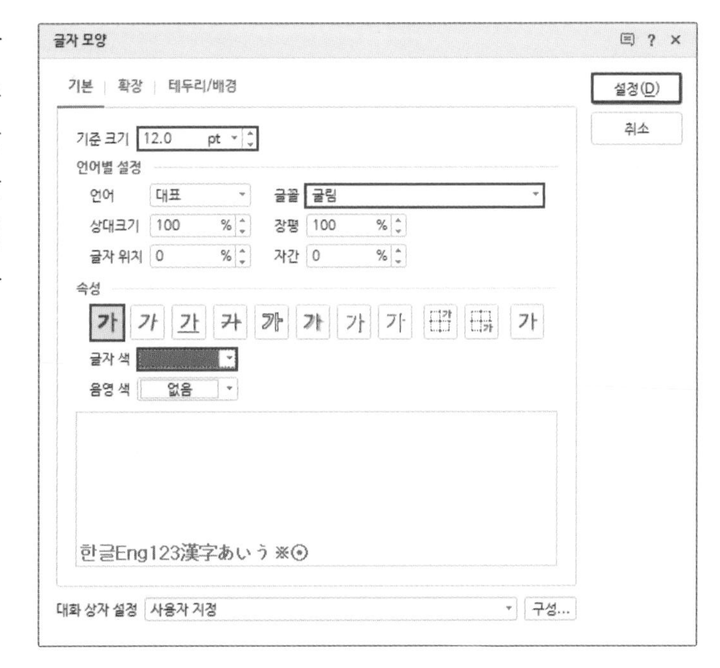

7 스타일이 적용되었습니다.

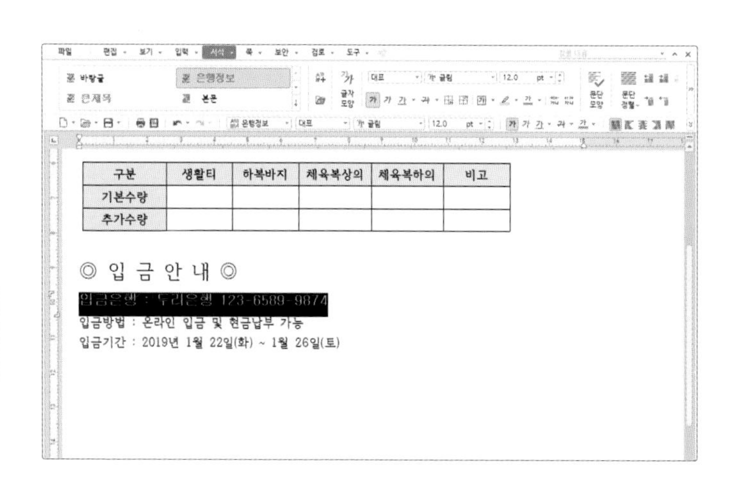

참고하세요

원래 글꼴로 돌아가려면 [스타일] 목록에서 [바탕글]을 클릭합니다.

8 ❶ 스타일이 적용될 문단을 블록 설정한 후 ❷ [서식] 메뉴의 스타일 목록에서 '은행정보'를 클릭합니다.

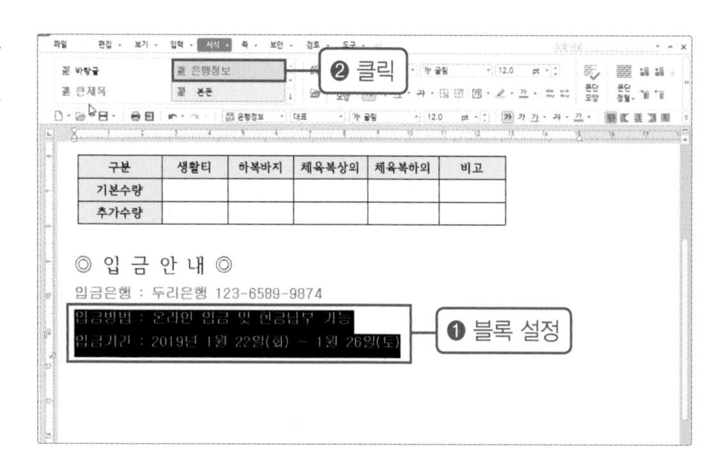

참고하세요

스타일은 문서를 닫고 다시 열어도 적용할 수 있습니다.

참고하세요

F6을 누른 후 ❶ [은행정보] 스타일을 클릭한 후 ❷ [글자 모양 정보]를 클릭하여 글자 모양을 수정하면 스타일이 적용된 곳은 수정한 스타일로 적용되어 많은 문서를 작성하기 편리합니다.

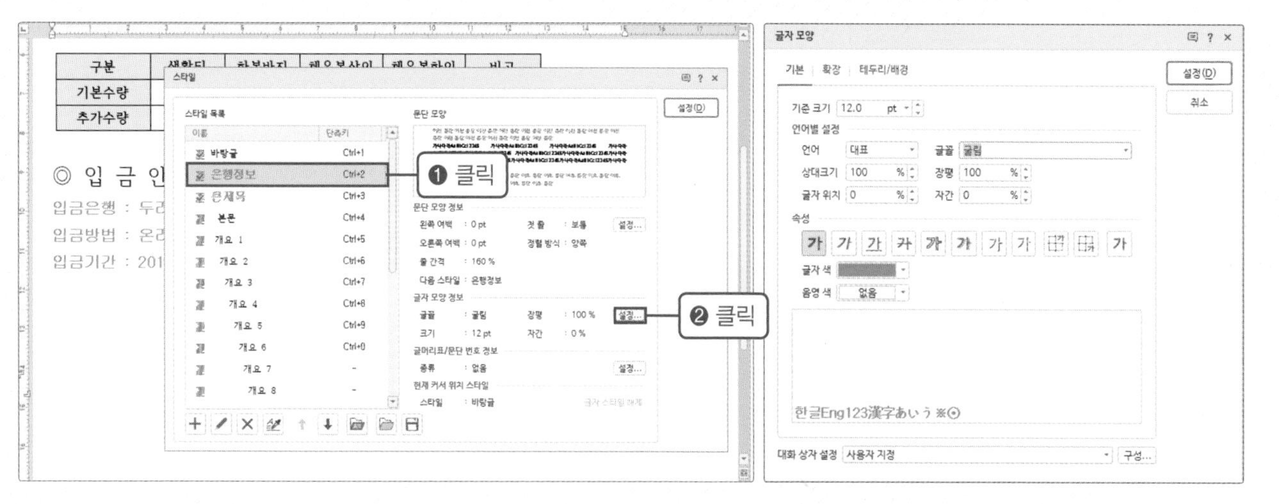

"혼자 풀어 보세요"

1 다음과 같이 문서를 작성하고 "결산서공고.hwp"로 저장해 보세요.

2019년 아파트 결산서 공고

관리수익	관리비용
1,062,000,000	1,062,000,000

이익잉여금처분계산서

이익잉여금처분계산서	78,235,940
예비비적립금	53,235,940
공동체활성화적립금	25,000,000

2 위의 문제에 이어 '모양 복사' 기능을 이용해 작성하세요.

[조건] • 제목 : '글자 모양'과 '문단 모양' 모두 사용해 아래 제목에 적용
• 표 : '셀 배경'만 '모양 복사' 기능을 이용해 아래 표에 적용

2019년 아파트 결산서 공고

관리수익	관리비용
1,062,000,000	1,062,000,000

이익잉여금처분계산서

이익잉여금처분계산서	78,235,940
예비비적립금	53,235,940
공동체활성화적립금	25,000,000

"혼자 풀어 보세요"

3

내용을 입력하고 스타일을 만들고 적용한 후 "우리떡.hwp"로 저장해 보세요.

[조건] • 스타일1 : 스타일 이름 – 떡, 휴먼옛체, 14pt, 글꼴 색 : 주황, 글머리/문단번호 정보 – 글머리기호
• 스타일2 : '본문'스타일 수정 – 문단 모양 – 왼쪽여백 20pt, 글자 모양 – '굴림', '12pt'

우리의 음식 떡

● 증편
시루에 증기로 쪄냄

● 송편
멥쌀가루를 익반죽하여 깨, 밤, 콩등을 넣어 빚음

● 인절미
찹쌀을 쪄서 떡메로 쳐서 콩가루를 묻혀 냄

● 단자
대추, 석이, 밤등 고물을 묻혀 냄

4

위의 문제에 이어 '떡' 스타일을 수정하고 저장해 보세요.

[조건] • 스타일1 수정 : 스타일 이름 – 떡, 궁서, 14pt, 글꼴 색 : 보라, 글머리/문단번호 정보 – 글머리기호

우리의 음식 떡

● 증편
시루에 증기로 쪄냄

● 송편
멥쌀가루를 익반죽하여 깨, 밤, 콩등을 넣어 빚음

● 인절미
찹쌀을 쪄서 떡메로 쳐서 콩가루를 묻혀 냄

● 단자
대추, 석이, 밤등 고물을 묻혀 냄

16 편집 용지 꾸미기

문서를 작성할 때 용도에 맞게 다양한 용지를 설정하고 출력 방향과 여백을 설정할 수 있습니다. 바탕쪽을 이용해 문서에 그림 등을 고정으로 삽입할 수 있습니다.

- 편집 용지를 설정하는 방법에 대해 알아봅니다.
- 바탕쪽 설정 방법에 대해 알아봅니다.

배울 내용 미리보기

▲ 파일명 : 감성노트.hwp

01 편집 용지와 쪽 테두리/배경 설정하기

1. ❶ [쪽] 메뉴의 ❷ [편집 용지]를 클릭합니다. ❸ [편집 용지] 대화상자에서 '용지 종류 : B5(46배판) [182×257mm]'로 선택한 후 ❹ 용지 방향은 '가로', ❺ '머리말 · 아래쪽 · 왼쪽 · 오른쪽'의 여백을 '20mm'로 수정한 후 ❻ [설정]을 클릭합니다.

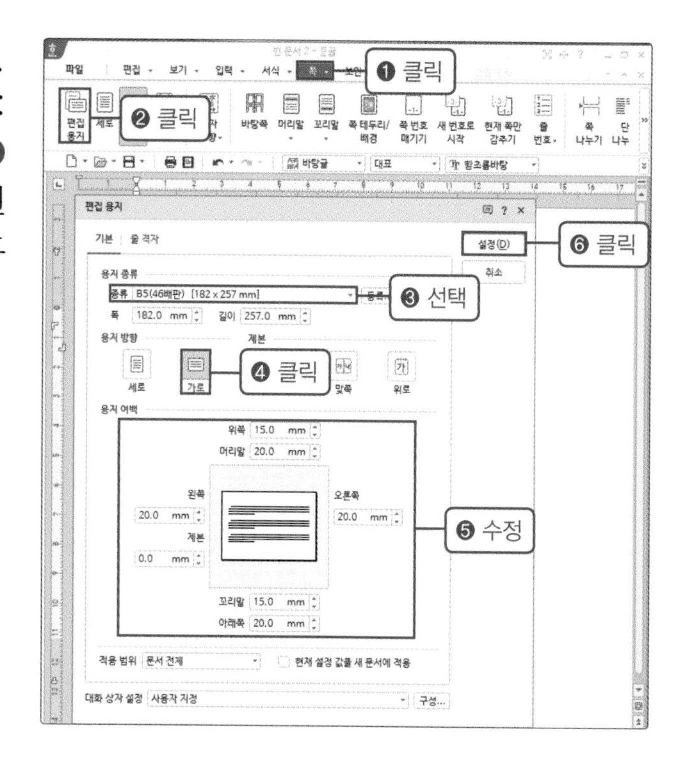

2. 쪽 전체에 테두리를 삽입할 수 있습니다. ❶ [쪽] 메뉴의 ❷ [쪽 테두리/배경]을 클릭합니다. ❸ [쪽 테두리/배경] 대화상자에서 ❹ [테두리] 탭에서 '테두리 종류와 굵기, 색을 지정하고 ❺ '모두' 단추를 클릭한 후 ❻ '위치 : 종이 기준'을 선택한 후 ❼ [설정]을 클릭합니다.

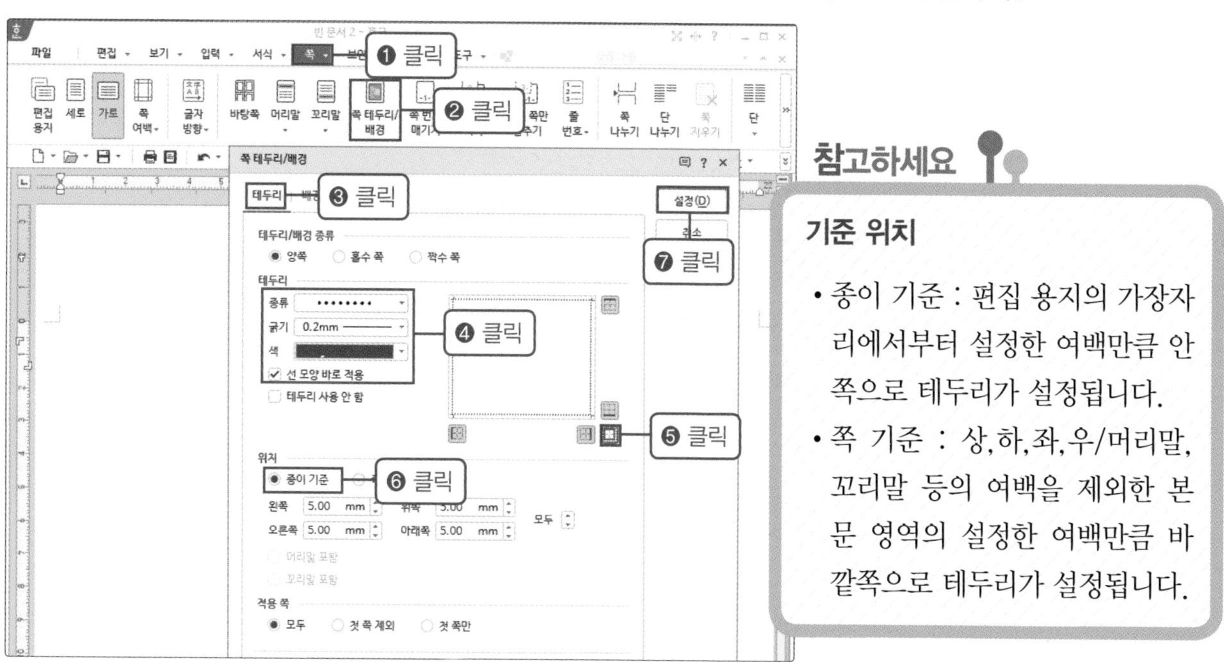

참고하세요

기준 위치

- 종이 기준 : 편집 용지의 가장자리에서부터 설정한 여백만큼 안쪽으로 테두리가 설정됩니다.
- 쪽 기준 : 상,하,좌,우/머리말, 꼬리말 등의 여백을 제외한 본문 영역의 설정한 여백만큼 바깥쪽으로 테두리가 설정됩니다.

02 바탕쪽 설정하기

1 바탕쪽은 글자, 표, 그림 등 한 페이지에 작업할 수 있는 기능들을 이용해 쪽 편집을 합니다. 페이지에 공통으로 사용할 기능을 디자인합니다. ❶ [쪽] 메뉴의 ❷ [바탕쪽]을 클릭합니다. ❸ [바탕쪽] 대화상자에서 '양쪽'을 선택한 후 ❹ [만들기]를 클릭합니다.

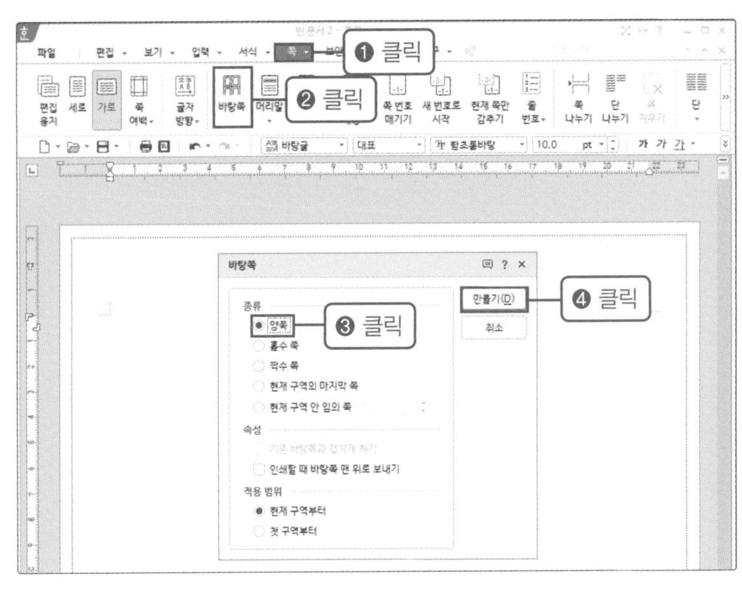

2 [입력] 메뉴에서 ❶ '사각형' 도형을 그림과 같이 그린 후 ❷ '도형 윤곽선 : 없음', ❸ '도형 채우기 : 보라'를 선택합니다.

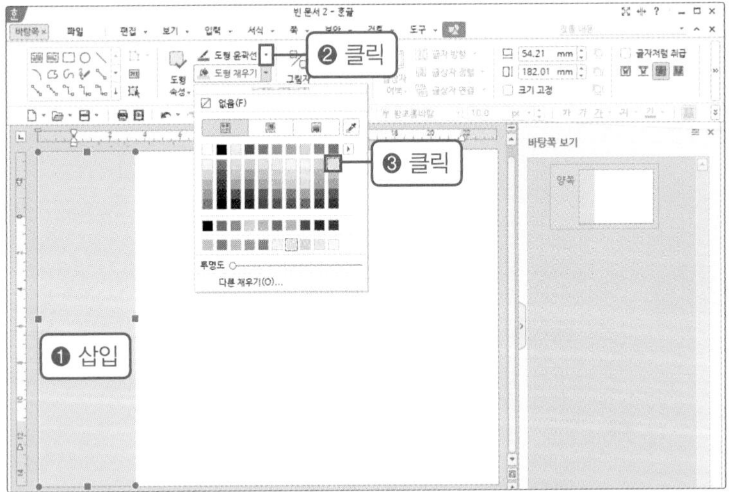

참고하세요

[바탕쪽] 메뉴에서 '도형', '그림'을 삽입할 수 있습니다.

3 [바탕쪽] 메뉴에서 ❶ [그림]을 클릭하여 '선인장.png'를 삽입한 후 ❷ [그림] 메뉴의 ❸ '글앞으로'를 클릭하여 도형 뒤에 있던 그림을 도형 앞으로 배치합니다. 같은 방법으로 오른쪽 하단에 다음과 같이 그림을 삽입합니다.

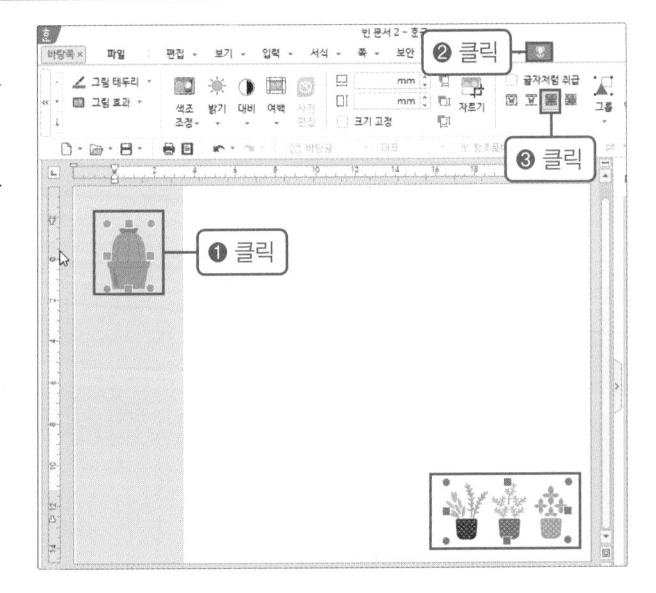

4 ❶ [입력] 메뉴의 '가로 글상자'를 이용하여 내용을 입력하고 글자 모양을 설정합니다. 바탕쪽 디자인이 끝나면 ❷ [바탕쪽] 메뉴의 ❸ [닫기]를 클릭하여 바탕쪽을 빠져 나옵니다.

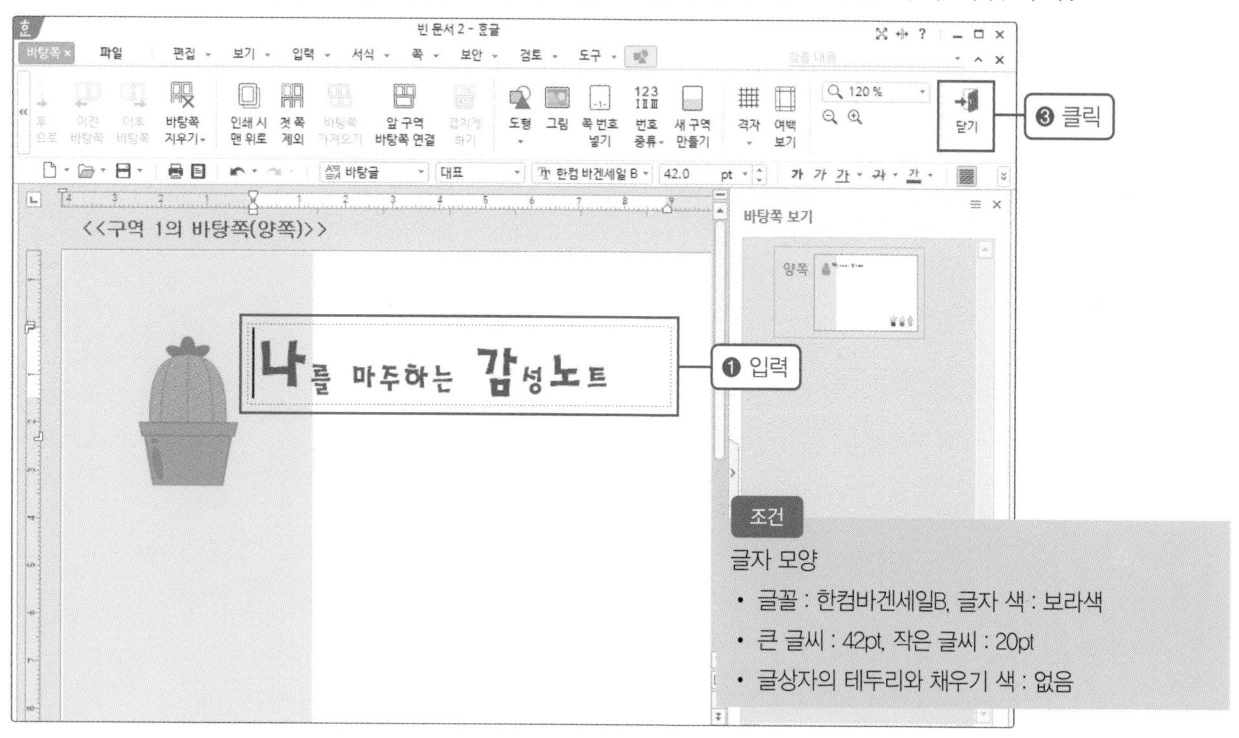

조건

글자 모양

- 글꼴 : 한컴바겐세일B, 글자 색 : 보라색
- 큰 글씨 : 42pt, 작은 글씨 : 20pt
- 글상자의 테두리와 채우기 색 : 없음

5 Space Bar 와 Enter 를 이용하여 입력란을 만들 부분에 커서를 위치 시킨 후 ❶ [입력] 메뉴의 ❷ [누름틀]을 클릭합니다. ❸ 누름틀의 입력 메시지의 오른쪽 끝에서 왼쪽으로 드래그하여 블록 설정한 후 ❹ 글꼴, 글자 색, 글자 크기 등을 임의로 설정하여 완성합니다.

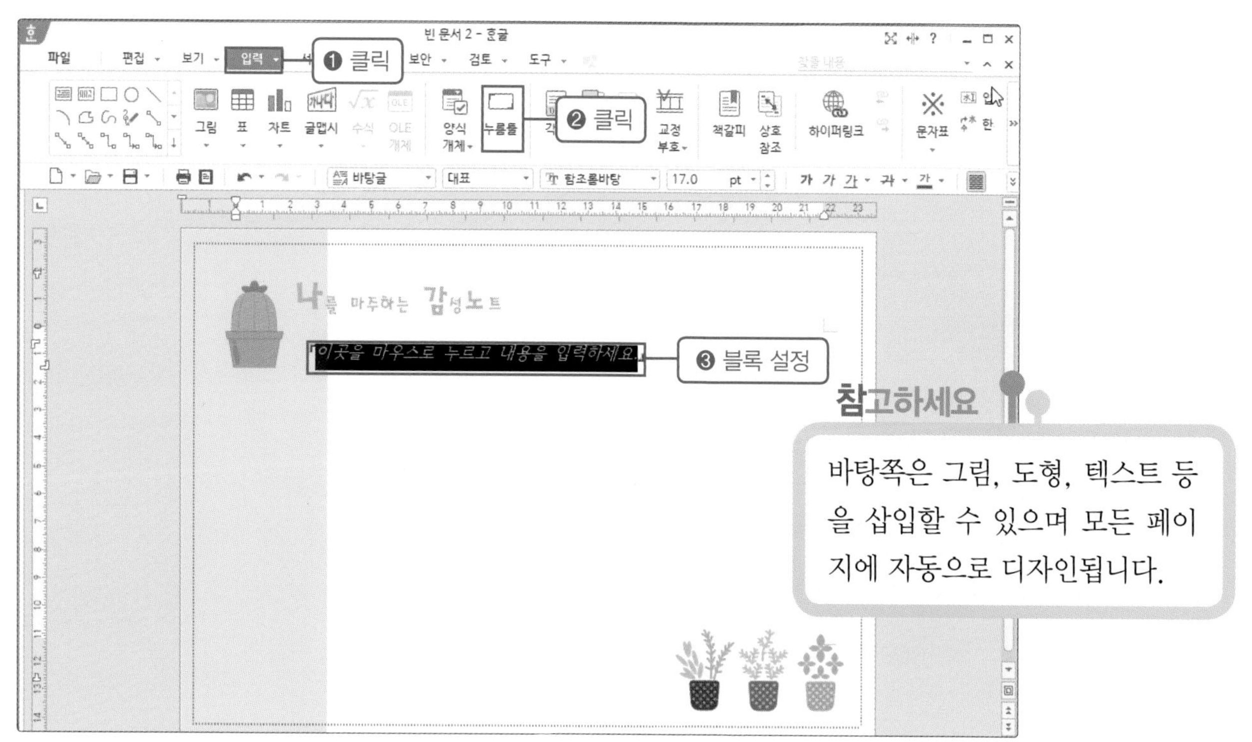

참고하세요

바탕쪽은 그림, 도형, 텍스트 등을 삽입할 수 있으며 모든 페이지에 자동으로 디자인됩니다.

"혼자 풀어 보세요"

1

다음 조건과 같이 문서를 작성한 후 "편지지.hwp"로 저장해 보세요.

[조건] • 편집 용지 : A4용지, 상하좌우 여백 : 35mm 머리말/꼬리말 : 20mm
• 쪽 테두리/배경 : 테두리 – 일점쇄선, 위치 : 종이 배경 : 그림으로 채우기(배경.jpg)

2

다음 조건과 같이 문서를 작성한 후 "축하카드.hwp"로 저장해 보세요.

[조건] • 편집 용지 : A5용지, 상하좌우 여백 : 20mm 머리말/꼬리말 : 10mm
• 바탕쪽 : 그림삽입(카드.png), 누름틀 입력

"혼자 풀어 보세요"

3 다음 조건과 같이 문서를 작성한 후 "독서록.hwp"로 저장해 보세요.

[조건]
- 편집 용지 : A4용지, 상하좌우 여백 : 20mm 머리말/꼬리말 : 15mm
- 바탕쪽 : 그림삽입(테두리.png), 그림회전, 도형과 텍스트 상자 입력
- 본문 : 텍스트 상자 안에 누름틀 입력

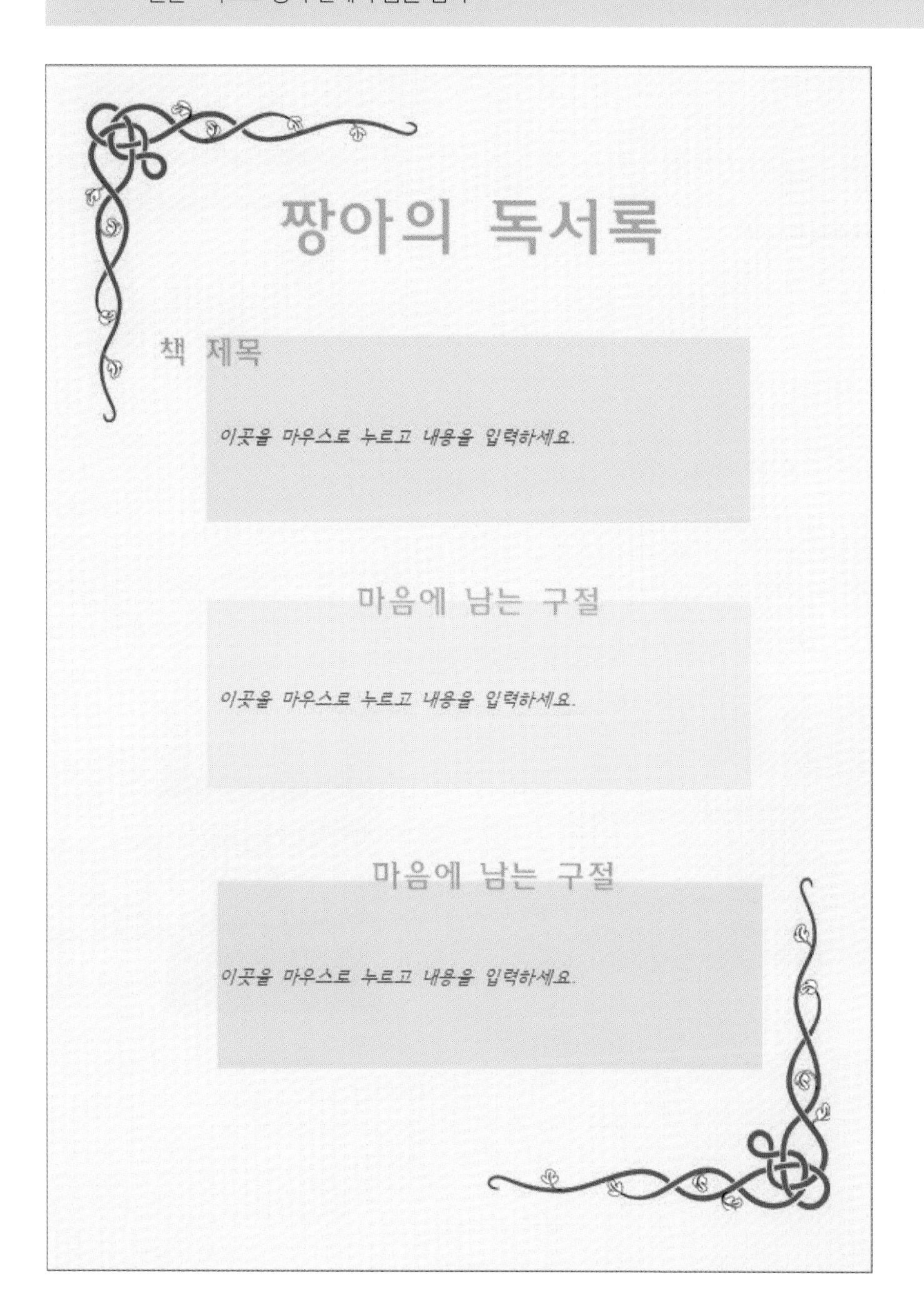

17 주석달기

단어에 대한 인용구 또는 설명글을 달거나, 매 페이지 상단이나 하단에 소제목 등을 표시하거나 쪽 번호 등을 입력할 수 있습니다.

- 머리말과 꼬리말 설정 방법에 대해 알아봅니다.
- 각주와 쪽 번호 설정 방법에 대해 알아봅니다.

배울 내용 미리보기

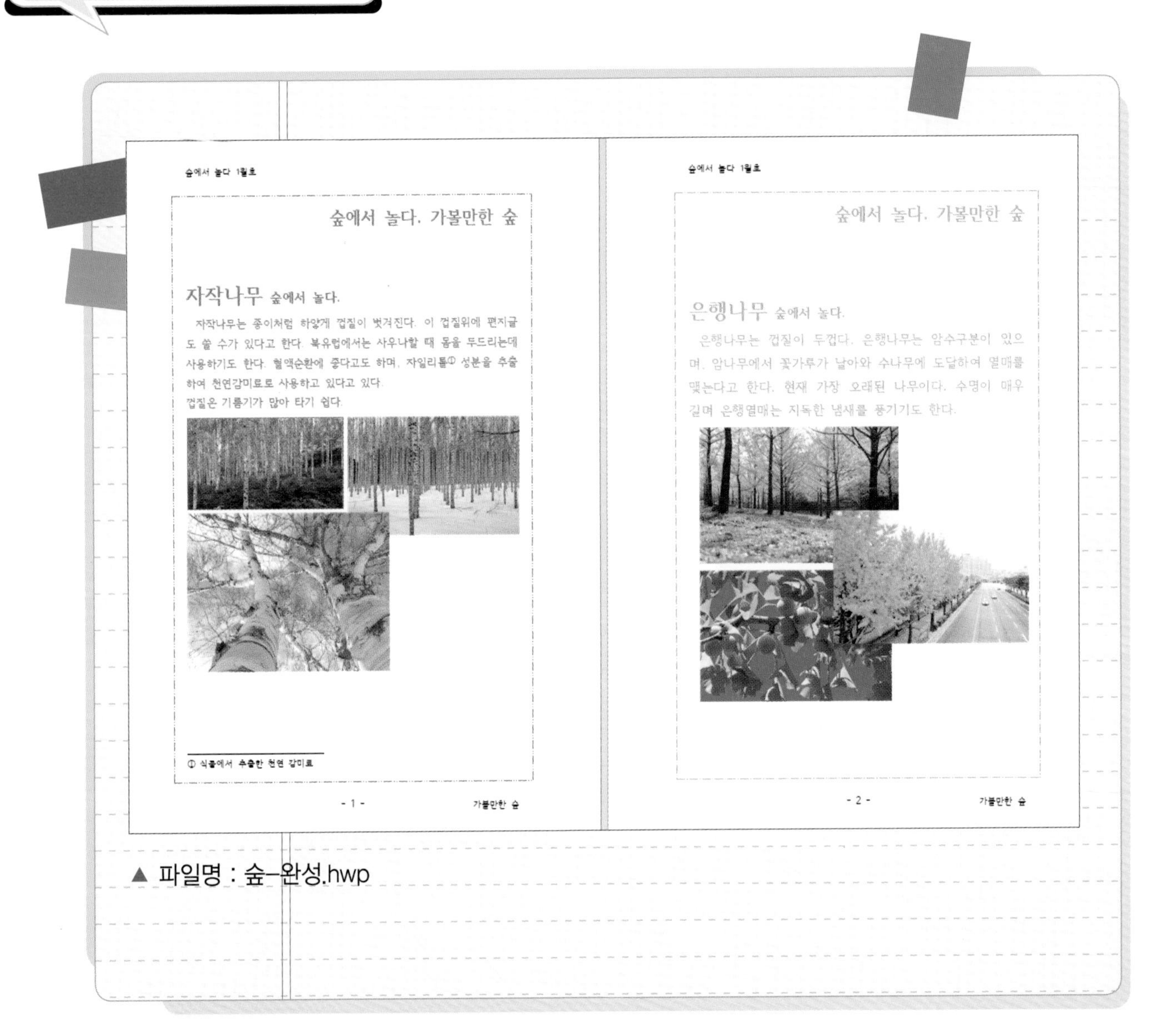

▲ 파일명 : 숲-완성.hwp

01 머리말/꼬리말 넣기

❶ '숲.hwp' 파일을 불러옵니다. ❶ [쪽] 메뉴의 ❷ [머리말]을 클릭합니다. ❸ [위쪽]의 ❹ '양쪽'을 선택한 후 ❺ '(모양 없음)'을 클릭합니다.

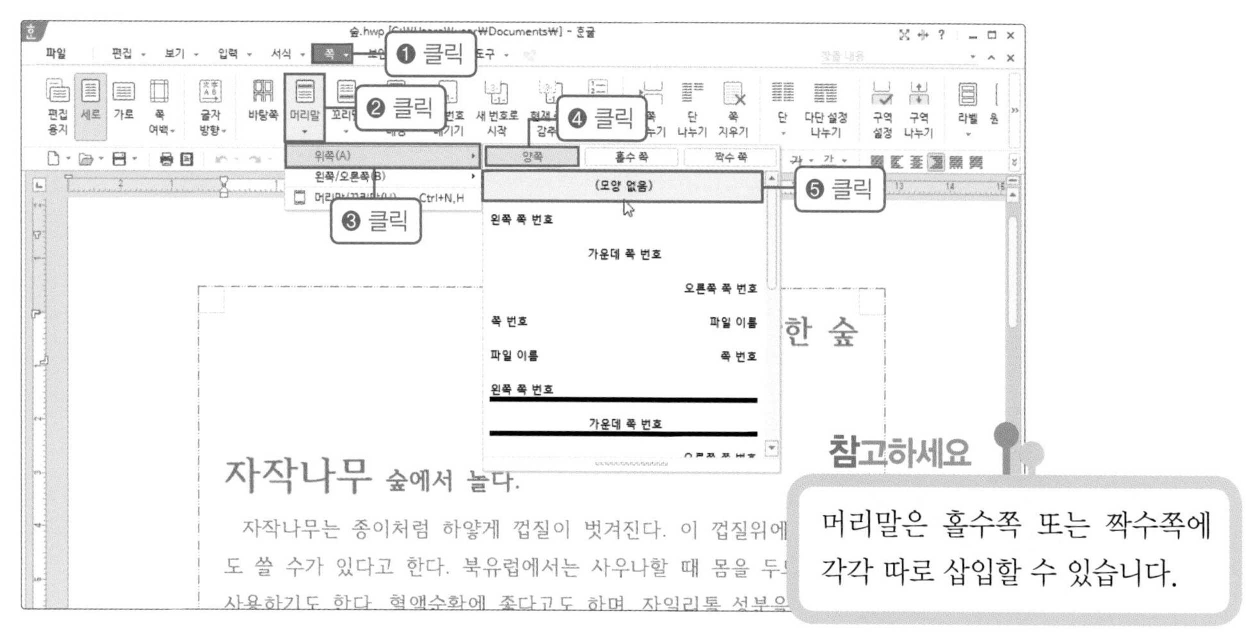

참고하세요

머리말은 홀수쪽 또는 짝수쪽에 각각 따로 삽입할 수 있습니다.

❷ '머리말(양쪽)' 영역으로 이동되면 ❶ '숲에서 놀다 1월호'를 입력합니다.

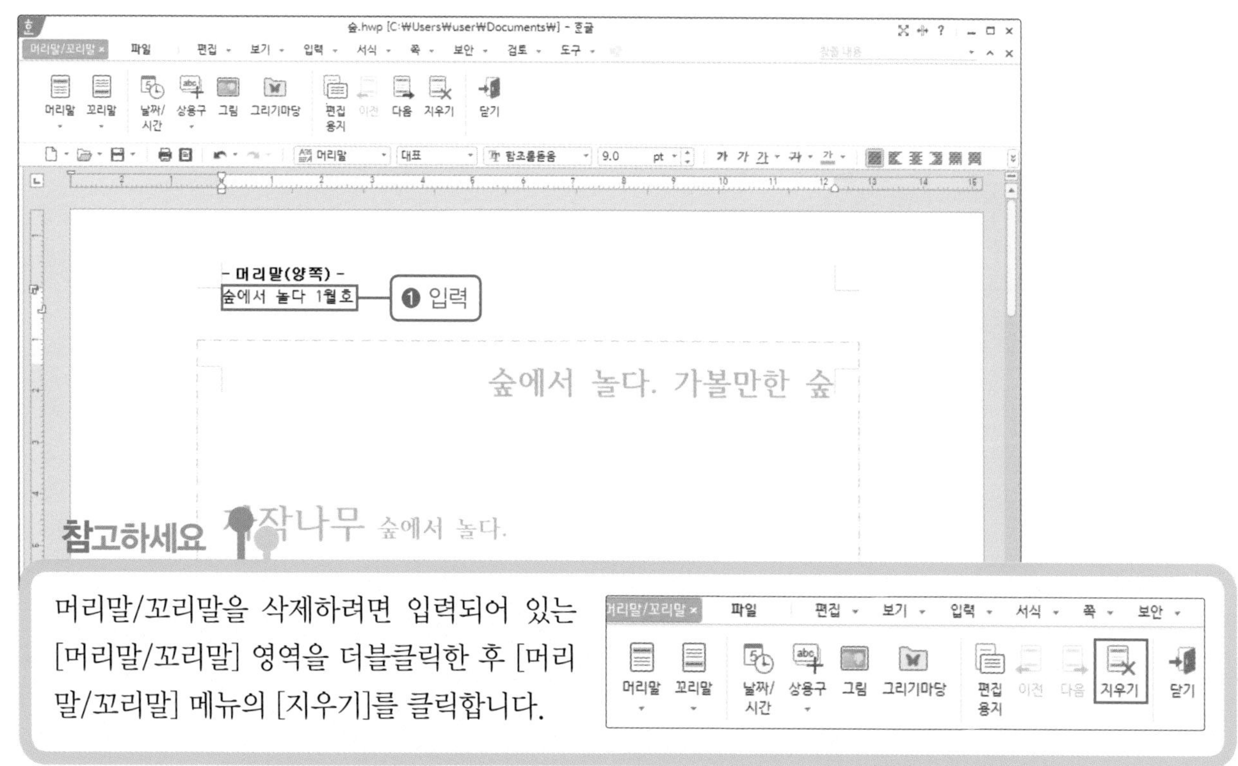

참고하세요

머리말/꼬리말을 삭제하려면 입력되어 있는 [머리말/꼬리말] 영역을 더블클릭한 후 [머리말/꼬리말] 메뉴의 [지우기]를 클릭합니다.

3 '머리말'이 입력되어 있는 상태에서 '꼬리말'을 입력할 수 있습니다. ❶ [머리말/꼬리말] 메뉴의 ❷ '꼬리말'의 ❸ '양쪽'의 ❹ '(모양 없음)'을 클릭합니다. '꼬리말' 영역으로 이동되면 ❺ '가볼만한 숲'을 입력하고 ❻ '오른쪽 정렬'을 클릭합니다. '머리말/꼬리말' 영역을 빠져나오기 위해 ❼ [닫기]를 클릭합니다.

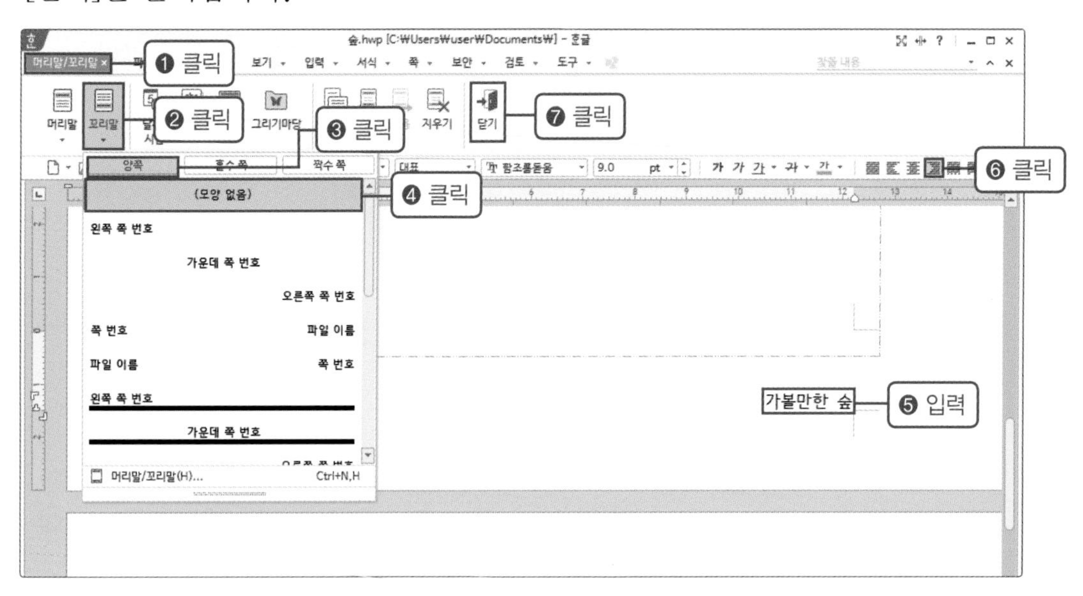

4 '머리말/꼬리말'을 수정하려면 '머리말/꼬리말' 영역을 더블클릭합니다.

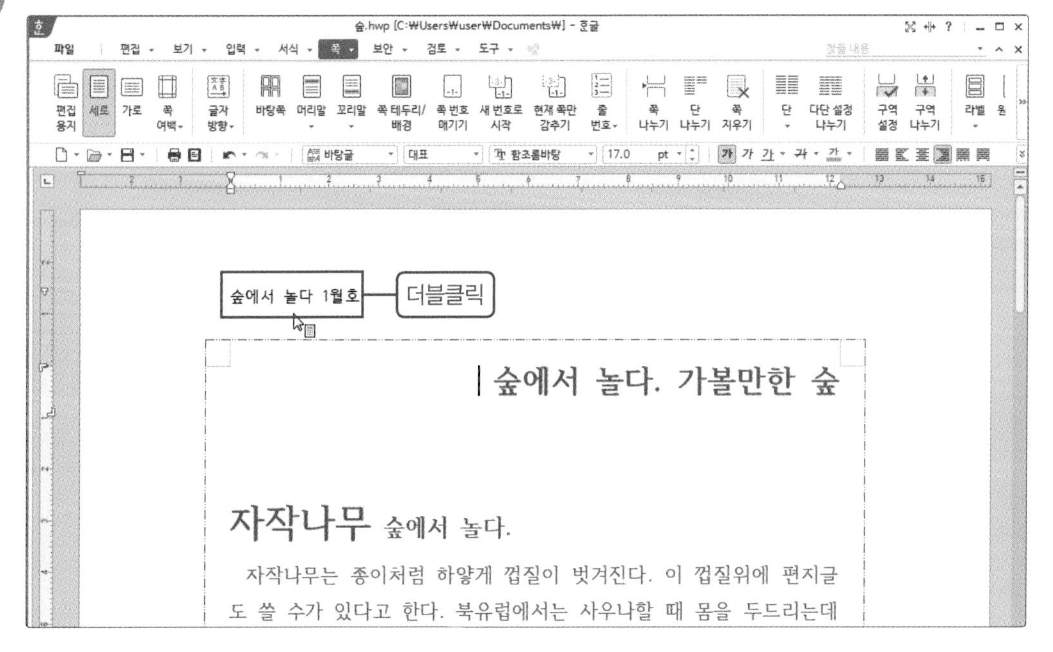

02 쪽 번호 넣기

1 쪽 번호를 넣기 위해 ❶ [쪽] 메뉴의 ❷ '쪽 번호 매기기'를 클릭합니다.

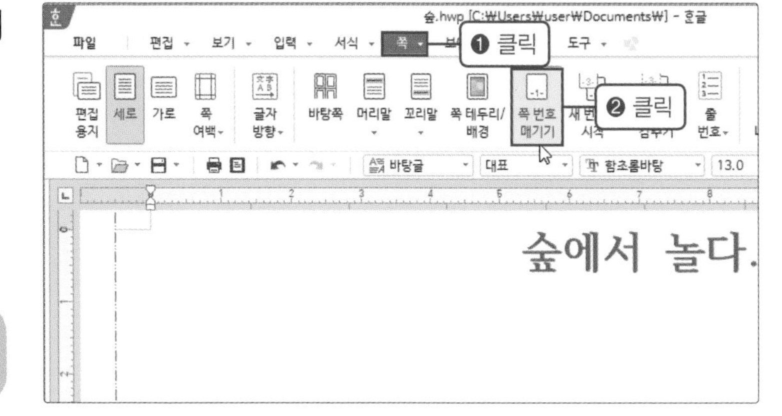

참고하세요

• 복사 : Ctrl + N, P

2 [쪽 번호 매기기] 대화상자에서 ❶ '쪽 번호' 위치와 ❷ '번호 모양'을 선택한 후 ❸ [넣기]를 클릭합니다.

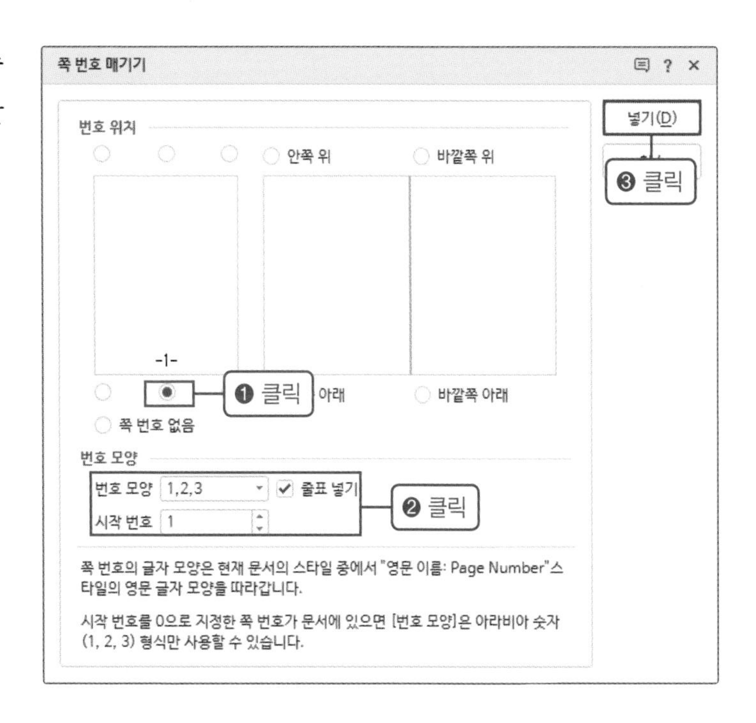

시작 번호를 설정하여 쪽 번호를 바꿀 수 있습니다.

참고하세요

쪽 번호를 삭제하려면 [쪽 번호 매기기] 대화상자에서 '쪽 번호 없음'을 클릭합니다.
또는 여러 번 쪽 번호를 삽입하여 수정이 안될 때는 [보기]-[조판 부호]를 클릭하여 조판부호로 표시된 '쪽 번호 위치'를 삭제합니다.

03 각주 넣기

1 단어의 설명이나 인용구문을 넣기 위해 '자일리톨' 뒤에 커서를 위치시킨 후 ❶ [입력] 메뉴의 ❷ [각주]를 클릭합니다.

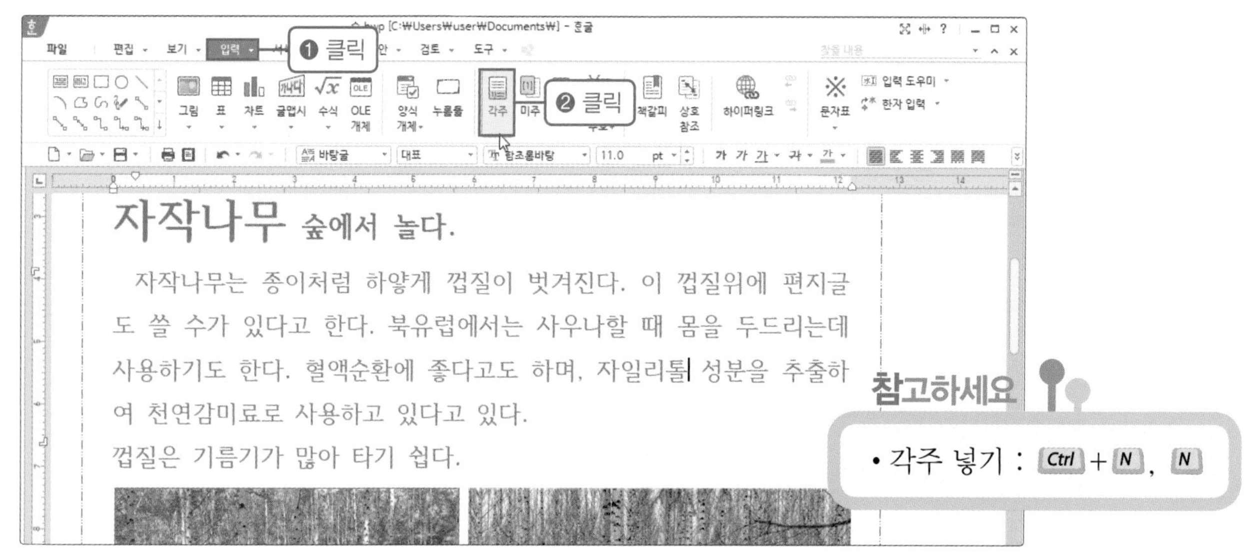

참고하세요

- 각주 넣기 : Ctrl + N, N

2 각주 영역에 ❶ '식물에서 추출한 천연감미료'를 입력합니다.

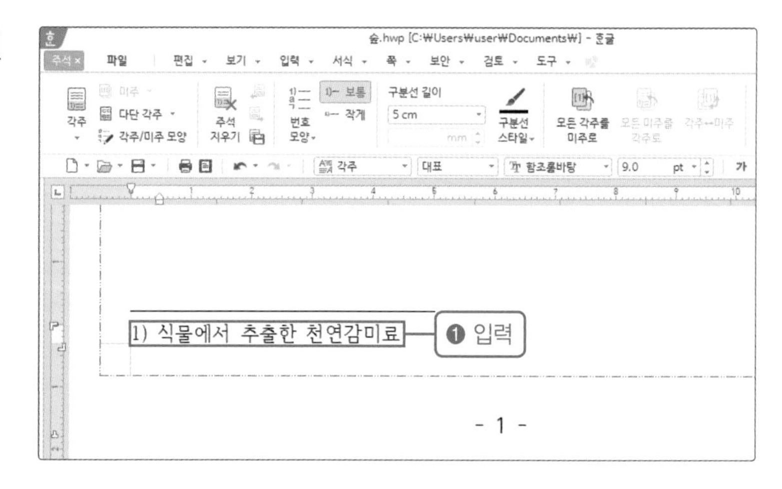

3 '각주' 영역에 클릭이 된 상태에서 ❶ [주석] 메뉴의 ❷ '번호 모양'을 클릭하여 ❸ '①,②,③'을 선택한 후 ❹ [닫기]를 클릭합니다.

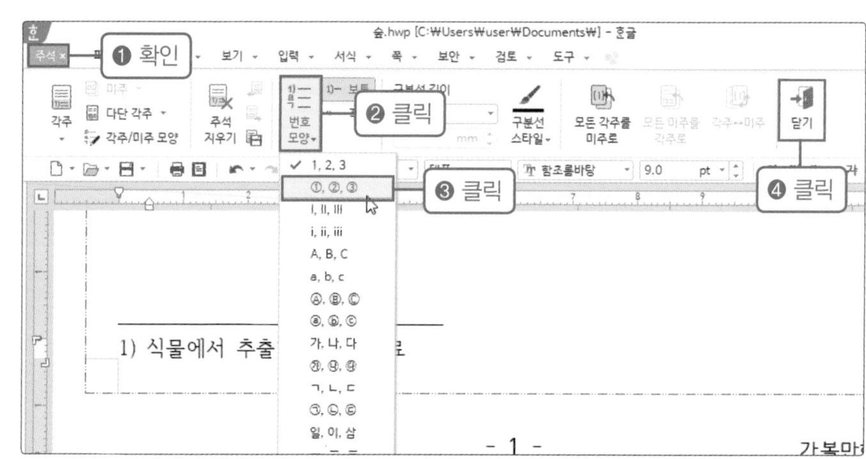

"혼자 풀어 보세요"

1 '야생화.hwp' 파일을 불러옵니다. 조건에 맞게 문서를 작성하세요.

[조건] • 머리말 넣기(양쪽) : '우리나라 사계절 야생화', 'HY강M', '11pt'
• 각주 넣기와 쪽 번호는 문서와 같이 내용을 추가하세요.

우리나라 사계절 야생화

봄에 볼 수 야생화는 작고 아름다운 꽃들이 많습니다. 화려함보다는 작고 아기자기하며 고상한 색을 지닌 우리의 봄 야생화는 '변산 바람꽃①, 얼레지②, 꿩의 바람꽃', '노루귀' ,'현호색', '민들레', '냉이꽃'등 몸을 낮게하고 관심있게 보아야만 볼 수 있는 꽃들입니다.

꿩의 바람꽃

노루귀

민들레

얼레지

① 쌍떡잎식물로 여러해살이풀이다.
② 외떡잎식물로 여러해살이풀이다.

- 가 -

18 다단 만들기

신문, 포스터, 시험지 등 한 쪽을 여러 단으로 나누는 기능으로 많은 내용을 읽기 쉽고 정돈된 문서를 만드는 기능입니다.

- 단 나누기 방법에 대해 알아봅니다.
- 단 나누기 옵션 방법에 대해 알아봅니다.

배울 내용 미리보기 

윤슬복지관의 봄이 다가오는 소식전합니다. 매월 발행되는 소식지 '윤슬' 여러분들의 많은 참여바랍니다.

봄바람 여행

3월 28일 '봄바람 여행'을 갈 예정입니다. 많은 신청 부탁해요.

나눔장터 기증품 모집

나눔장터에 사용할 기증품을 모집합니다. 담당자에게 접수해 주세요.

환경보호 캠페인

종이컵, 빨 때, 비닐봉투등 '1회용품' 사용을 자제합시다. 개인 물병이나 손수건 등을 가지고 다닙시다.

안전한 소방교육

어르신들의 효율적인 안전사고를 미연에 방지하고자 소방교육을 실시했습니다.

▲ 파일명 : 복지관신문-완성.hwp

01 단 나누기

1 '복지관신문.hwp' 파일을 불러옵니다. 다단으로 만들 부분을 ❶ 블록 설정한 후 ❷ [쪽] 메뉴에서 ❸ [단]의 목록 단추를 눌러 ❹ '둘'을 선택합니다.

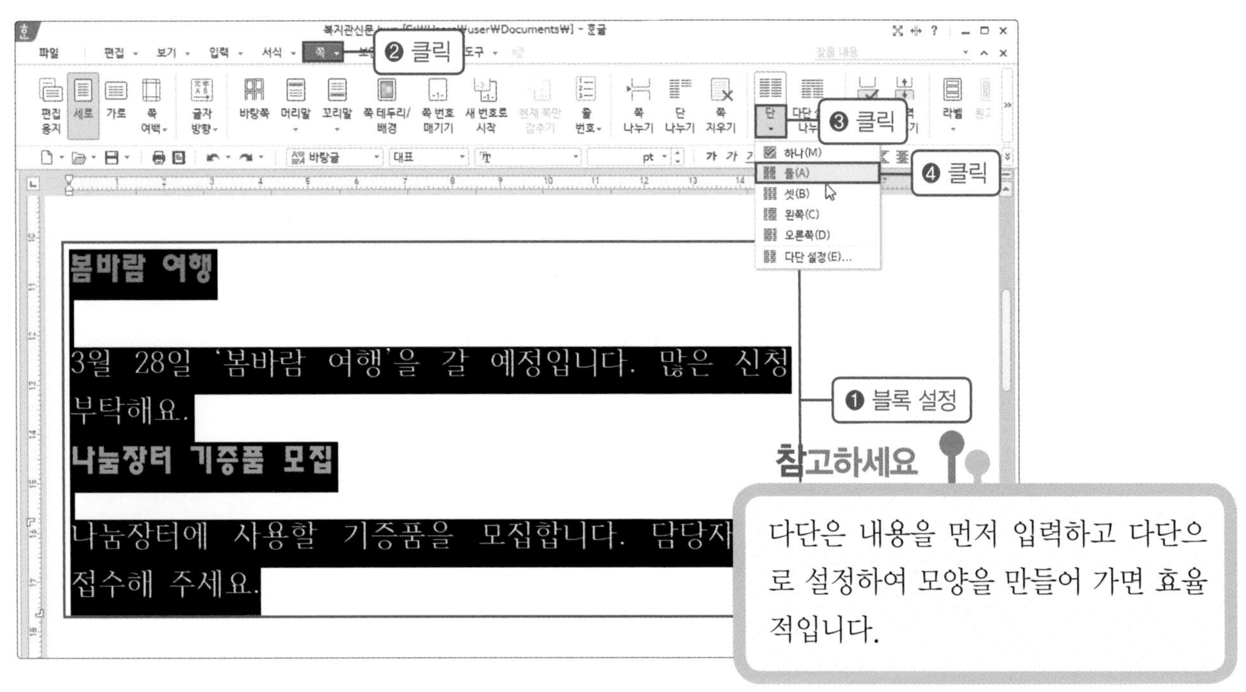

참고하세요

다단은 내용을 먼저 입력하고 다단으로 설정하여 모양을 만들어 가면 효율적입니다.

2 블록 설정한 영역이 두 단으로 작성되었습니다.

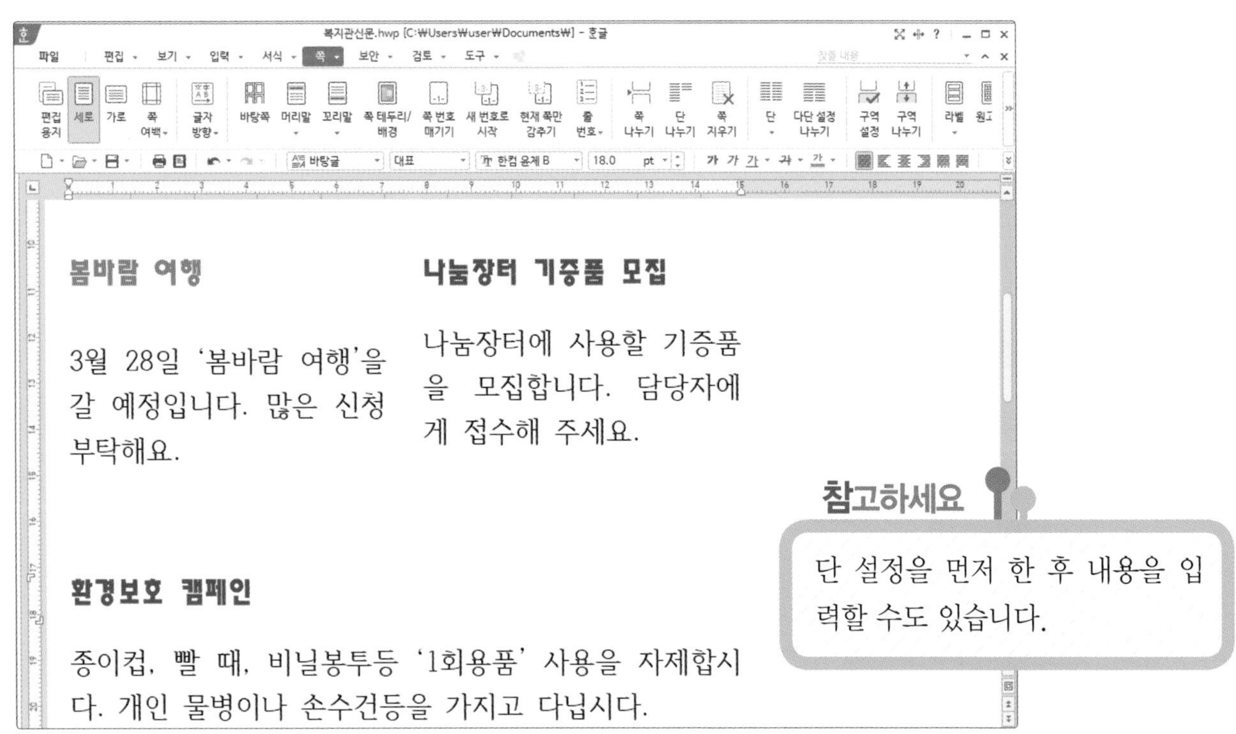

참고하세요

단 설정을 먼저 한 후 내용을 입력할 수도 있습니다.

02 단 나누기 옵션 설정

1 단의 옵션을 설정하기 위해 다단으로 만들 부분을 ❶ 블록 설정한 후 ❷ [쪽] 메뉴에서 ❸ [단]의 목록 단추를 눌러 ❹ '다단 설정'을 클릭합니다.

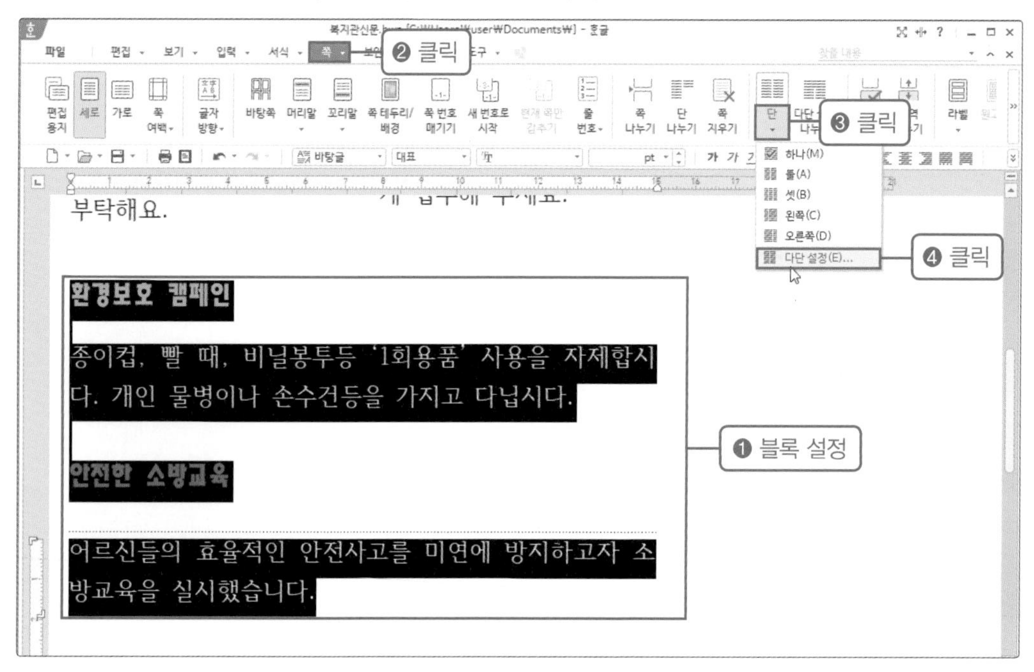

2 [단 설정] 대화상자가 열리면 자주 쓰이는 모양은 ❶ '셋'을 선택하고 ❷ '구분선'과 ❸ '간격'을 다음과 같이 지정한 후 ❹ [설정]을 클릭합니다.

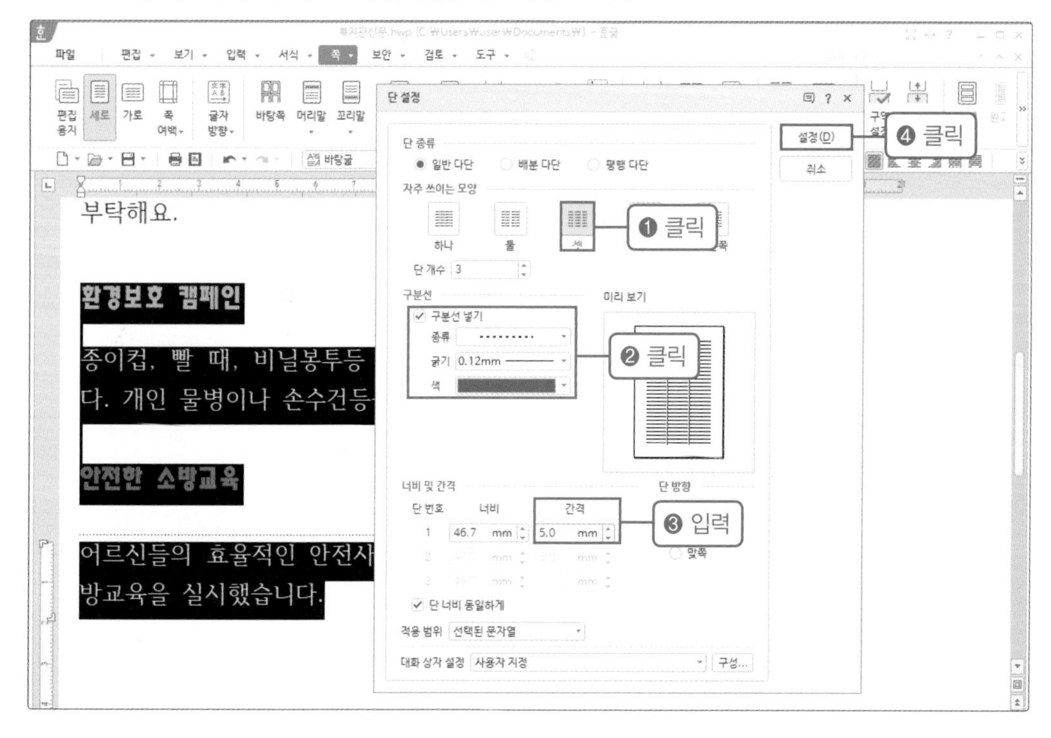

3 블록 설정한 부분이 세단으로 나뉘었습니다.

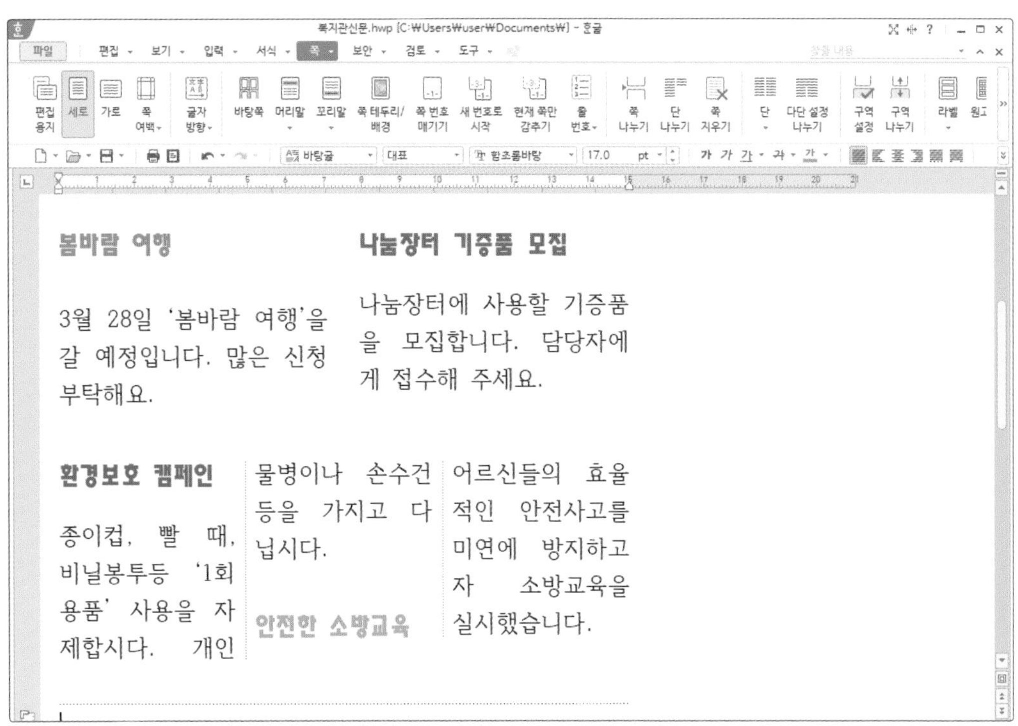

참고하세요

원래대로 한 단으로 하려면 ❶ 블록 설정한 후 ❷ [쪽] 메뉴의 ❸ [단]에서 ❹ '하나'를 선택합니다.

❷ 클릭

❸ 클릭

❹ 클릭

❶ 블록 설정

"혼자 풀어 보세요"

1 '우리동네코스.hwp' 파일을 열고, 다음과 같이 문서를 작성해 보세요.

우리동네힐링 코스

우리 숲 둘레길

둘레길을 걸어보세요. 아름다운 숲길이 위안이 됩니다.

마을 박물관

우리 동네에는 마을박물관이 있어요. 마을 역사를 알 수 있어요.

편백나무길

우리 숲 둘레길에는 편백나무길도 있어요. 미세먼지에 지친 가슴을 활짝 열어보세요.

미림제

작은 호수공원 미림제는 다양한 곤충과 수생식물이 함께 서식하고 있어요. 자연을 벗 삼아 보세요.

'숲' 작은 도서관

우리 숲 둘레길에는 작은 도서관이있어요.
화요일부터 일요일 오후 6시까지 운영됩니다.

- 1 -

힌트

- [글맵새]는 '자리차지'로 배치합니다.
- [쪽] – [쪽 테두리/배경]에서 '테두리와 배경'을 삽입하세요.
- [쪽]–[쪽 번호 매기기]에서 '쪽 번호'를 삽입하세요.

“혼자 풀어 보세요”

2 '나의소개.hwp' 파일을 열고, 다음과 같이 문서를 작성해 보세요.

매일이 신나는 형원이는?

안녕하세요.

저는 형원이예요. 지금부터 저를 소개합니다.

취미는?

저는 종이접기를 좋아해요. 색이 예쁜 색종이를 가지고 예쁜 새도 접고, 꽃도 접을 수 있어요.

좋아하는 것은?

저는 초등학교 2학년때 방과후에서 피아노를 배웠어요. 피아노 연주를 좋아해요.
내일은 동생 생일이예요.
생일축하노래를 연주해 주려고 해요.

꿈?

저는 아나운서가 꿈이예요. 텔레비전에서 뉴스를 진행하는 아나운서를 보면 꼭 제가 저 자리에 있는 것 같아요.

이번주 계획은?

이번주는 친구들과 봉사활동을 가기로 했어요.
할머니, 할아버지가 계시는 복지관에 가서 스마트폰 사용법을 알려드리려고 해요.

저 잘할 수 있겠죠?

힌트

제목 그림은 '자리차지'로 배치하고 '소녀.jpg' 그림은 '어울림'으로 배치합니다.

19 책갈피와 하이퍼링크 만들기

문서의 양이 많은 경우 문서에 특정 부분을 표시한 후 커서의 위치에 상관없이 표시해 둔 곳으로 바로 이동할 수 있으며, 하이퍼링크와 연결하여 특정한 위치, 웹 사이트, 파일 등으로 연결하여 쉽게 참조하고 이동할 수 있습니다.

- 책갈피를 넣고 이동하는 방법에 대해 알아봅니다.
- 하이퍼링크로 문서내에서 이동하는 방법에 대해 알아봅니다.

배울 내용 미리보기

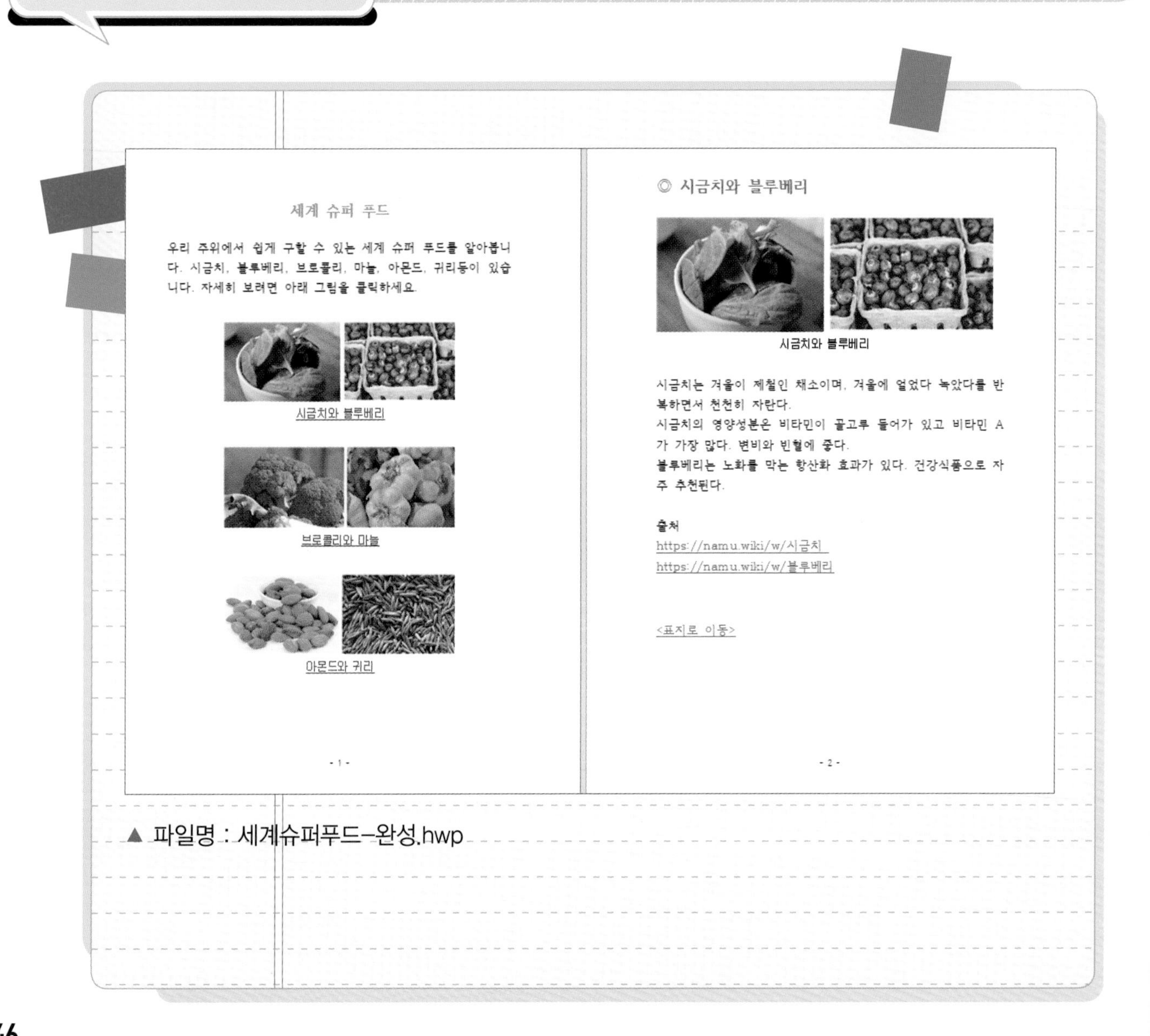

▲ 파일명 : 세계슈퍼푸드-완성.hwp

01 책갈피 넣기와 이동

1. '세계슈퍼푸드.hwp' 파일을 불러옵니다. 2페이지에서 책갈피로 넣을 제목을 ❶ 블록 설정한 후 ❷ [입력] 메뉴의 ❸ [책갈피]를 클릭합니다. ❹ [책갈피] 대화상자에서 '책갈피 이름'이 블록 설정한 부분으로 입력되어 있으면 [넣기]를 클릭합니다.

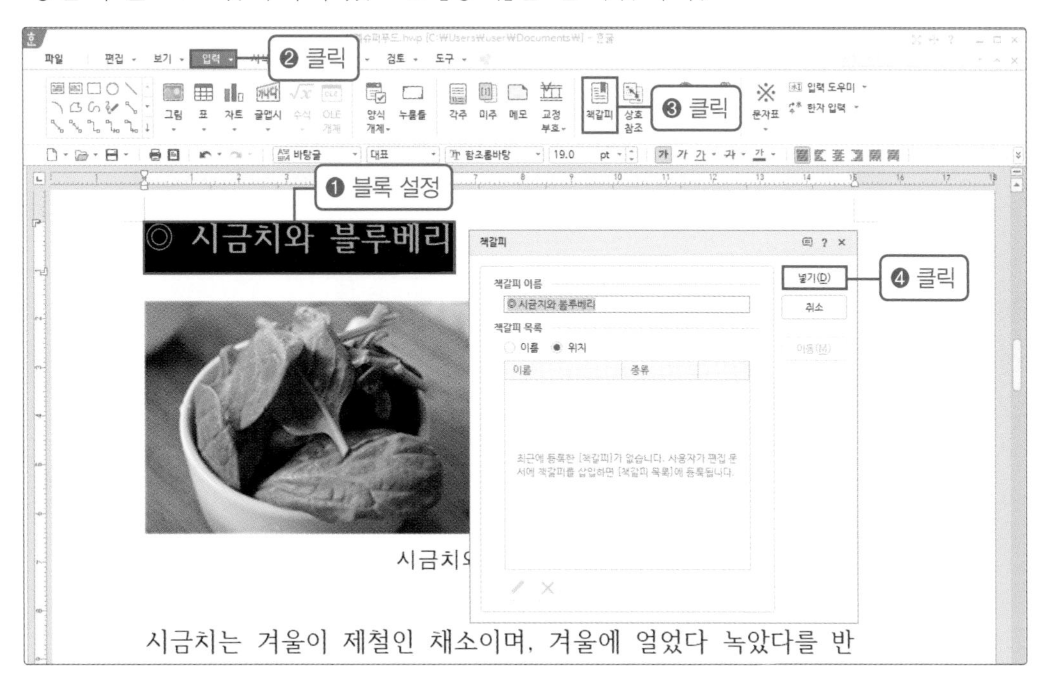

2. ❶ '브로콜리와 마늘'을 블록 설정한 후 ❷ [입력] 메뉴의 ❸ [책갈피]를 클릭합니다. ❹ [책갈피] 대화상자에서 '책갈피 이름'이 블록 설정한 부분으로 입력되어 있으면 [넣기]를 클릭합니다.

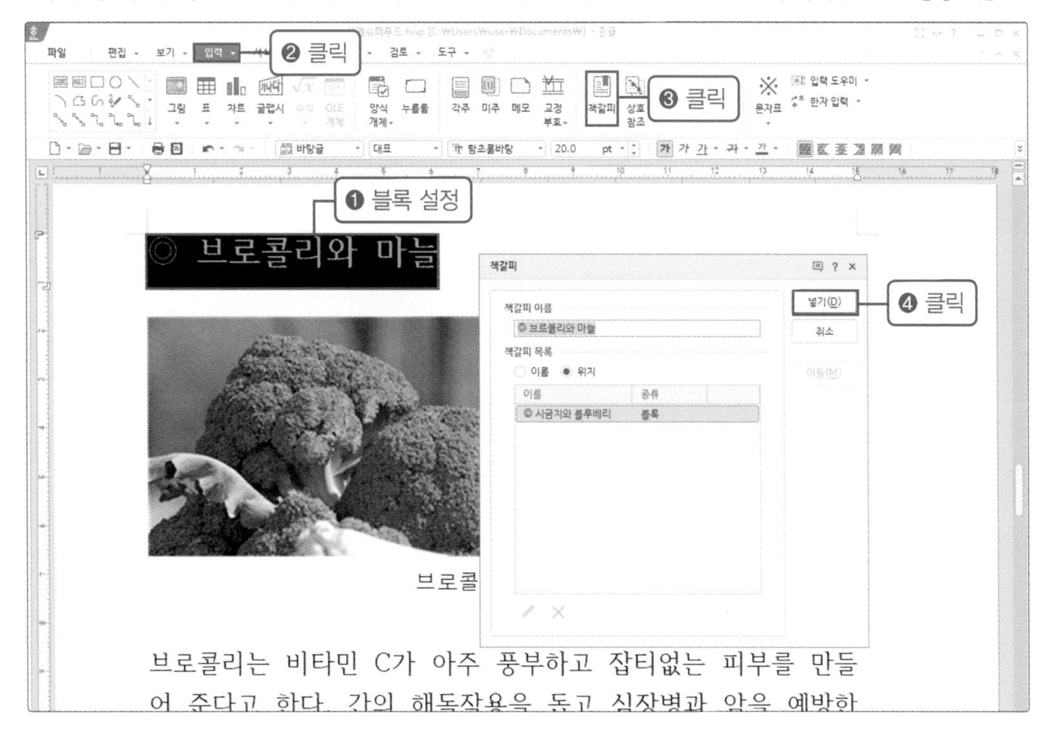

3 '아몬드와 귀리' 제목도 같은 방법으로 책갈피를 넣습니다. 원하는 책갈피로 이동하기 위해 ❶ [입력] 메뉴의 ❷ [책갈피]를 클릭합니다. ❸ [책갈피] 대화상자가 열리면 '책갈피 목록'에서 '시금치와 블루베리'를 선택한 후 ❹ [이동]을 클릭합니다.

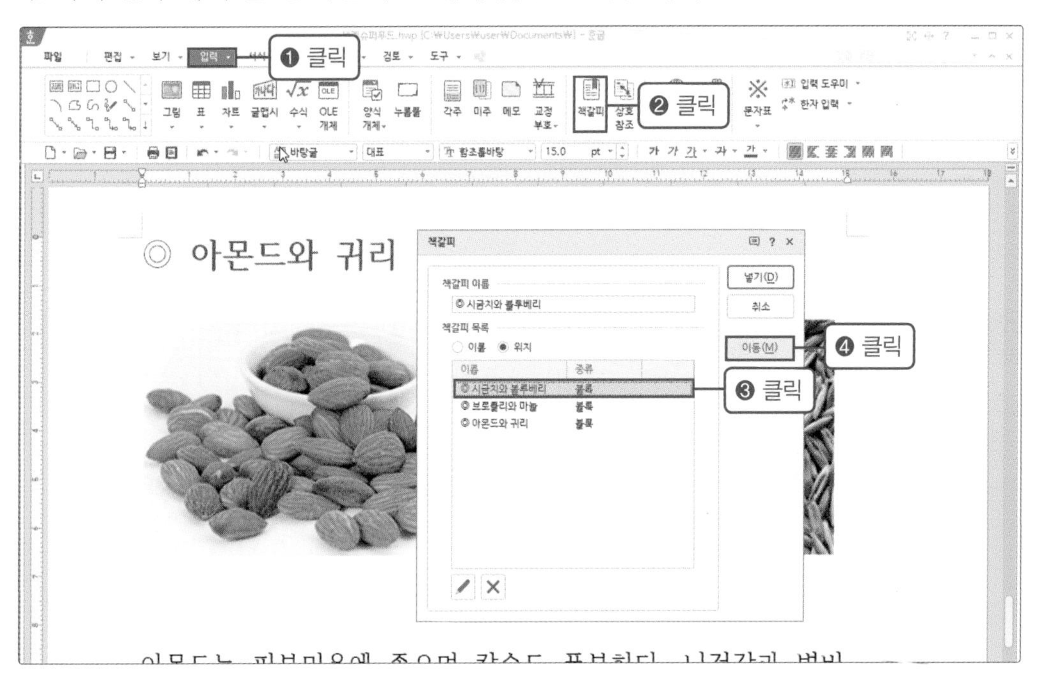

4 '시금치와 블루베리' 제목 영역으로 [이동]합니다.

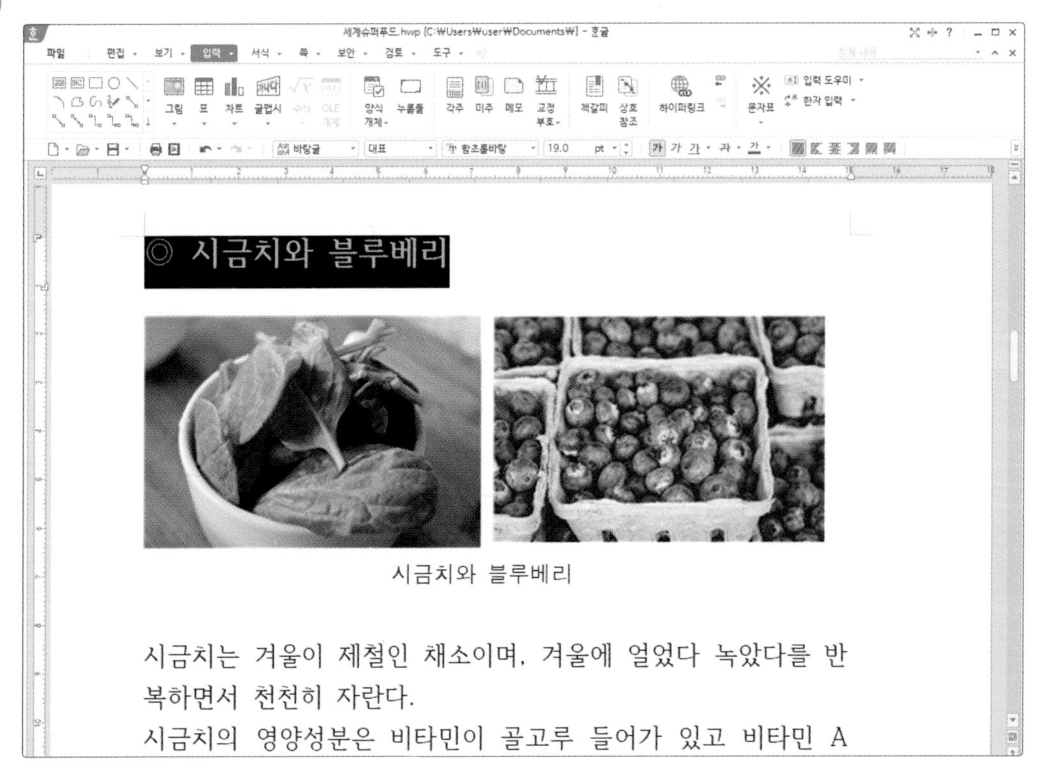

02 하이퍼 링크로 이동하기

1 1페이지의 ❶ '시금치와 블루베리' 영역을 블록 설정한 후 ❷ [입력] 메뉴의 ❸ [하이퍼링크]를 클릭합니다.

참고하세요

마우스 오른쪽 단추를 눌러 '하이퍼 링크'를 누르거나 단축키 Ctrl + K, H를 누릅니다.

2 [하이퍼링크] 대화상자가 열리면 '연결 대상'에서 ❶ [훈글 문서] 탭을 선택하고 ❷ 연결하고자 하는 책갈피 목록의 '시금치와 블루베리'를 선택한 후 ❸ [넣기]를 클릭합니다.

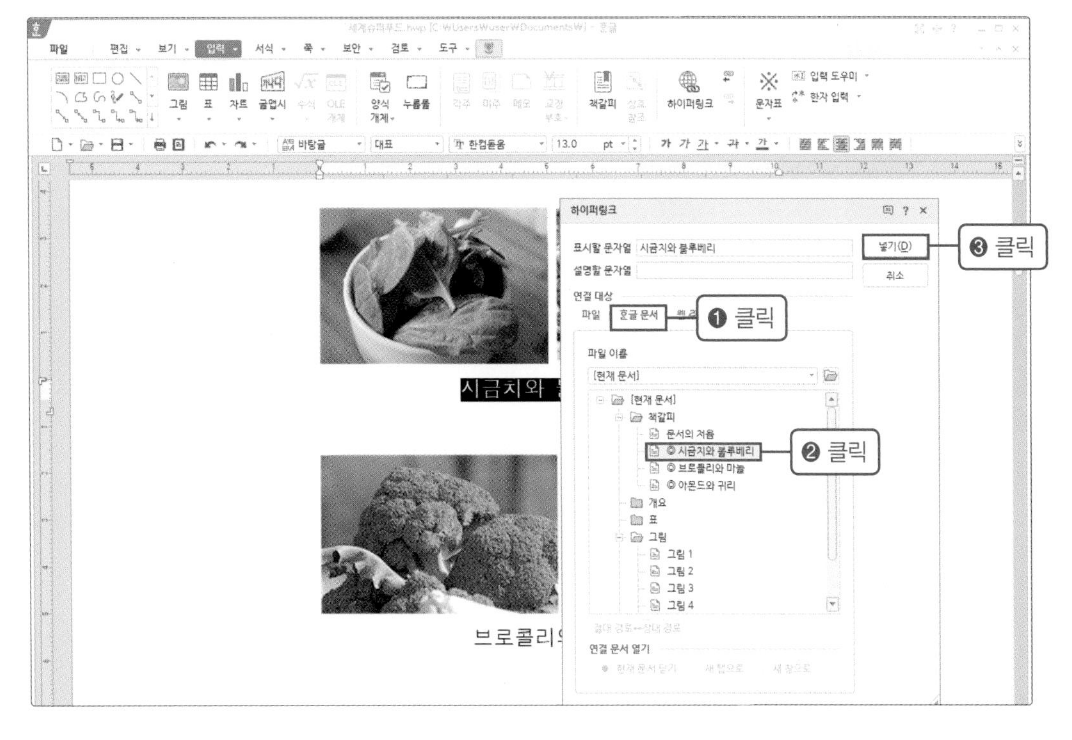

3 '브로콜리와 마늘' 영역을 블록 설정한 후 [입력] 메뉴의 [하이퍼링크]를 클릭합니다. [하이퍼링크] 대화상자가 열리면 '연결 대상'에서 ❶ [훈글 문서] 탭의 ❷ 연결하고자 하는 책갈피 목록의 '브로콜리와 마늘'를 선택한 후 ❸ [넣기]를 클릭합니다.

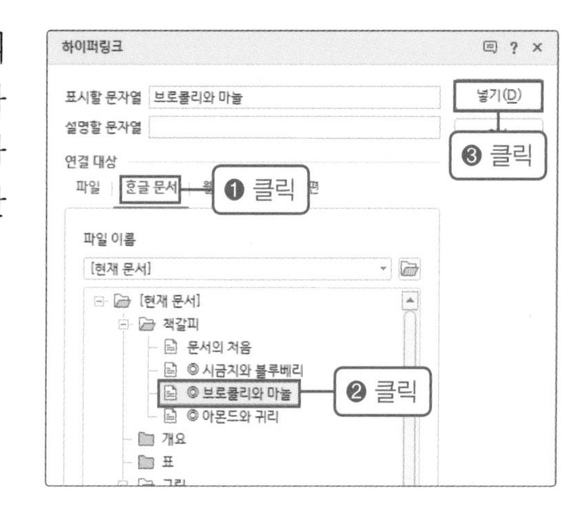

4 '아몬드와 귀리' 영역을 블록 설정한 후 [입력] 메뉴의 [하이퍼링크]를 클릭합니다. [하이퍼링크] 대화상자가 열리면 '연결 대상'에서 ❶ [훈글 문서] 탭의 ❷ 연결하고자 하는 책갈피 목록의 '아몬드와 귀리'를 선택한 후 ❸ [넣기]를 클릭합니다.

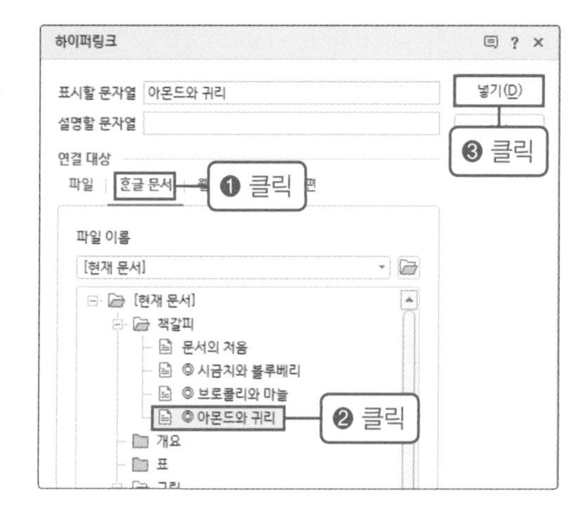

5 다음과 같이 하이퍼링크가 설정되었습니다. '시금치와 블루베리'를 누르면 마우스 모양이 손가락 모양으로 바뀝니다. 손가락 모양일 때 누르면 해당하는 문서로 이동합니다.

참고하세요 

■ **웹 사이트로 이동하기**

[입력] – [하이퍼링크] – [하이퍼링크] – ❶ [웹 주소] 탭의 입력란에 웹 주소를 직접 입력하거나 복사하여 붙여넣기합니다.

■ **문서의 처음으로 이동하기**

준비파일의 ❶ '〈표지로 이동〉'을 블록 설정한 후 [입력] – [하이퍼링크] – '연결 대상'의 ❷ [흔글 문서] 탭을 클릭 – ❸ '문서의 처음'을 선택 후 ❹ [넣기]를 클릭합니다.

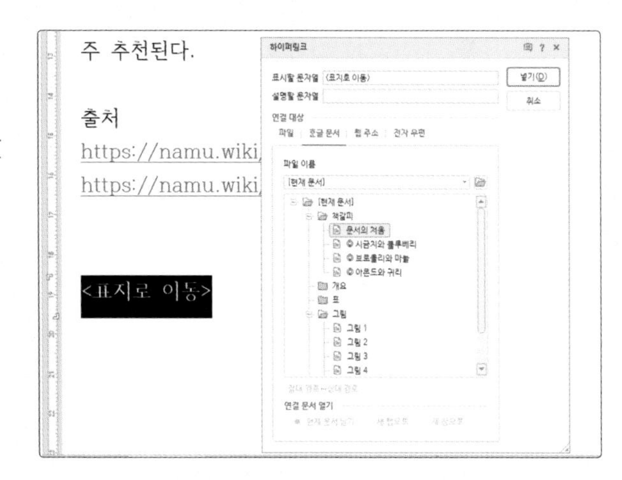

■ 하이퍼링크를 고치거나 지우려면 '하이퍼링크' 위에서 마우스 오른쪽 단추를 누른 후 [하이퍼링크 고치기] 또는 [하이퍼링크 지우기]를 클릭합니다. 하이퍼링크의 열어 본 링크, 열어 보지 않은 링크, 밑줄, 글꼴 등을 바꾸려면 [도구] – [환경 설정]– [편집] 탭에서 수정할 수 있습니다.

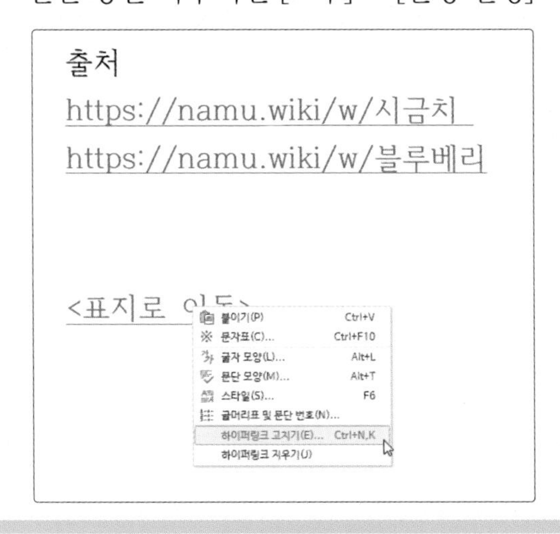

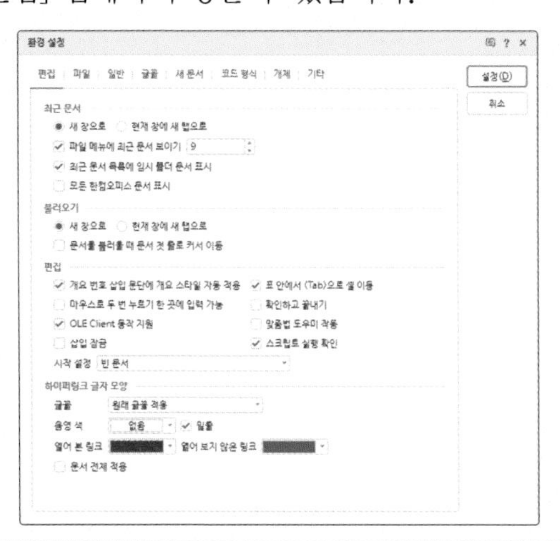

"혼자 풀어 보세요"

1

"공기정화식물.hwp" 파일을 불러오세요. 2쪽과 3쪽의 제목을 책갈피로 넣고 1쪽과 하이퍼링크로 설정하세요. '출처'를 웹 사이트로 링크를 설정하세요.

공기정화식물 베스트

미세먼지가 날이 갈수록 심해지면서 실내에서 공기정화식물이 인기를 끌고 있습니다. 실내에서 쉽게 키울 수 있는 공기정화식물을 알아봅니다.

공기정화의 원리

공기정화식물의 분류

출처 :
https://terms.naver.com/entry.nhn?docId=1228334&cid=40942&categoryId=32667

"혼자 풀어 보세요"

2 "오감만족전주여행.hwp" 파일을 불러오세요. 2쪽~4쪽의 제목을 책갈피로 넣고 1쪽과 하이퍼링크로 설정하세요. '출처'를 웹 사이트로 링크를 설정하세요.

[조건] • 하이퍼링크의 환경설정을 하세요.
• 열어본 링크 : 보라색, 열어 보지 않은 링크 : 초록색, 밑줄 : 없음

오감만족 전주 테마여행 체험

역사문화 도시문화 생태문화 공연문화

역사문화	● 조선 왕조 500여년의 시간을 고스란히 간직한 역사의 상징 경기전 ● 조선시대 지방교육의 요람, 전주향교
도시문화	● 자연과 어우러진 풍류의 멋을 머금은 한벽당 ● 한옥마을 전경을 바라볼 수 있는 곳, 오목대와 이목대
생태문화	● 국내 유일의 후백제 유적지 남고산성과 동고산성 ● 한국 천주교의 발상지, 전주 치명자산성지
공연문화	출처 : http://www.jeonju.go.kr/

20 차례 만들기

차례는 제목, 표, 그림, 수식 등 쪽 번호와 함께 목차를 만들 수 있으며, 쪽 번호가 바뀌면 차례 새로 고침을 이용해 수정할 수 있습니다.

- 차례를 만드는 방법에 대해 알아봅니다.
- 차례 새로고침 방법에 대해 알아봅니다.

배울 내용 미리보기

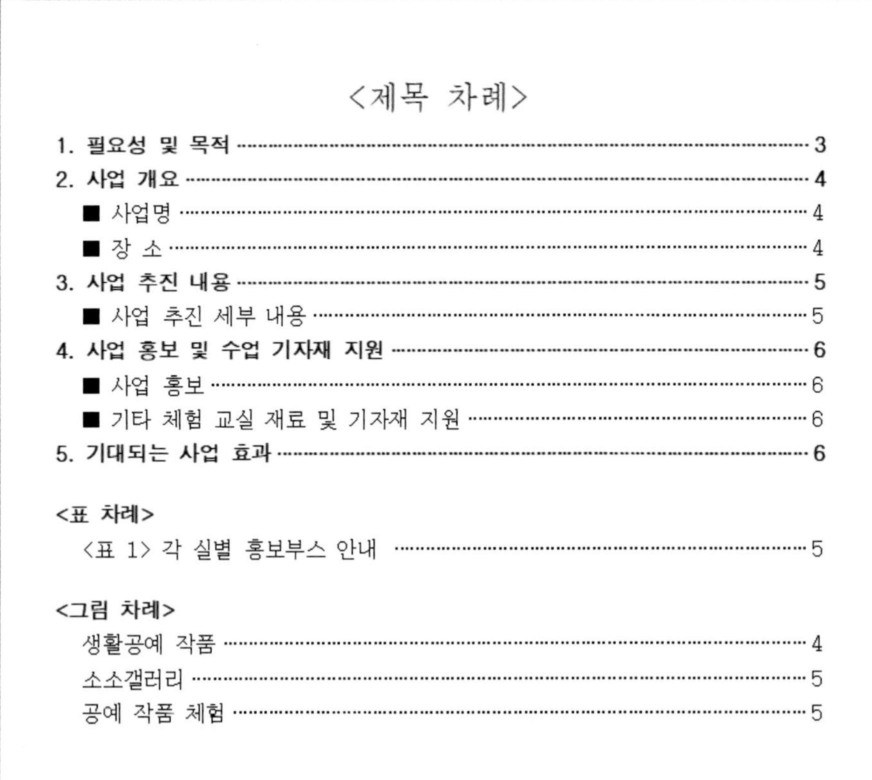

<제목 차례>

<표 차례>

<그림 차례>

▲ 파일명 : 문화예술체험여행-완성.hwp

01 차례 코드로 차례 만들기

1 '문화예술체험여행.hwp' 파일을 불러옵니다. 먼저 차례를 만들 제목에 표시를 해야 합니다. ❶ 3쪽에서 차례를 만들 제목 앞을 클릭한 후 ❷ [도구] 메뉴의 ❸ [제목 차례]를 클릭한 후 ❹ '제목 차례 표시'를 선택합니다.

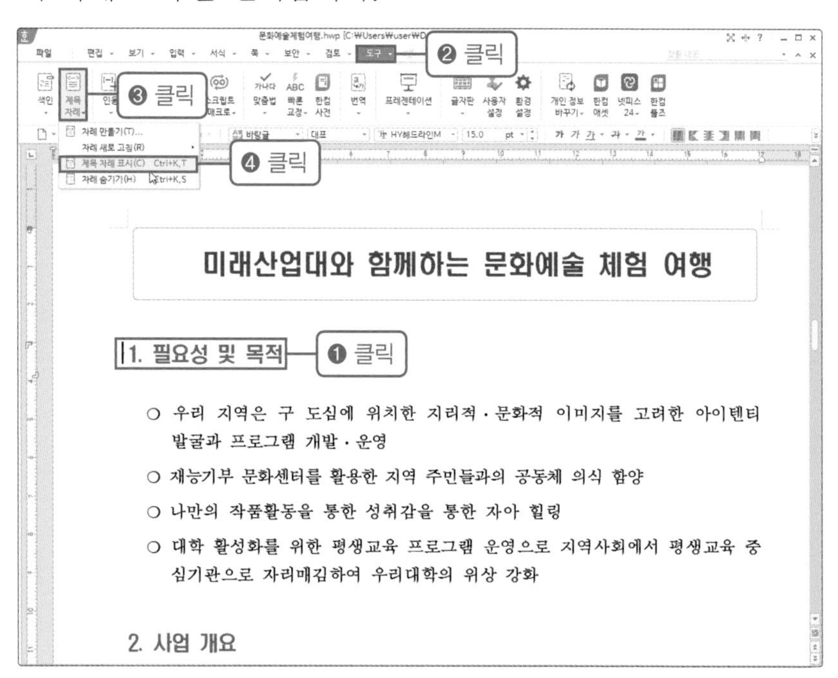

2 '차례 표시'가 제대로 되었는지 확인하려면 ❶ [보기] 메뉴의 ❷ '조판 부호'를 선택하면 ❸ 차례 표시한 부분이 [제목 차례]로 표시됩니다. 다른 제목들도 모두 '제목 차례 표시'를 합니다. '제목 차례 표시'를 확인한 후 [보기]-[조판 부호]는 해제합니다.

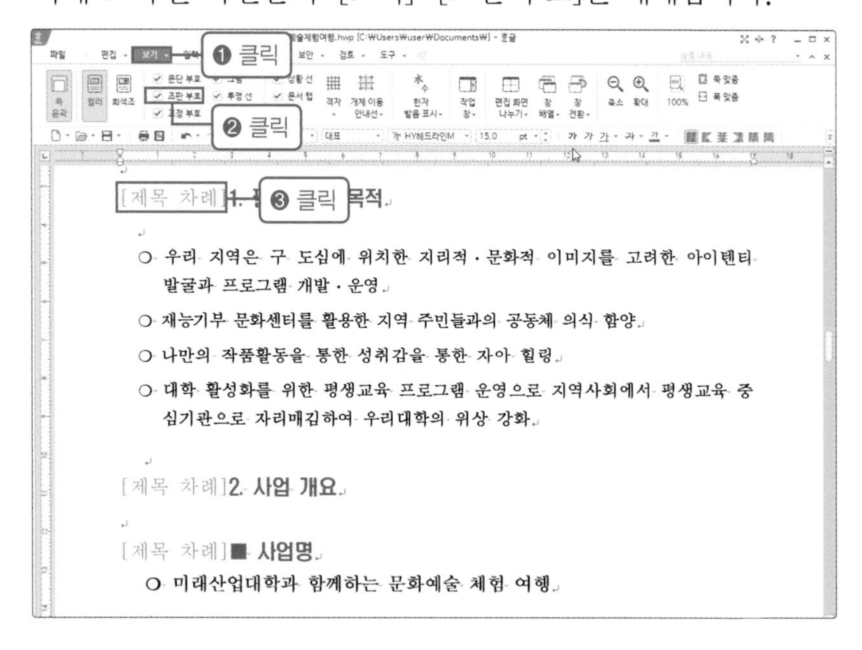

3 목차를 만들 2쪽 상단에 커서를 위치한 후 ❶ [도구] 메뉴의 ❷ [제목 차례]에서 ❸ '차례 만들기'를 클릭합니다.

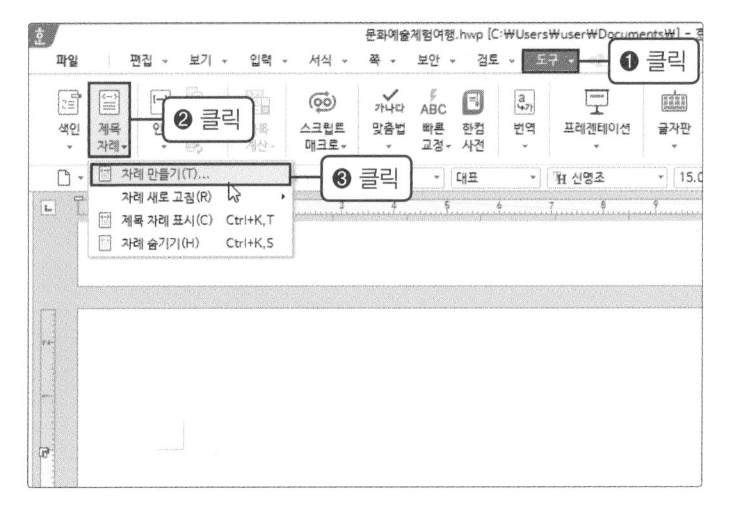

4 [차례 만들기] 대화상자가 열리면 ❶ '차례 형식 : 필드로 넣기', ❷ '만들 차례'는 '제목 차례'와 ❸ '차례 코드로 모으기', '표 차례'와 '그림 차례'를 선택합니다. ❹ '탭 모양'은 '오른쪽 탭'과 '채울 모양'은 원하는 스타일을 선택합니다. ❺ '만들 위치'는 '현재 문서의 커서 위치'를 선택한 후 ❻ [만들기]를 클릭합니다.

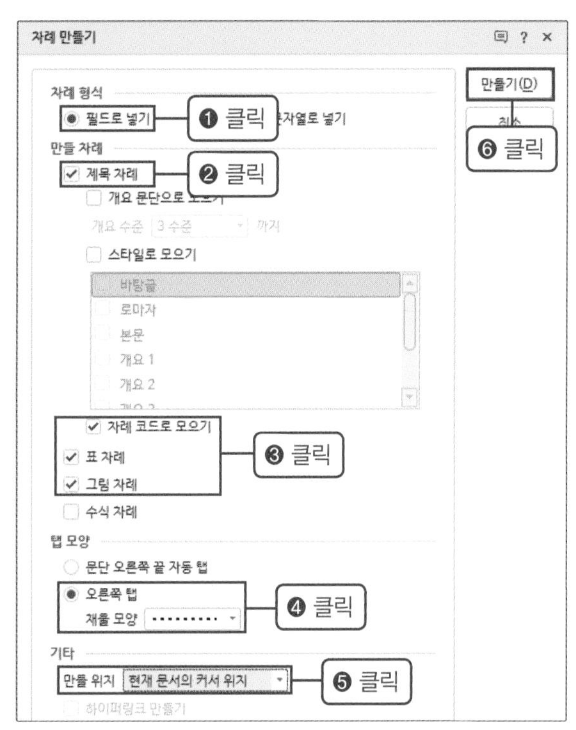

참고하세요

[표 차례]와 [그림 차례]는 표와 그림에 캡션을 넣었을 때 만들어 집니다.

5 현재 커서가 위치했던 곳에 '제목 차례'가 만들어 졌습니다.

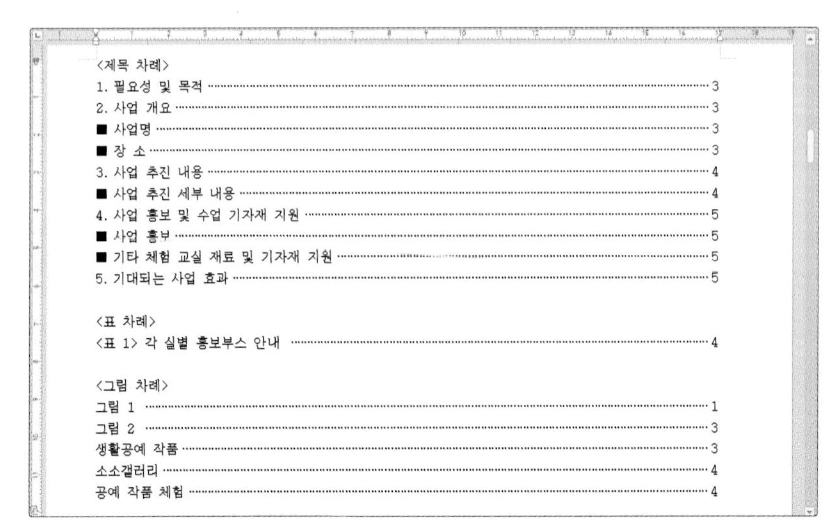

<제목 차례>
1. 필요성 및 목적 3
2. 사업 개요 3
■ 사업명 3
■ 장 소 3
3. 사업 추진 내용 4
■ 사업 추진 세부 내용 4
4. 사업 홍보 및 수업 기자재 지원 5
■ 사업 홍부 5
■ 기타 체험 교실 재료 및 기자재 지원 5
5. 기대되는 사업 효과 5

<표 차례>
<표 1> 각 실별 홍보부스 안내 4

<그림 차례>
그림 1 1
그림 2 3
생활공예 작품 3
소소갤러리 4
공예 작품 체험 4

02 차례 새로 고침

1 쪽을 나누어 쪽을 변경해 보겠습니다. ❶ '2. 사업 개요' 위에 클릭한 후 ❷ [쪽] 메뉴의 ❸ '쪽 나누기'를 클릭합니다.

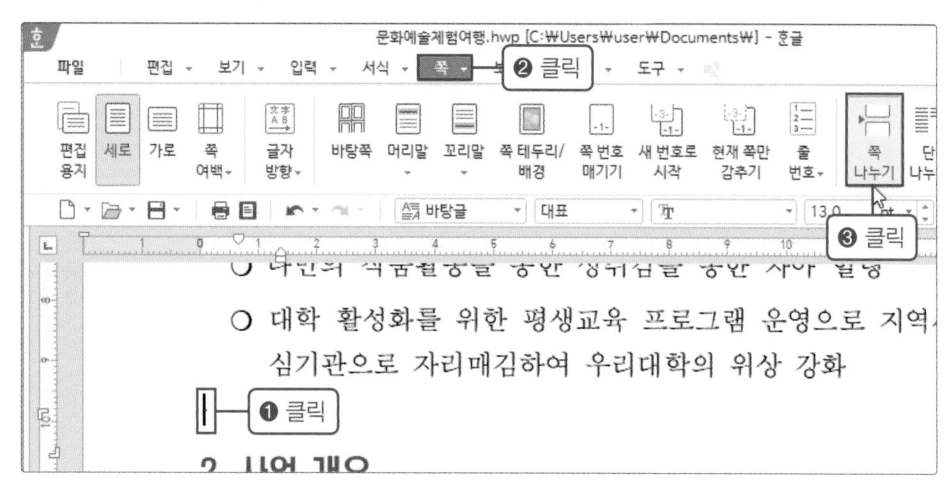

2 '2. 사업 개요'가 3쪽에서 4쪽으로 바뀌었습니다. 목차도 쪽 번호를 변경하기 위해 ❶ [도구] 메뉴의 ❷ [제목 차례]에서 ❸ [차례 새로 고침]의 ❹ '모든 차례 새로 고침'을 클릭합니다.

참고하세요

[차례 새로 고침]은 문서 어느 곳에서나 '차례 새로 고침'이 가능합니다.

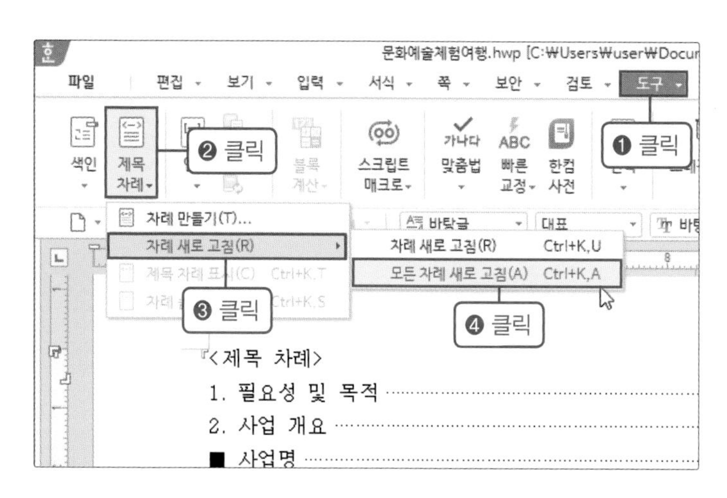

3 차례 표시의 쪽이 모두 변경되었습니다. 필요없는 그림 차례는 삭제하고 글꼴과 문단 모양을 임의로 설정하여 문서를 편집합니다.

참고하세요

글꼴과 문단 모양의 서식이 설정된 상태에서 '차례 새로 고침'을 하면 서식이 모두 지워집니다. 서식은 모든 문서가 완료되었을 때 마지막에 설정합니다.

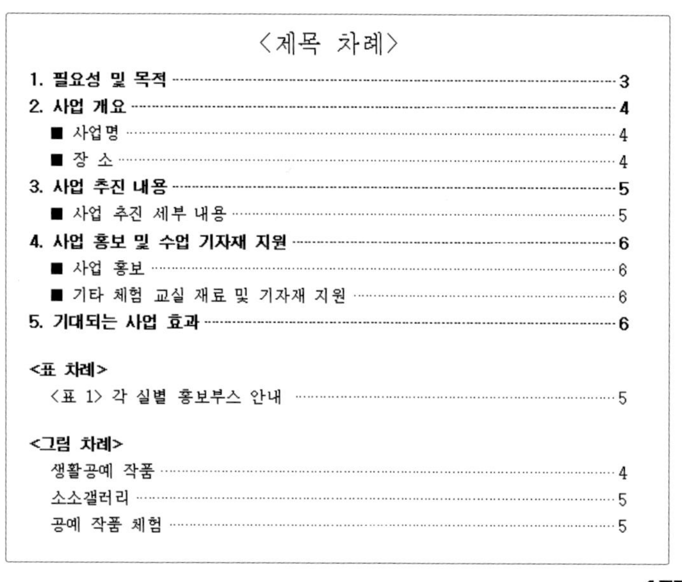

<제목 차례>

1. 필요성 및 목적 **3**
2. 사업 개요 **4**
■ 사업명 4
■ 장 소 4
3. 사업 추진 내용 **5**
■ 사업 추진 세부 내용 5
4. 사업 홍보 및 수업 기자재 지원 **6**
■ 사업 홍보 6
■ 기타 체험 교실 재료 및 기자재 지원 6
5. 기대되는 사업 효과 **6**

<표 차례>
<표 1> 각 실별 홍보부스 안내 5

<그림 차례>
생활공예 작품 4
소소갤러리 5
공예 작품 체험 5

“혼자 풀어 보세요”

1 ‘진로교육활성화방안.hwp’ 파일을 열고, 문서의 제목에 ‘제목 차례’를 표시하시오.

2. [제목 차례]**현황 및 문제점**

[제목 차례]**1) 학생 맞춤형 진로교육 미흡**

○ 진로심리검사, 진로체험 등을 학급단위로 실시함에 따라 학생 개인별 특성을 고려한 **개인 맞춤형 진로교육 부족**

※ 학교 진로교육 활동별 학생 참여율 및 만족도 ['15, 한국직업능력개발원]
- 참여율 : ‘진로와 직업’ 수업 〉 진로심리검사 〉 진로체험 〉 진로상담 〉 진로 동아리
- 만족도 : 진로동아리 〉 진로체험 〉 진로상담 〉 진로심리검사 〉 ‘진로와 직업’ 수업

○ 학교 진로교육에서 **「진로와 직업」 선택과목 채택** 비율이 중학교보다 고등학교에서 현저히 낮음

※ 「진로와 직업」 선택과목 채택율 : 중(80.4%), 고(53.8%) ['15, 한국직업능력개발원]

[제목 차례]**2) 진로교육 지원 및 전문 인력 부족**

○ **특수교육대상자, 북한이탈주민학생, 다문화학생** 등 사회적 배려 학생들에 대한 특성을 고려한 맞춤형 진로교육 지원 부족

○ 중·고등학생 중심의 진로교육 운영으로 **대학생의 맞춤형 진로교육 기회 부족**

○ 진로전담교사의 **진로연수 부족 및 진로교육 학습자료 미개발**에 따른 진로수업 업무역량, 개인차 존재, 진로 전문가 인력풀 미흡

※ 담임교사의 학생 진로교육(지도) 역량 강화를 위한 연수기회 확대 요구 : 14.8%

[제목 차례]**3) 진로교육 인프라 활용 미흡**

○ 진로교육 콘텐츠 및 진로정보가 개발·보급되었으나, **사용자 편의성 및 홍보 부족** 등으로 학교현장의 체감 효과는 낮음

2 ‘제목 차례’를 ‘현재 문서의 구역’에 ‘제목 차례’ 만들기 하세요. ‘제목 차례’ 쪽은 쪽을 감추기 하세요.

<제목 차례>

힌트

첫 페이지 ‘진로교육 활성화 방안’ 제목 위를 클릭 – [도구] – [제목 차례] – [차례 만들기] – 만들 위치 : ‘현재 문서의 새 구역’

이렇게 하면 목차 페이지를 따로 만들지 않고 ‘제목 차례’를 삽입할 수 있습니다.

“혼자 풀어 보세요”

3 2번 문서에 이어 작성하세요. ‘2. 현황 및 문제점’을 다음 페이지로 강제로 나누기 한 후 ‘제목 차례’를 새로고침 하세요. 다음 문서처럼 꾸며 보세요.

<차 례>

힌트

- 쪽 나누기 : Ctrl + Enter
- [도구] – [제목 차례] – [차례 새로 고침]
- [쪽] – [쪽 테두리/배경]

21 라벨과 메일 머지

라벨은 명함, 주소록, 물건 이름표 등을 분류나 구분을 하기 위해 사용하는 이름표이며, 메일 머지는 상장, 감사장 등을 하나의 서식 파일에 여러 데이터 파일을 연결하여 출력하는 기능입니다.

- 라벨을 만드는 방법에 대해 알아봅니다.
- 메일 머지 방법에 대해 알아봅니다.
- 라벨과 메일 머지를 병합하는 방법에 대해 알아봅니다.

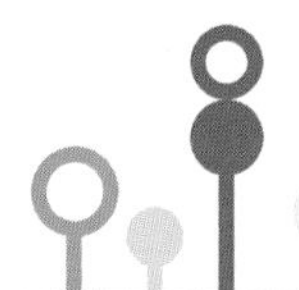

배울 내용 미리보기

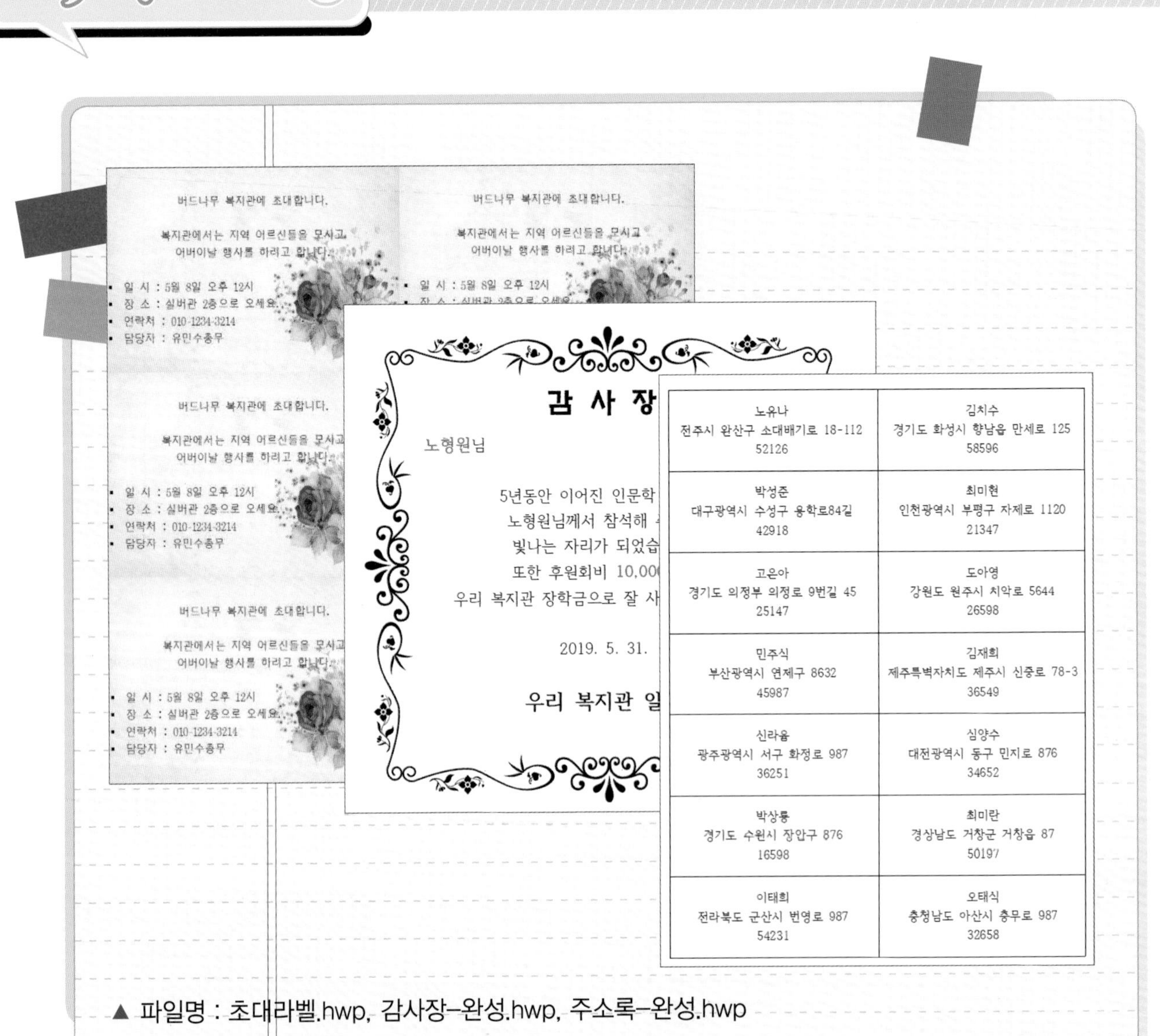

버드나무 복지관에 초대합니다.

복지관에서는 지역 어르신들을 모시고
어버이날 행사를 하려고 합니다.

- 일 시 : 5월 8일 오후 12시
- 장 소 : 실버관 2층으로 오세요.
- 연락처 : 010-1234-3214
- 담당자 : 유민수총무

감 사 장

노형원님

5년동안 이어진 인문학
노형원님께서 참석해
빛나는 자리가 되었습
또한 후원회비 10,00
우리 복지관 장학금으로 잘 사

2019. 5. 31.

우리 복지관 일

노유나 전주시 완산구 소대배기로 18-112 52126	김치수 경기도 화성시 향남읍 만세로 125 58596
박성준 대구광역시 수성구 용학로84길 42918	최미현 인천광역시 부평구 자제로 1120 21347
고은아 경기도 의정부 의정로 9번길 45 25147	도아영 강원도 원주시 치악로 5644 26598
민주식 부산광역시 연제구 8632 45987	김재희 제주특별자치도 제주시 신중로 78-3 36549
신라율 광주광역시 서구 화정로 987 36251	심양수 대전광역시 동구 민지로 876 34652
박상룡 경기도 수원시 장안구 876 16598	최미란 경상남도 거창군 거창읍 87 50197
이태희 전라북도 군산시 번영로 987 54231	오태식 충청남도 아산시 충무로 987 32658

▲ 파일명 : 초대라벨.hwp, 감사장-완성.hwp, 주소록-완성.hwp

01 라벨 만들기

1 '새 문서'를 열고 ❶ [쪽] 메뉴의 ❷ [라벨]에서 ❸ '라벨 문서 만들기'를 클릭합니다. [라벨 문서 만들기] 대화상자가 열리면 ❹ [라벨 문서 꾸러미]에서 여러 라벨 회사 목록 중 ❺ 'Formtec'의 ❻ '물건이름표(8칸)-3114'를 선택하고 ❼ [열기]를 누릅니다.

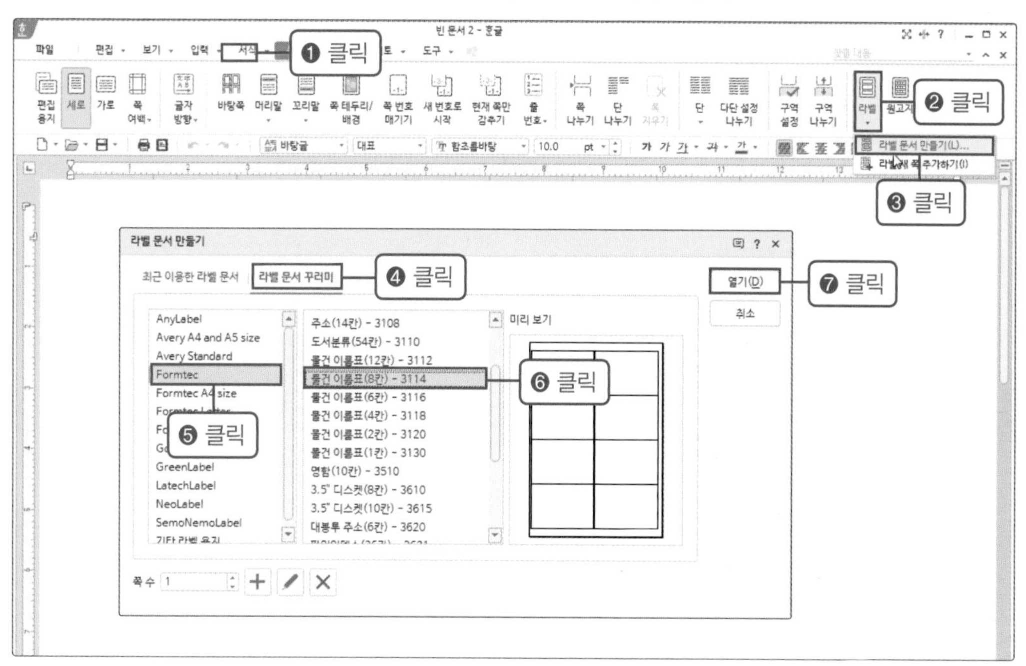

2 선택한 라벨지가 열리면 첫 번째 셀에 다음과 같이 입력하고 글꼴 서식과 문단 서식을 설정합니다.

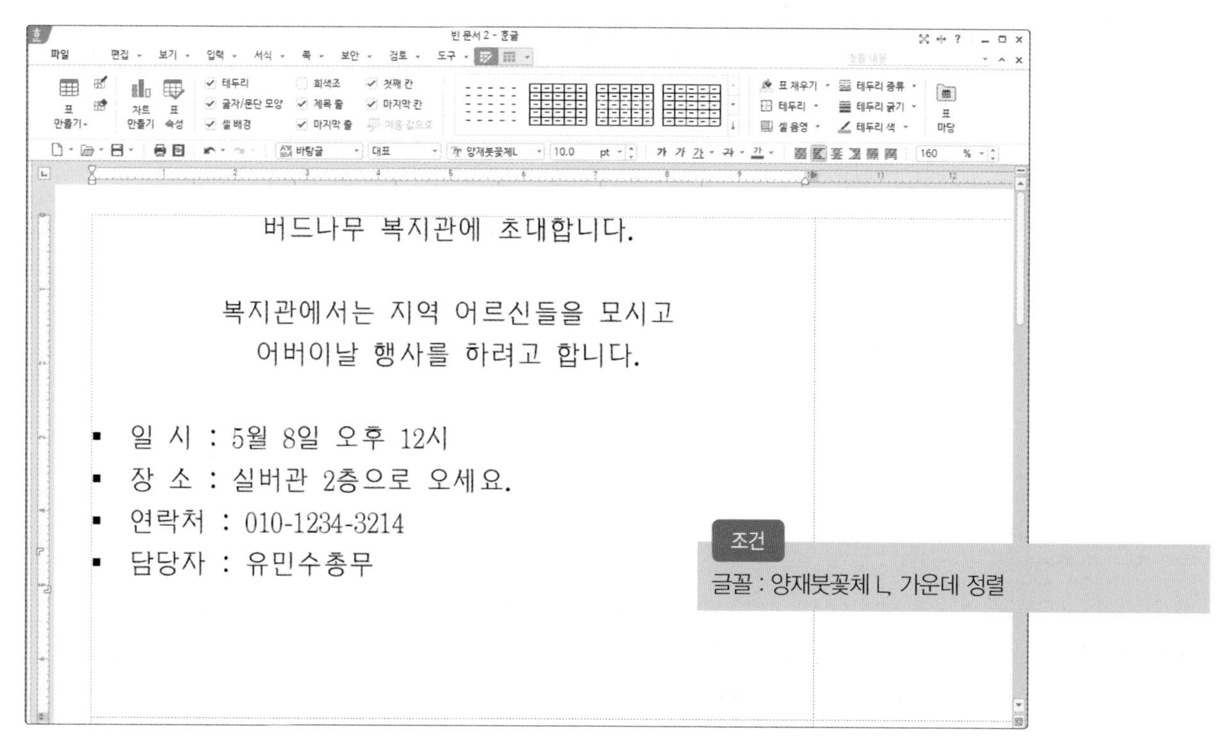

3 표 안에 같은 내용으로 채우기 위해 ❶ 표 전체를 블록 설정한 후 ❷ [표 레이아웃]의 ❸ [채우기]의 목록 단추를 누르고 ❹ '표 자동 채우기'를 클릭합니다.

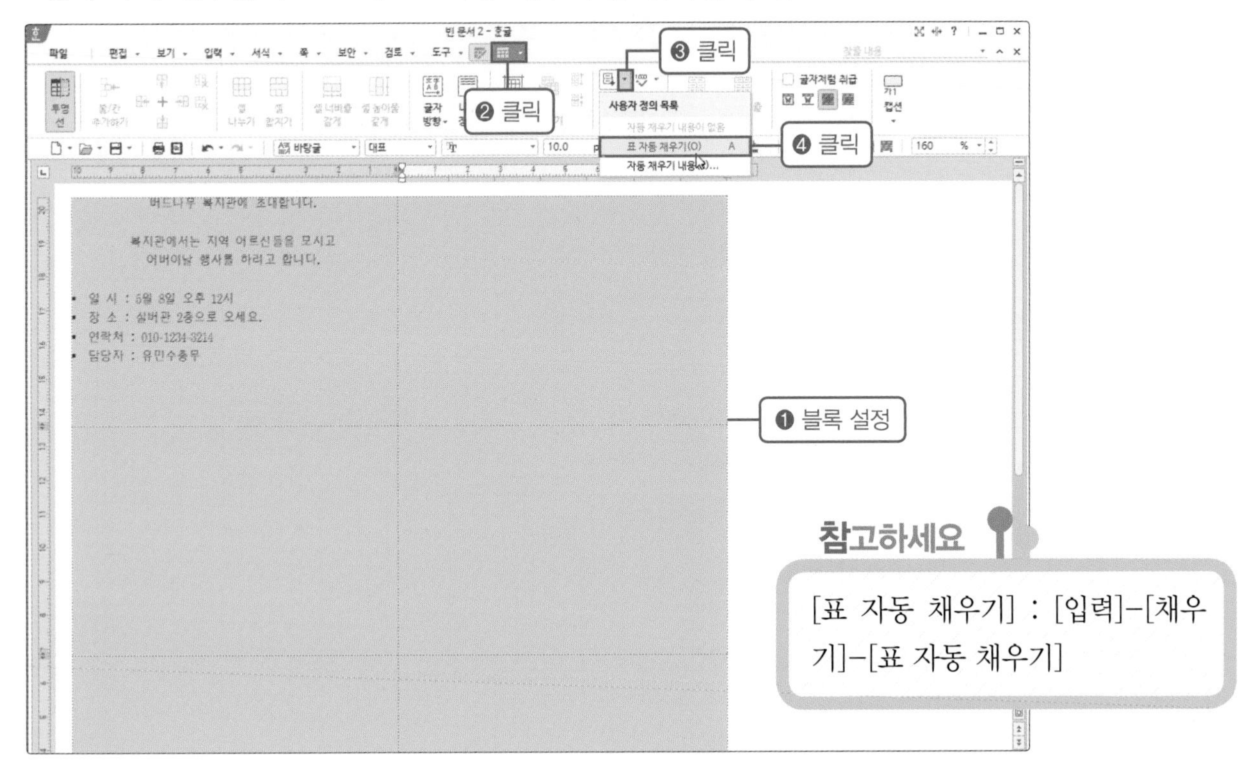

참고하세요

[표 자동 채우기] : [입력]-[채우기]-[표 자동 채우기]

4 표 안의 내용을 표 가운데로 정렬하기 위해 표 전체가 블록 설정한 상태에서 ❶ [표 디자인] 메뉴의 ❷ [표 속성]을 클릭합니다. [표/셀 속성] 대화상자가 열리면 ❸ [셀] 탭의 ❹ '세로 정렬'을 '가운데'를 선택한 후 ❺ [설정]을 클릭합니다.

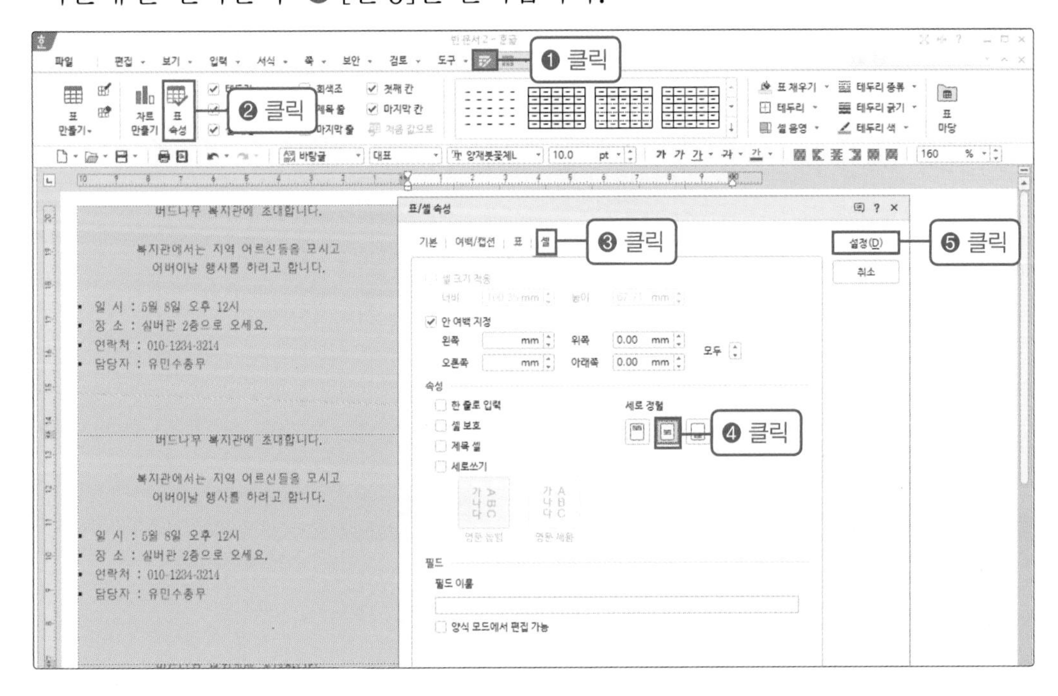

5 표에 그림을 배경으로 넣기 위해 표 전체를 블록 설정하고 ❶ [표 디자인] 탭의 ❷ [표 채우기]의 목록 단추를 눌러 ❸ '다른 채우기'를 클릭합니다.

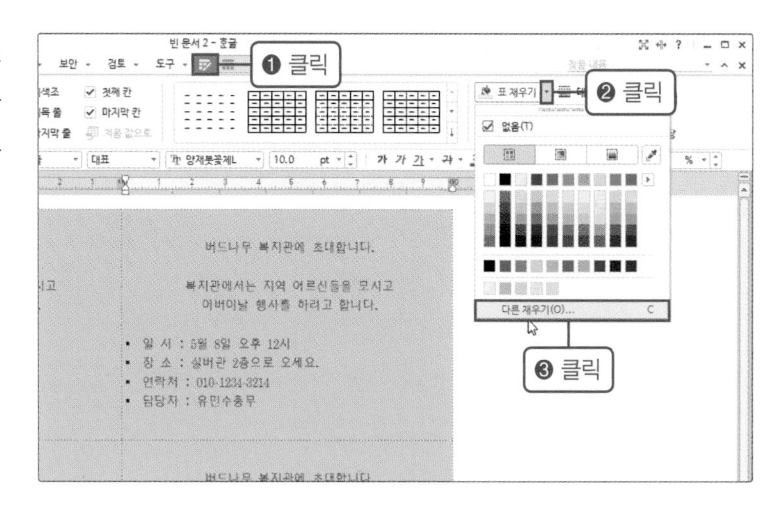

6 [셀 테두리/배경] 대화상자의 ❶ [배경] 탭에서 ❷ [그림]을 체크하고 ❸ '그림 선택'을 클릭하여 '카드.jpg'를 불러온 후 ❹ [설정]을 클릭합니다.

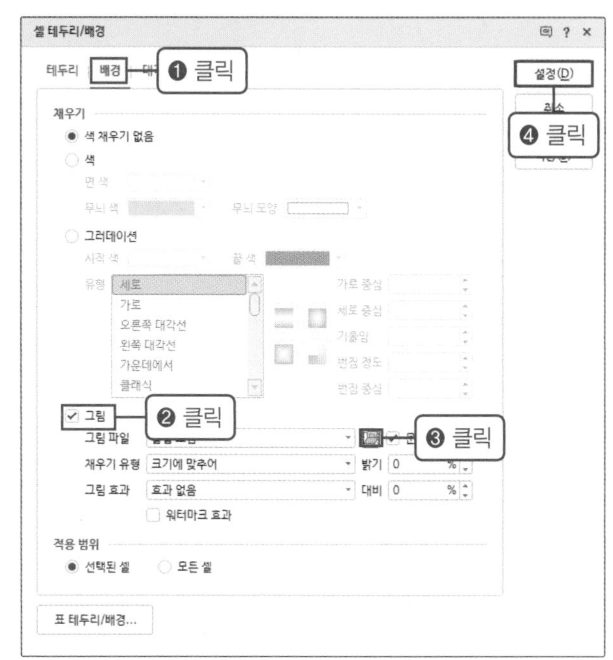

7 다음과 같이 초대 라벨지가 완성되었습니다.

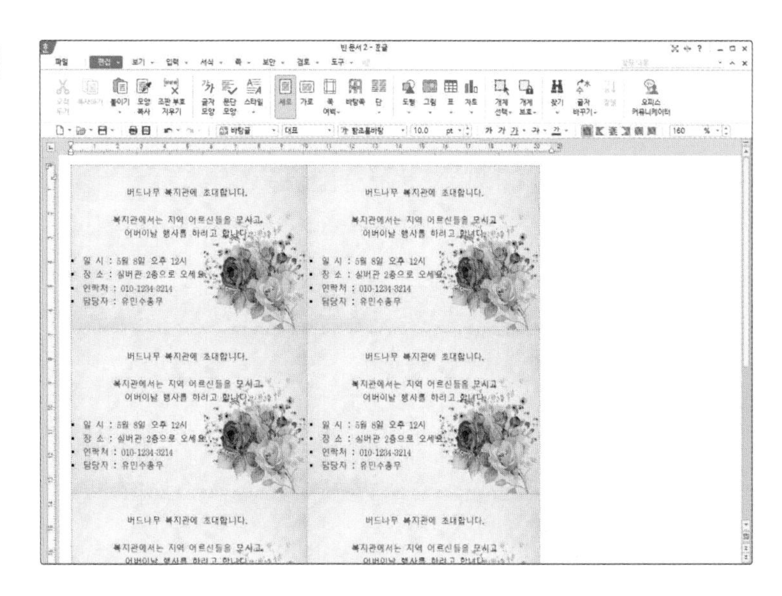

02 메일 머지 표시 달기

1 '감사장.hwp' 파일을 불러옵니다. 메일 머지를 만들기 위해서는 먼저 메일 머지가 들어갈 부분에 표시를 해두어야 합니다. 이름이 들어갈 ❶ '님' 앞을 클릭한 후 ❷ [도구] 메뉴의 목록 단추를 눌러 ❸ [메일 머지]의 ❹ '메일 머지 표시 달기'를 클릭합니다.

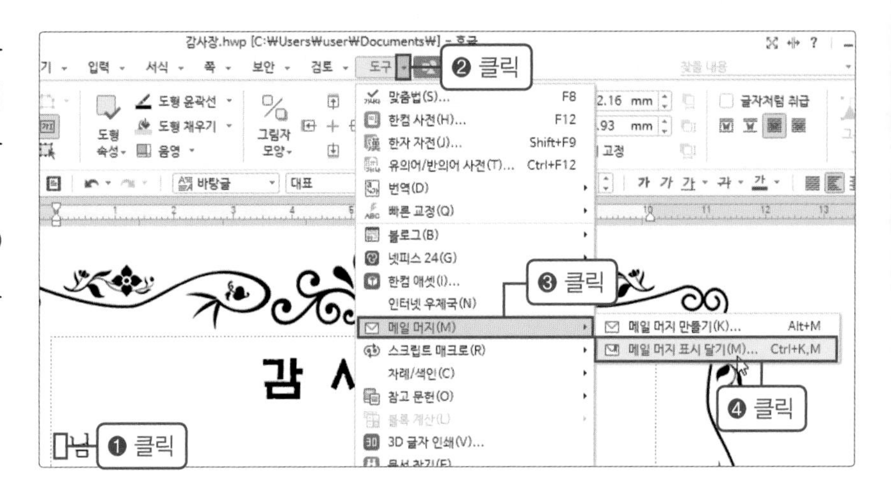

2 [메일 머지 표시 달기] 대화상자에서 ❶ [필드 만들기] 탭을 클릭한 후 ❷ '필드 번호나 이름을 입력하세요'의 입력란을 클릭합니다. 데이터 파일에서 첫 번째 해당하는 데이터이므로 '1'을 입력하고 ❸ [넣기]를 클릭합니다. '님' 앞에 '{{1}}'이 표시됩니다.

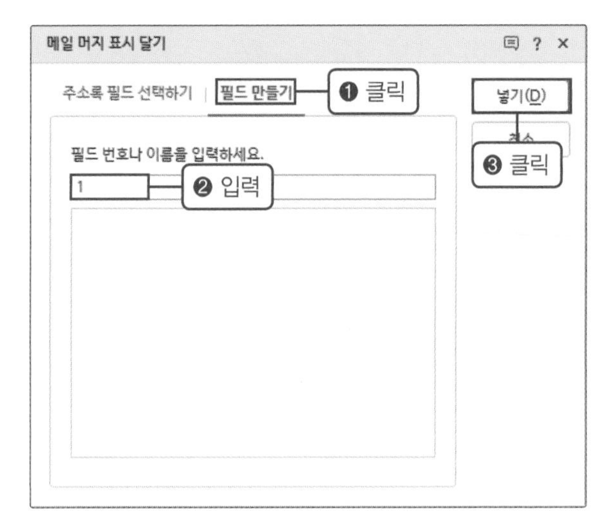

3 ❶ '님' 앞을 클릭한 후 ❷ [도구] 메뉴의 목록 단추를 눌러 ❸ [메일 머지]의 ❹ '메일 머지 표시 달기'를 클릭합니다. [메일 머지 표시 달기] 대화상자에서 [필드 만들기] 탭을 클릭한 후 '필드 번호나 이름을 입력하세요'의 입력란을 클릭합니다. 데이터 파일에서 첫 번째 해당하는 데이터이므로 '1'을 입력하고 [넣기]를 클릭합니다. '님' 앞에 '{{1}}'가 표시됩니다.

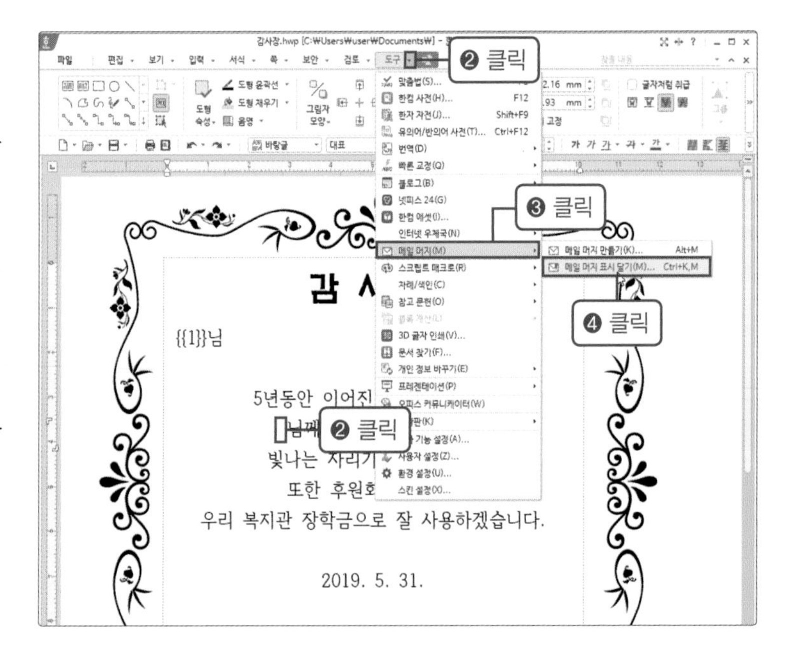

4 원회비가 들어갈 부분인 ❶ '원' 앞을 클릭한 후 [도구]-[메일 머지]-'메일 머지 표시 달기'를 클릭합니다. [메일 머지 표시 달기] 대화상자에서 ❷ [필드 만들기] 탭을 클릭한 후 '필드 번호나 이름을 입력하세요'의 입력란을 클릭합니다. 데이터 파일에서 두 번째 해당하는 데이터이므로 ❸ '2'를 입력하고 ❹ [넣기]를 클릭합니다. '원' 앞에 '{{2}}'가 표시됩니다.

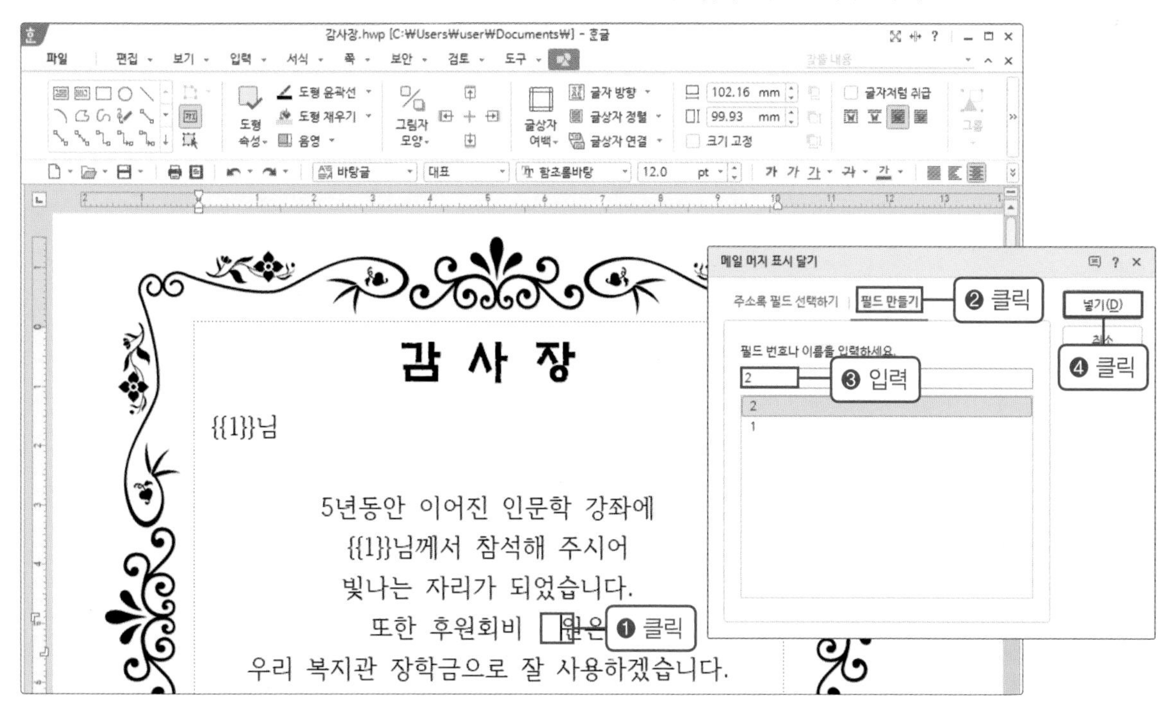

5 {{1}}과 {{2}}의 메일 머지 표시에 들어갈 데이터의 글꼴을 설정할 수 있습니다. '진하게, 글꼴 색' 등 원하는 글꼴과 글꼴 색을 설정합니다.

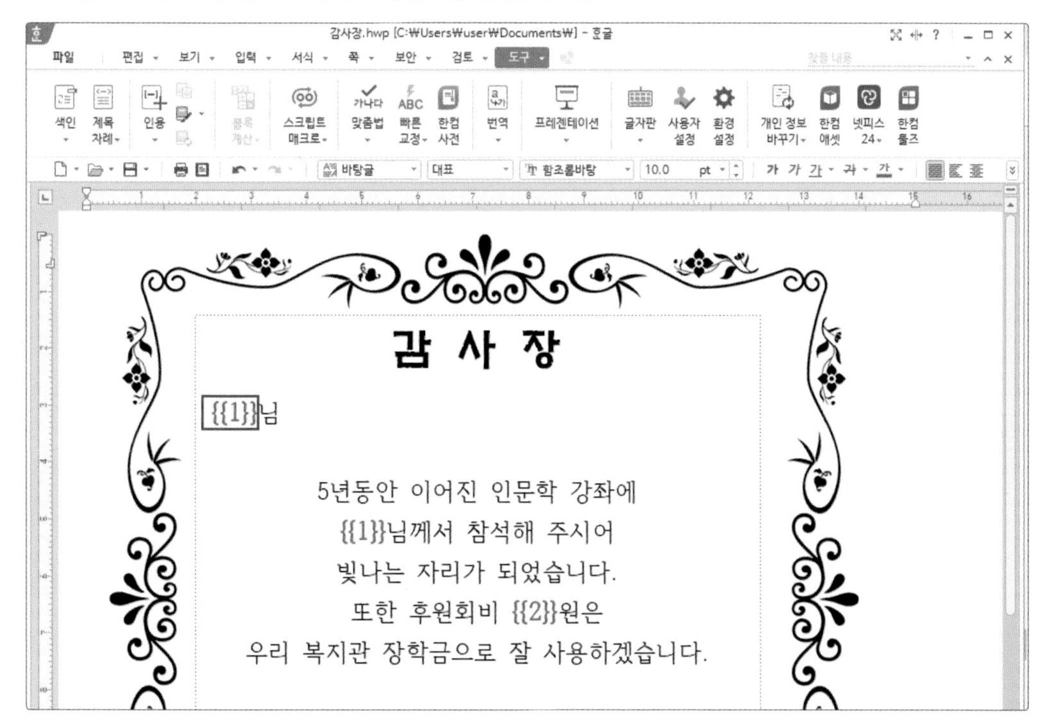

03 메일 머지 데이터 파일과 완성하기

1 메일 머지 내용문에 들어갈 데이터를 작성합니다. '새 문서'를 열고 첫 줄에 '2'를 입력합니다. 다음처럼 문서에 들어갈 데이터 '이름'과 '금액'을 입력한 후 '데이터파일.hwp'로 저장합니다.

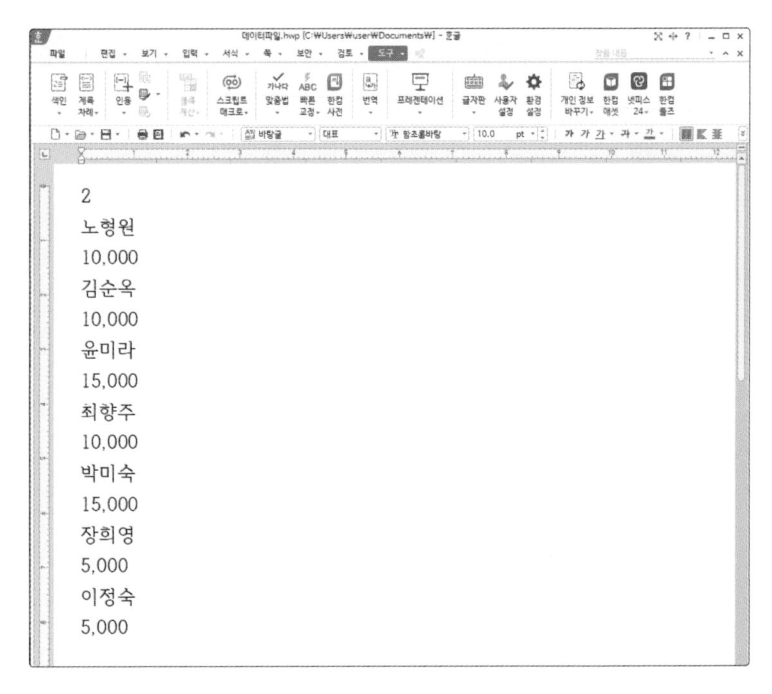

참고하세요

첫 줄에 '2'를 입력하는 이유는 두 개의 데이터가 하나의 문서에 세트로 들어가기 때문입니다.

2 '감사장.hwp' 파일에서 ❶ [도구] 메뉴의 ❷ [메일 머지]에서 ❸ '메일 머지 표시 달기'를 클릭합니다.

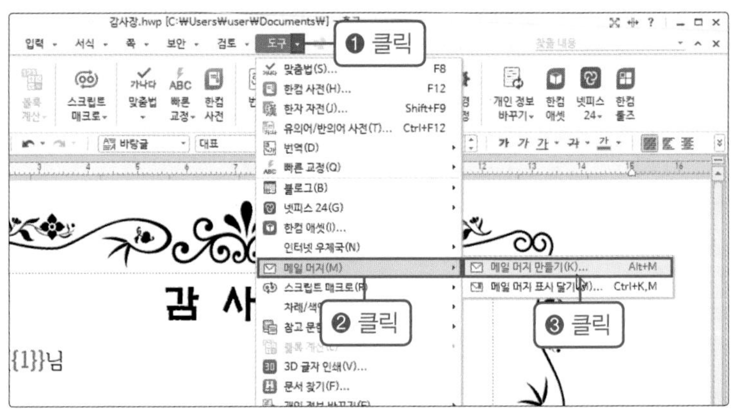

3 [메일 머지 만들기] 대화상자에서 '자료 종류'를 ❶ '훈글 파일'을 선택한 후 ❷ '파일 선택' 단추를 클릭합니다.

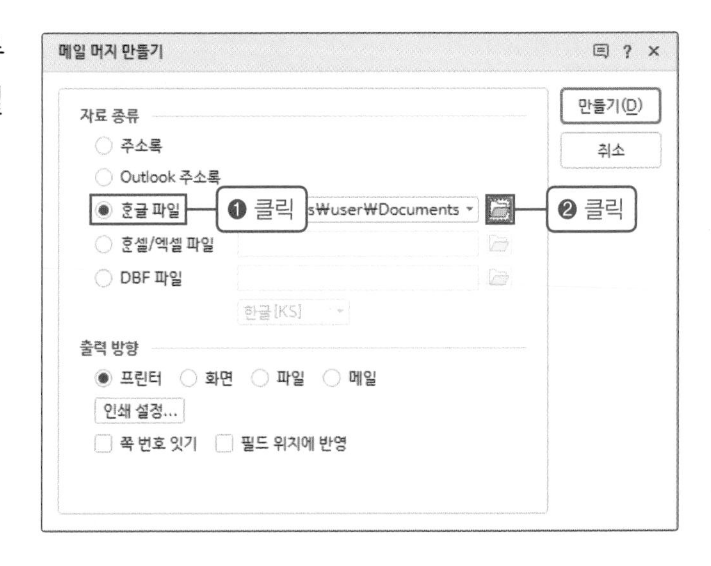

4 [한글 파일 불러오기] 대화상자가 열리면 ❶ '데이터파일.hwp' 파일을 선택한 후 ❷ [열기]를 클릭합니다.

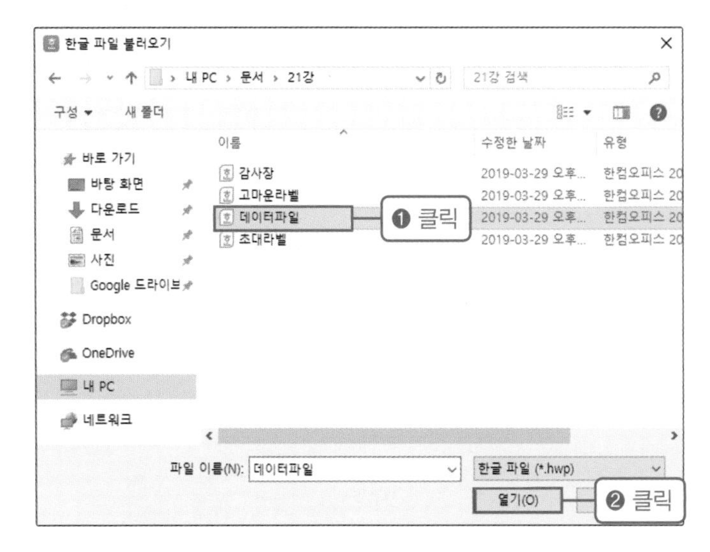

5 다시 [메일 머지 만들기] 대화상자가 열리면 '출력 방향'을 ❶ '화면'으로 선택한 후 ❷ [만들기]를 클릭합니다.

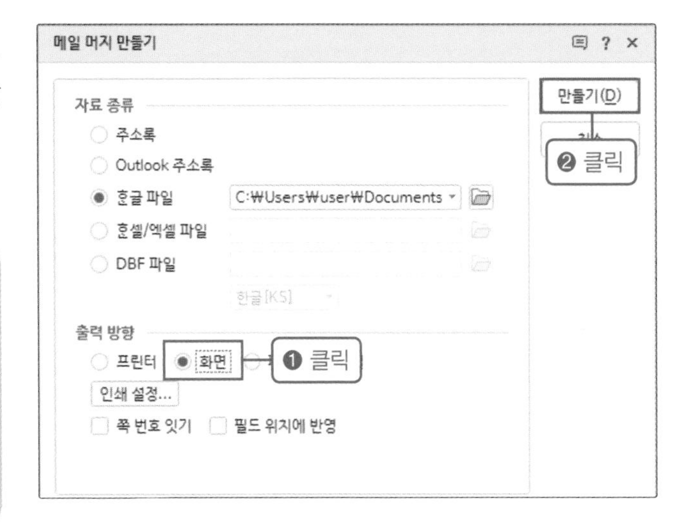

참고하세요

프린터 : 프린터로 출력합니다.
화면 : 미리보기 창으로 확인한 후 출력가능합니다.
파일 : 파일로 저장됩니다.
메일 : 이메일로 전송할 수 있습니다.

6 [미리보기] 창에서 키보드의 Pg dn 을 눌러 확인합니다.

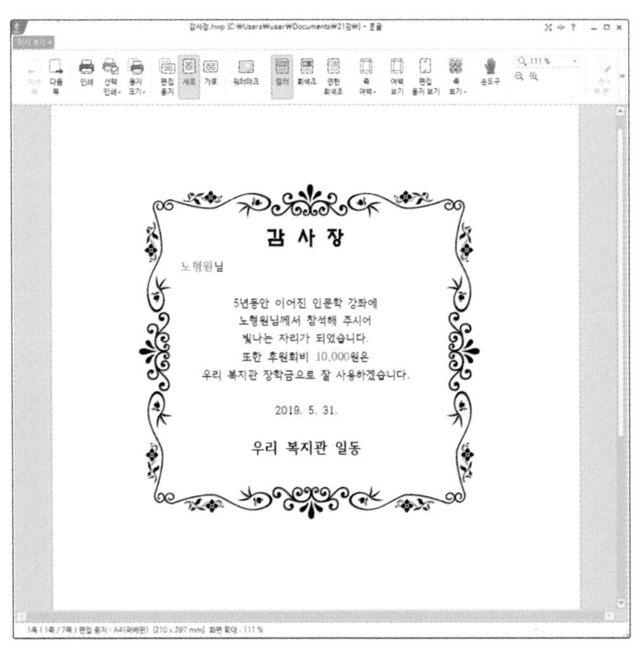

참고하세요

'미리보기'한 후 '인쇄'를 눌러 프린터로 출력할 수 있습니다.

"혼자 풀어 보세요"

1 다음과 같이 라벨 기능을 이용하여 라벨을 만든 후 '감사라벨.hwp'로 저장해 보세요.

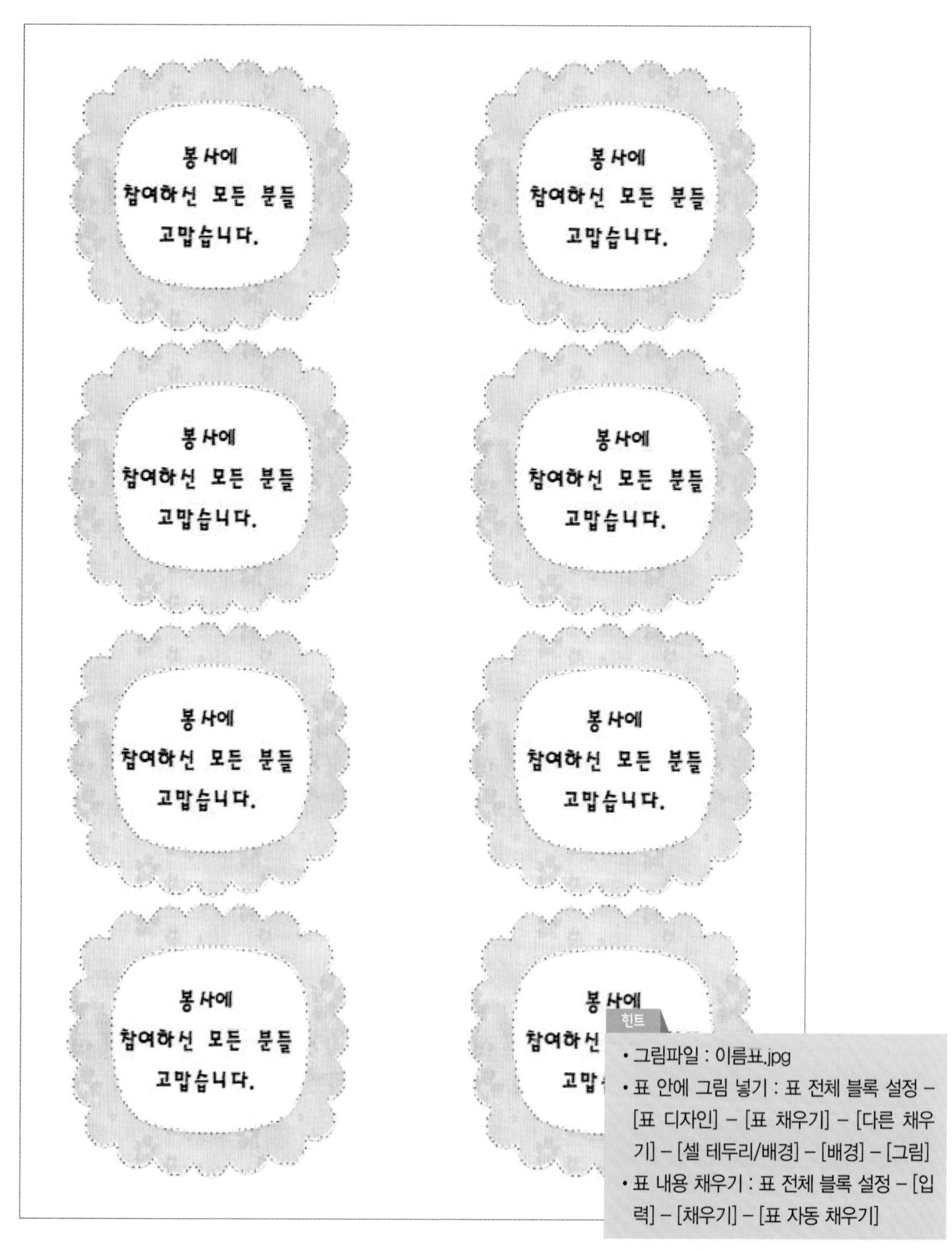

힌트

- 그림파일 : 이름표.jpg
- 표 안에 그림 넣기 : 표 전체 블록 설정 – [표 디자인] – [표 채우기] – [다른 채우기] – [셀 테두리/배경] – [배경] – [그림]
- 표 내용 채우기 : 표 전체 블록 설정 – [입력] – [채우기] – [표 자동 채우기]

"혼자 풀어 보세요"

2 다음과 같이 라벨과 메일 머지 기능을 이용하여 만든 후 출력은 '참가자명단-완성.hwp' 파일로 저장해보세요.

제 2회 소프트웨어 창의코딩 {{1}} {{2}}	

제 2회 소프트웨어 창의코딩 김지숙 한영초 4	제 2회 소프트웨어 창의코딩 이은미 세종초 6
제 2회 소프트웨어 창의코딩 노형원 하늘중 3	제 2회 소프트웨어 창의코딩 박상미 영미중2

힌트

- 라벨 만들기 : [쪽] – [라벨] – [라벨 문서 만들기] – [Formtec – 물건 이름표(4칸)-3118]
- 메일 머지 표시 달기 : '이름'과 '학교' 메일 머지 표시 달기
- 메일 머지 만들기 : 한글파일(명단데이터.hwp)
- 출력방향 : '파일' – '저장' 단추 클릭 – 파일 이름 입력 – '저장' – '만들기'

보안문서 작성하기

문서 내에서 전화번호, 주민번호, 주소, 이메일 등의 개인정보 내용을 특수 문자로 변경하여 보호할 수 있으며, 인쇄나 복사 기능을 제한하여 읽기전용 문서로 만들 수 있는 배포용 문서로 보안 문서를 작성할 수 있습니다.

- 개인 정보 보안 문서를 만드는 방법에 대해 알아봅니다.
- 배포용 문서 작성 방법에 대해 알아봅니다.

□ 아동청소년분과위원회 명단

	이 름	직 책	소 속	연락처
1	김미란	위원장	이룸청소년상담센터	010-1234-****
2	최소리	위 원	행복교육연구소	010-3698-****
3	박정만	위 원	놀자학교	010-5536-****
4	이용희	위 원	도토리나무센터	010-9874-****
5	조현주	위 원	아름다운행복학교	010-1234-****

▲ 파일명 : 회의자료-개인정보보호.hwp, 회의자료-배포용문서.hwp

01 개인 정보 보호하기

1 '회의자료.hwp' 파일을 불러옵니다. 2쪽의 전화번호의 뒷자리를 감추기 위해 ❶ [보안] 메뉴의 ❷ [개인 정보 찾아서 보호]를 클릭합니다. ❸ [개인 정보 보호하기] 대화상자에서 '전화번호'를 선택하고 ❹ '* 표시형식 선택' 단추를 클릭합니다.

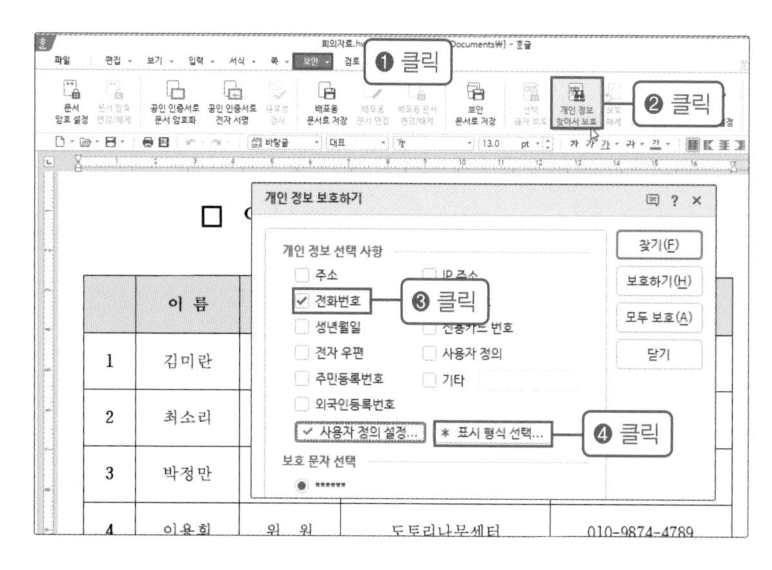

2 [표시 형식 선택] 대화상자에서 ❶ '전화번호' 항목을 선택하고 ❷ 형식 목록에서 원하는 형식을 선택한 후 ❸ [설정]을 클릭합니다.

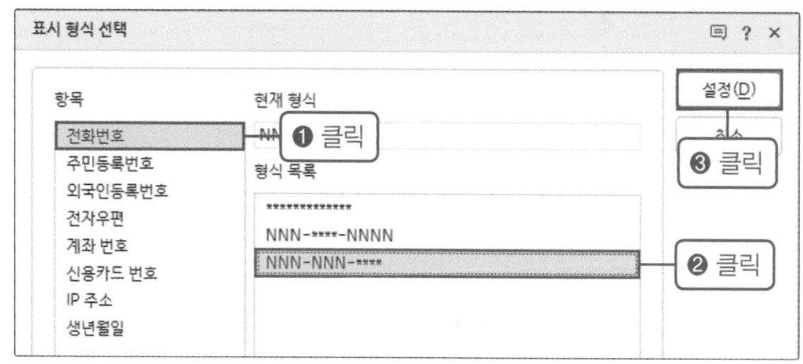

3 [개인 정보 보호하기] 대화상자로 돌아오면 ❶ [모두 보호]를 클릭합니다. ❷ [개인 정보 보호 암호 설정] 대화상자가 열리면 '보호 암호 설정'과 '암호 확인'란에 '14789'를 입력한 후 ❸ [설정]을 클릭합니다.

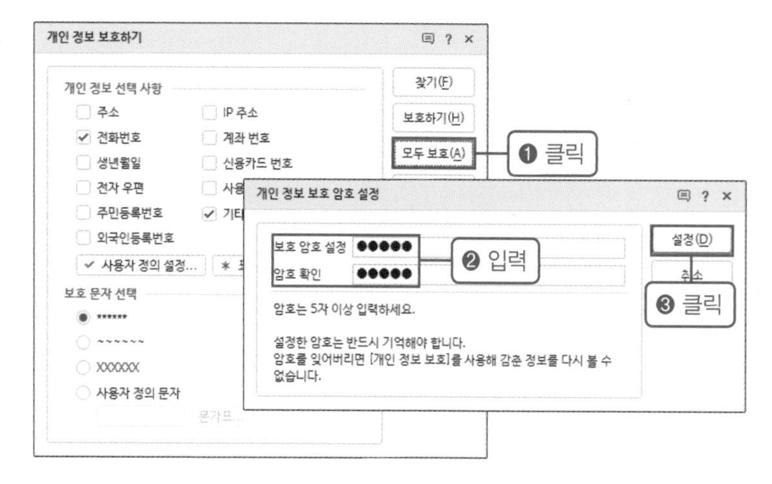

4 [개인 정보 보호하기] 대화상자의 [확인]과 [닫기]를 차례로 클릭합니다.

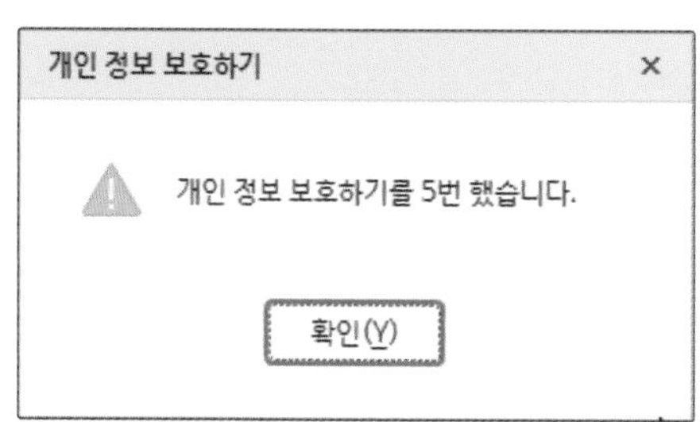

5 ❶ '전화번호' 위에 마우스를 올려놓으면 자물쇠 모양으로 잠겨져 있습니다. 보호된 문서를 저장하기 위해 [[서식 도구 모음줄]]의 ❷ [저장하기] 단추를 클릭합니다. ❸ [개인 정보 보호] 대화상자의 '실행'을 클릭합니다. [개인 정보 보호하기] 대화상자가 열리면 [닫기]를 클릭한 후 [파일]-[문서 닫기]를 합니다.

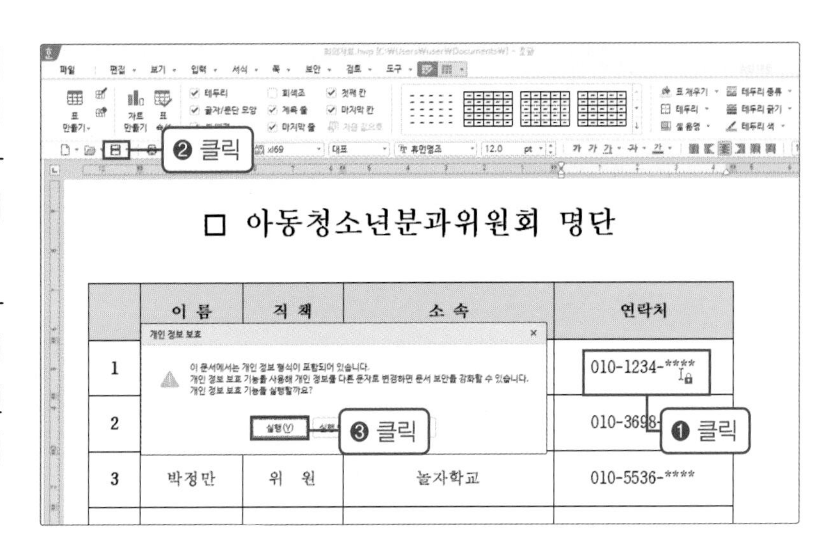

6 개인 정보 보호가 된 문서를 다시 불러옵니다. 개인 정보를 풀기 위해 ❶ [보안] 메뉴의 ❷ [보호 해제]를 클릭합니다. ❸ [개인 정보 보안] 대화상자에서 '암호 : 14789'를 입력한 후 ❹ [확인]을 클릭합니다.

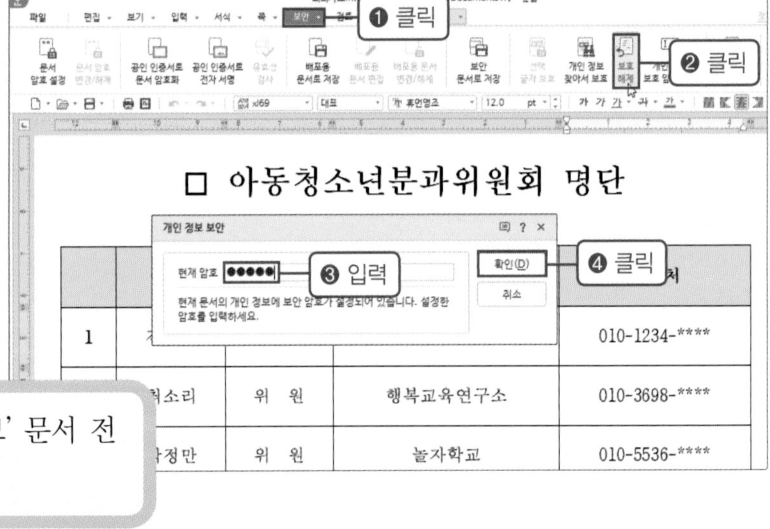

참고하세요

'개인 정보 찾아서 보호'는 '개인 정보' 문서 전체가 아닌 부분만 암호가 설정됩니다.

7 보호되었던 전화번호가 다시 해제 되었습니다. 암호가 해제된 문서는 다시 저장합니다.

□ 아동청소년분과위원회 명단

	이 름	직 책	소 속	연락처
1	김미란	위원장	이룸청소년상담센터	010-1234-6581
2	최소리	위 원	행복교육연구소	010-3698-9898
3	박정만	위 원	놀자학교	010-5536-4321
4	이용희	위 원	도토리나무센터	010-9874-4789
5	조현주	위 원	아름다운행복학교	010-1234-3241

02 배포용 문서 만들기

1 '인쇄'와 '복사'의 제한을 두어 수정할 수 없도록 배포용 문서를 만들 수 있습니다. ❶ [보안] 메뉴의 ❷ [배포용 문서로 저장]을 클릭합니다. ❸ [배포용 문서로 저장] 대화상자에서 '쓰기 암호'와 '암호 확인'란에 암호 '12369'를 입력한 후 ❹ [저장]을 클릭합니다.

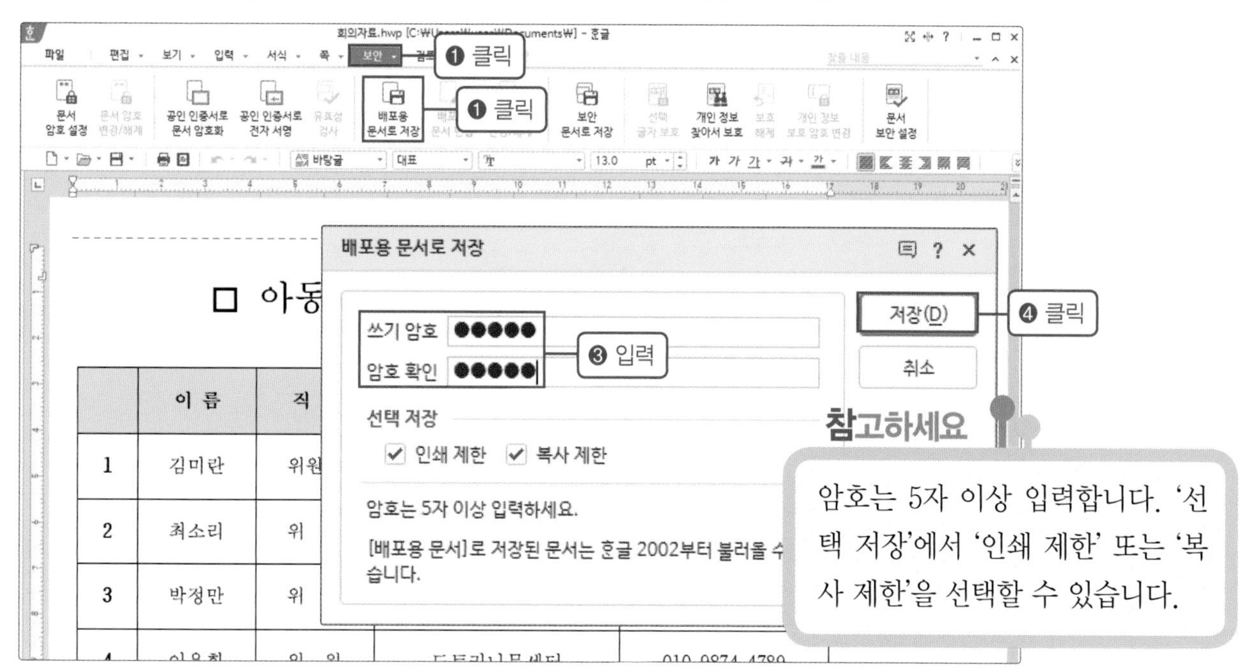

참고하세요

암호는 5자 이상 입력합니다. '선택 저장'에서 '인쇄 제한' 또는 '복사 제한'을 선택할 수 있습니다.

2 '배포용 문서'는 제목 표시줄을 보면 '[배포용 문서]'로 표시 됩니다. 문서 내용을 드래그하면 드래그가 되지 않으며 메뉴들도 비활성화됩니다.

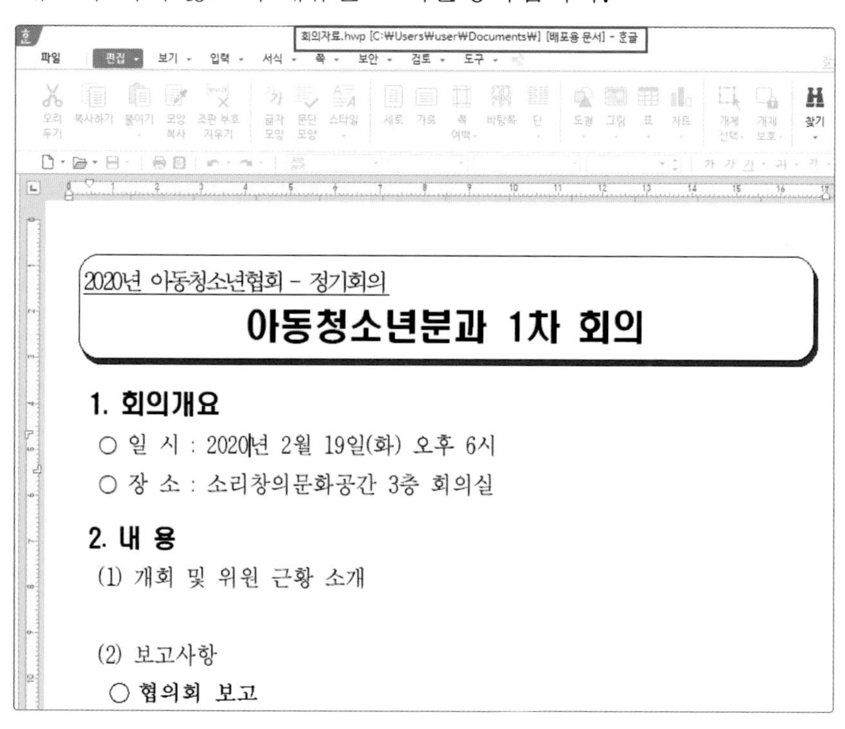

3 암호를 풀기 위해 ❶ [보안] 메뉴의 ❷ [배포용 문서 변경/해제]를 클릭합니다. ❸ [배포용 문서 변경/해제] 대화상자에서 '현재 암호 : 12369'를 입력한 후 ❹ [해제]를 클릭합니다.

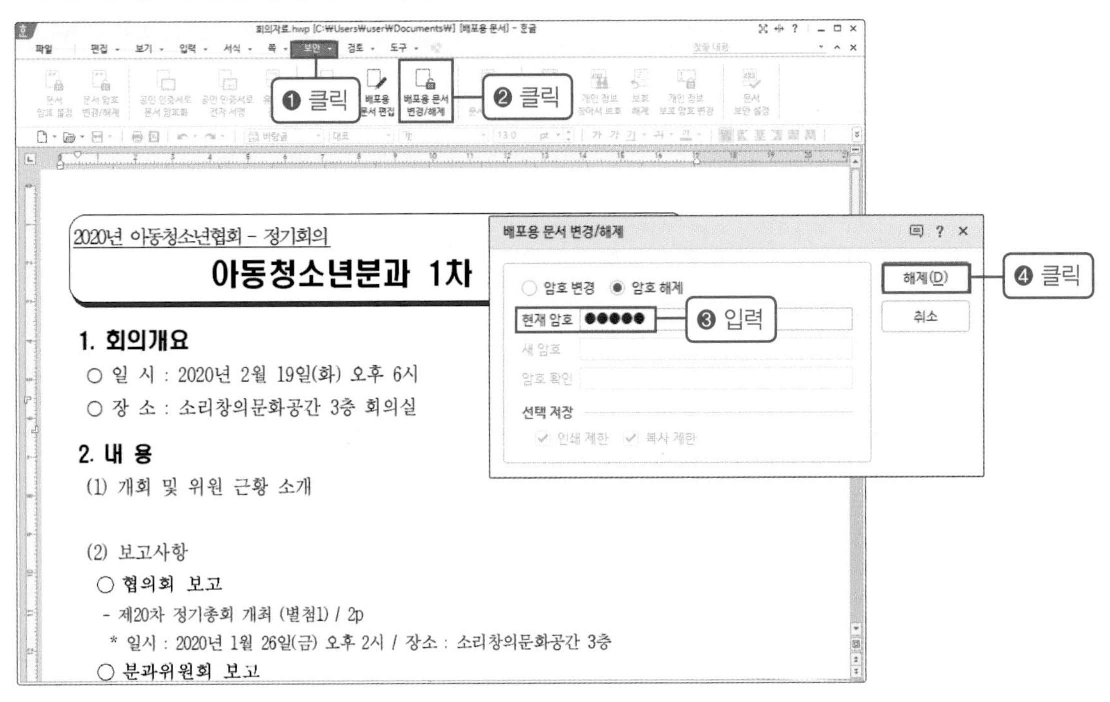

4 다시 편집할 수 있는 문서로 수정됩니다.

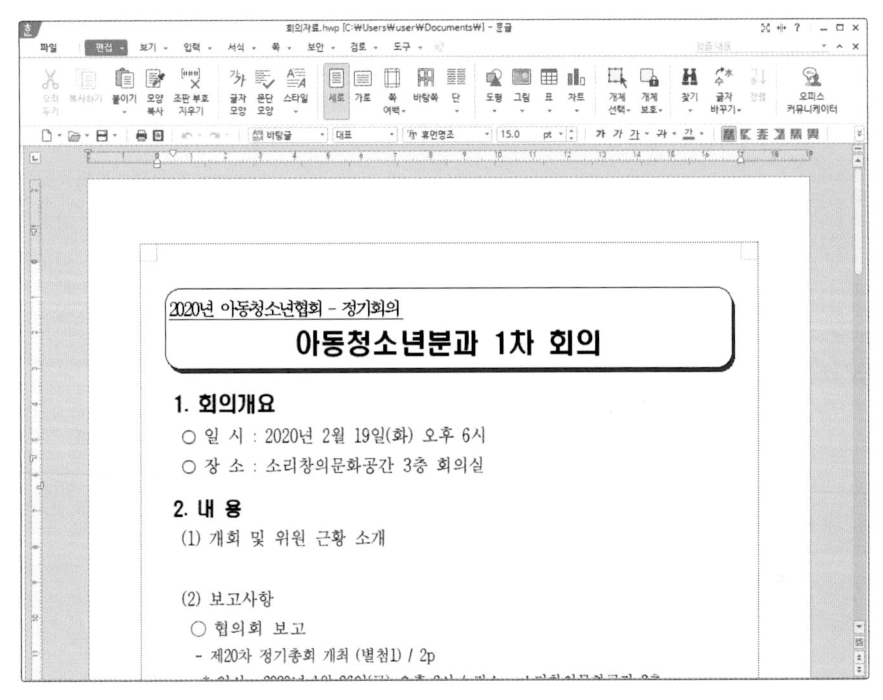

"혼자 풀어 보세요"

1

'직거래장터신청서.hwp'파일을 불러옵니다. '전화번호'와 '전자우편'의 뒷 자리를 개인 정보 보호해 보세요. 암호는 '12355'로 설정한 후 "직거래장터신청서-개인정보보호.hwp"로 저장해 보세요.

농수산물 직거래 장터 신청자 명부				
사업명 : 지역 농수산물 직거래장터 개설				
연번	이름	연락처	e-mail	비고
1	노형원	010-2587-****	vita-c@****.***	
2	임채원	010-3214-****	vacd@***.***	
3	박나리	010-5488-****	mnj12@***.***	
4	최민영	010-9898-****	adfd987@****.***	
5	공지숙	010-1212-****	lee4500@***.***	

힌트

[보안] – [개인 정보 찾아서 보호] – [전화번호, 전자우편 체크] – [* 표시 형식 선택]

2

1번 문제에 이어 작성하세요. [배포용 문서]로 저장하고 암호는 '55147'로 설정한 후 "직거래장터신청서-배포용문서.hwp" 문서로 저장해 보세요.

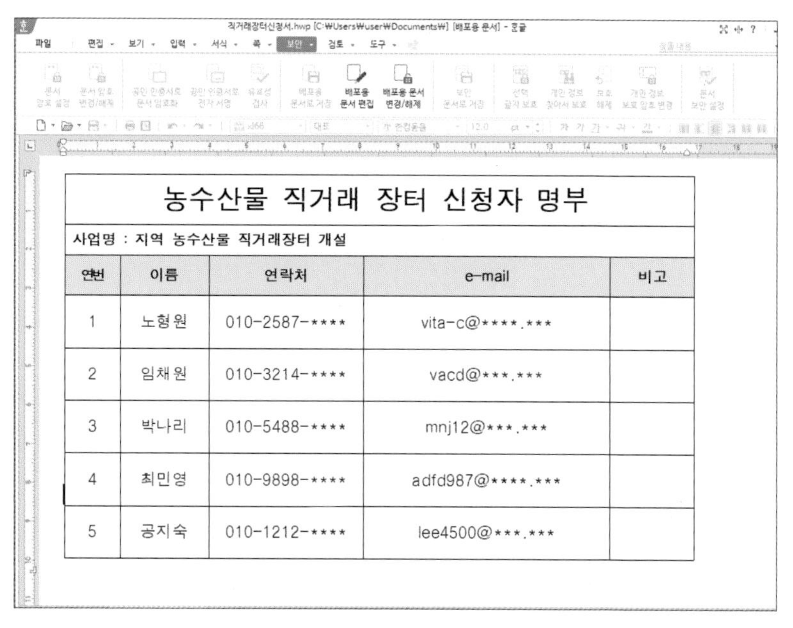

농수산물 직거래 장터 신청자 명부				
사업명 : 지역 농수산물 직거래장터 개설				
연번	이름	연락처	e-mail	비고
1	노형원	010-2587-****	vita-c@****.***	
2	임채원	010-3214-****	vacd@***.***	
3	박나리	010-5488-****	mnj12@***.***	
4	최민영	010-9898-****	adfd987@****.***	
5	공지숙	010-1212-****	lee4500@***.***	

OK Click

No. 12

HTML 태그랑
친해지기

김혜성 지음 | 국배변형판 | 156쪽 |
8,000원 | 전면컬러 |

No. 14

한글포토샵 CS5
사진꾸미기

김혜성 외 지음 | 국배변형판 | 184쪽 |
9,000원 | 전면컬러 |

No. 16

한글 2010으로
문서 꾸미기

김혜영 지음 | 국배변형판 | 148쪽 |
8,000원 | 전면컬러 |

No. 17

엑셀 2010으로
숫자 계산하기

김혜영 지음 | 국배변형판 | 168쪽 |
8,000원 | 전면컬러 |

No. 18

파워포인트 2010으로
발표하기

김혜영 지음 | 국배변형판 | 168쪽 |
8,000원 | 전면컬러 |

No. 21

일러스트레이터 CS5로
캐릭터 그리기

이영숙 지음 | 국배변형판 | 200쪽 |
9,000원 | 전면컬러 |

No. 22

페이스북과 트위터로
소통하기

김혜성, 김영숙 지음 | 국배변형판 | 180쪽 |
8,000원 | 전면컬러 |

No. 23

SNS로 소통하기

안영희 지음 |
국배변형판 | 168쪽 |
8,000원 | 전면컬러 |

No. 25

엑셀 2013으로
숫자 계산하기

박병기 지음 | 국배변형판 | 172쪽 |
8,000원 | 전면컬러 |

No. 26

파워포인트 2013으로
발표하기

박병기 지음 | 국배변형판 | 172쪽 |
8,000원 | 전면컬러 |

No. 27

한글 2014로
문서꾸미기

김수진 지음 | 국배변형판 | 184쪽 |
8,000원 | 전면컬러 |

No. 28

블로그랑 친해지기
(개정판)

장성현 지음 | 국배변형판 | 192쪽 |
8,000원 | 전면컬러 |

No. 32

엑셀 2016으로
숫자 계산하기

장미희 지음 | 국배변형판 | 180쪽 |
9,000원 | 전면컬러 |

No. 33

파워포인트 2016으로
발표하기

장미희 지음 | 국배변형판 | 180쪽 |
9,000원 | 전면컬러 |